Миодраг Матицки
ИСТОРИЈА КАО ПРЕДАЊЕ

Библиотека
ВУКОВ САБОР

Уредник
ЉИЉАНА М. СИМИЋ

Рецензенти
Академик МИРОСЛАВ ПАНТИЋ
Др НЕНАД ЉУБИНКОВИЋ

На првој страни корица
Манастир Ресава
Мученици и ратници (детаљ)

На последњој страни корица
Манастир Дечани
Лоза Немањића

МИОДРАГ МАТИЦКИ

ИСТОРИЈА КАО ПРЕДАЊЕ

РАД • КПЗ СРБИЈЕ

Београд, 1999

ИСТОРИЈА КАО ПРЕДАЊЕ

Уводне напомене

С обзиром да није био у могућности да вековима негује историографију, наш народ има веома развијену традицију усмене историје, моћ да памти суштину најважнијих збивања која су се тицала његове судбине у песми и прози, саму основу његове духовности чини *усмена верзија историје*. Од *Историје разних словенских народа* (I–IV, 1794–1795) Јована Рајића до средине деветнаестог века и *Повеснице српског народа од најстарији времена до 1850* (I–IV, 1850) Данила Медаковића, у српској историографији, у којој се издвајају дела Вука Караџића и Сими Милутиновића Сарајлије, значајну улогу изворника има народно памћење, казивање-приповедање историје. У романтичарски заснованим историографским делима тог времена преузима се иста суштина, срж националне историје и преноси из књиге у књигу у жељи да се уз помоћ пробуђених националних сила рестаурира прошлост. Тек касније уследиће научни, критички однос према епској песми као историјском изворнику (Иларион Руварац, Љубомир Ковачевић). Али кад Стојан Новаковић пише књигу о првој години Устанка,[1] он у великој мери, као ваљани документ, наводи многобројне стихове, као и приповедања сачувана у мемоарској и историјској прози без обзира што су „разнолика... а гдегде и противуречна", јер је докумената мало, или их нема никако, па причања преостају као „једини извор". Не без разлога он наводи колико је Леополд Ранке био одушевљен управо приповедањем историје коју му је открила Вукова збирка грађе о српској историји: „До дна душе и срца дир-

---

[1] *Устанак на дахије 1804. Оцена извора, карактер устанка. Војевање 1804,* Београд, 1904. Цитати по издању СКЗ, 1954.

нула ме је та историја живим приповедањем о покрету најширега историјског и политичког значења."[2]

До данас је усмена/народна историја, историја као предање, остајала изван научних интересовања, или је олако свођена на анегдоту, „сажето испричан доживљај или догађај из живота са ефектном поентом". Наглашавано је да, за разлику од песме, анегдоте врше „особиту десакрализацију епског и митског садржаја, носећи собом и својеврсно кич-доживљавање историје и мита", да говоре о ономе што епска песма прећуткује (љубавне и друштвене скандале), доносе детаље из живота појединих личности осветљавајући нешто што је мање познато и што је пре свега занимљиво. Овако схваћена улога анегдота примењена у изучавањима усмене народне историје довела је до њиховог поређења са „жутом штампом", чак и до тврдње да оне нису народна историја, оно што је народног памћења достојно.[3] А, ипак, анегдоте су само део сложеног процеса усменог памћења и преношења историје, сложеног ништа мање од епизације у епској песми, било да је она на нивоу хронике, било да је мотивски преврела и издвојена у антологијским Вуковим збиркама, каква никада и нигде није интегрално извођена, сама за себе, већ је вековима била део општег епског певања и казивања историје у Вуково доба.

Анегдота никада није живела усмено сама за себе. Претходио јој је шлагворт, ништа мање ефектан но што је то бивало са пословицама и пратећим причама, казивана је у контексту који је чинила шира прича, често у комбинацији са стиховима епских песама, најчешће комадима песама, у којима је опевано оно што је било за песму, док се остало казивало јер је било више за причу. Како, на пример, објаснити анегдоту о Карађорђевом гуњу забележену близу Сјенице деведесетих година 20. века, која се памти у крају где је и настала и казује у оквиру читаве приче о Карађорђевом походу 1812. усмереном ка Црној Гори. Најзад, одвајати анегдоте од предања није упутно, јер се и Вук, у жељи да осветли далеку српску прошлост, машао и приповедања и анегдота, и ле-

---

[2] Исто, стр. 20.
[3] Ненад Љубинковић, „Особености у транспозицији историјских чињеница у усмену епску песму и легенду", *Зборник Филолошког факултета Универзитета у Приштини*, бр. 8, 1998, стр. 23–44.

генди и митских прича, свестан да, у недостатку поузданих писаних историја, кад се све у прошлим вековима сводило на летописе и родослове, народно памћење често преостаје као једини пут да се открије јаснији траг наше прошлости. Чак и на маргинама старославних књига налазимо, додуше штуре, записе народних предања о догађајима који су се збили и који су, како показују савремена научна истраживања, често веродостојнији него што се то и помишљало. Најзад, разликовање појма *историјске чињенице* од *историјске истине*, која готово да искључиво зависи од субјективног виђења, посебно од епске истине која се не находи само у епској песми, намеће потребу да се боље и дубље сагледа богата традиција памћења и казивања историје нашег народа.

С друге стране, народно предање не чине само легенде о местима и личностим, скаске и каже. Чињеница да Вук предања није уврстио међу приповетке, у народну књижевност, већ у незавршену књигу *Живот и обичаји народа српског*, не дозвољава извођење искључивог закључка да је Вук сматрао да народно предање суштински не спада у усмене народне творевине, већ у веровање и обичаје. Вук у предања не уноси само „вјеровања у ствари којијех нема" и „постање гдекојих ствари", већ и она о „јунацима и коњима њиовим". Предања јесу специфичан облик усмене прозе. Настала као резултат симболизације, алегоризације и митизације историјских чињеница, она јесу нека врста митске повести, књижевни вид у оквиру којег је вековима трајала, ширила се, гаснула, замагљивала се и сублимирала народна историја. Друга је ствар шта је од тога из давних векова до нас допрло. Када је реч о Устанку, о Карађорђу – захваљујући преписци, записима казивања о Устанку живих учесника, историјској и мемоарској прози која се у великој мери ослањала на приповедање – доступан нам је већи део *усмене верзије историје* Устанка у којој налазимо и легенде, и зачетке мита о Вожду, и анегдоте, и необичне поступке и подвиге, речју епску легенду о Карађорђу, макар колико да је, попут оне о војводи Момчилу, остала недоречена, што није имала среће да настави путем којим су „вековима успешно бродиле епске легенде о Косовском боју и Марку Краљевићу".

На нека питања која се тичу настајања усмене верзије историје понајбоље су одговорили писци. Поред Толстоја,

Добрице Ћосића, Милорада Павића и Милисава Савића, ту пре свега треба узети у обзир искуства Вука Караџића, аутора историјске прозе. У „Епилогу" Рата и мира Толстој тврди:

Обиђите све јединице одмах након битке, па чак и другог и трећег дана, док нису написане релације, и питајте све војнике, више и ниже старјешине, како је текла борба; сви ће вам ти људи причати што су доживјели и видјели, па ћете стећи величанствен, сложен, бескрајно разнолик и мучан, али јасан дојам; и ни од кога, а најмање од врховног заповједника, нећете дознати како је текла цијела борба. Али се након два-три дана почињу подносити релације, причала почињу причати како се збило оно што они нису видјели; најокон се саставља општи извјештај и према том се извјештају ствара опће мишљење војске. Свакоме је лакше кад замијени своје сумње и питања за ту лажну, али јасну и увијек ласкаву предоџбу. Након мјесец дана или два, питајте човјека који је судјеловао у бици – и више нећете осјећати у његову причању онај пријашњи сирови животни материјал него ће вам причати према релацији. Тако су мени причали о бородинској бици многи живи, паметни људи који су у њој судјеловали. Сви су причали једно те исто, и сви према нетачну опису Михајловски-Данилевскога, према Глинки и другима; чак су и појединости о којима су причали биле једне те исте, иако су приповједачи били по неколико врста далеко један од другога.[4]

У „Писму уреднику", објављеном у зборнику *Историјски роман*, Добрица Ћосић износи велику сумњу у „објективну истину", с правом истичући да је она пре свега субјективна, плод онога који дело ствара. Она настаје захваљујући стваралачким моћима и визијама писца, његовим „енергијама заблуде" како вели Толстој. Тек тако се долази до „историјске, објективне истине" у општој историјској свести људи и народа. Ћосић даље истиче да је, док је писао *Време смрти*, најмање користио сведочења живих учесника Првог светског рата:

Брзо сам увидео да су они о свом рату имали своју причу. Она је памћењем и маштом, односно непамћењем и одсус-

---
[4] *Рат и мир*, књ. IV, Загреб, 1965, стр. 351.

живом машите, толико редукована и лична, да само по нечем, не најважнијем, представља сведочанство и документ о човеку и рату... Савременици су писали истим језиком, по истој схеми: Војвода Мишић не разликује се од војвода Степе и Путника; Краљ Петар – сав у стереотипним анегдотама.[5]

Предање у историјској прози Вука Караџића

У коментарима Вукових историографских прилога у *Даници*, Милорад Павић Вукову историјску прозу тумачи као резултат ауторове жеље „да остане трајан сведок оних збивања у Србији која су довела до стварања обновљене српске државе".[6] По Павићу, сем летописа и родослова по манастирима, до Вука је српска историографија одржавана махом „на рубовима патријархалне народне целине", по Ердељу, приморским градовима и најсевернијим српским насељима. У делима Мавра Орбина (*Краљевство Словена* у преводу Саве Владиславића), Јакова Лукаревића, Андрије Змајевића, Венцловића, Ђорђа Бранковића, Орфелина, Жефаровића, Павла Јулинца, Јована Рајића, Василија Поповића, те у *Троношком родослову*, житијима и летописима, Павић сагледава континуитет развоја српске историографије која носи у себи, упоредо, сачувану баштину средњег века, традиционално историјско предање и одблеске модерне историографске мисли Европе, од ерудитског барока до просвећеног рационализма. Иако историографи до Вука своје списе везују за предање у настојању да негују оно што су држали као своје, „иако је усмено историјско предање стално улазило у потку писане историографије", чекао се списатељ који ће непосредно повезати историографију са епском традицијом у којој је најјачи глас био глас народног певача, а снага историјског предања се потврђивала као необорива. Павић је, тада, наглашено прихватао тезу о демократизацији до које је дошло са Вуком и Устанком, тезу о понародњавању не само када је реч о увођењу народног језика у књижевност, већ и свеукуп-

---

[5] *Историјски роман*, зборник радова, Београд, 1996, стр. 32–33.
[6] *Сабрана дела Вука Караџића*, књ. 8: *Даница 1826.1827.1828. 1829.1834*, Београд, 1969, стр. 753. и даље.

ног феудалног наслеђа. По њему је управо народно предање обезбеђивало „логични континуитет српске историографије" у којем Вукова „револуционарно узбудљива" историјска проза има улогу беочуга. У том смислу он посебно истиче „фрагменте српског народног епоса као усмене историјске хронике". Чак су и Вукова прва бележења из области историје – запис о Ивану Кнежевићу, сећање на легенду о Марку Краљевићу у Крајини, историјски осврти у *Рјечнику*, коментари песама – „успутно произилазила из његовог превасходног занимања за традиционално народно благо". Вук је, по њему, следећи процес „револуционарне демократизације једне културе", „остварио ону фазу у развитку сваке историографије, кад се, у облику приповедачких анала, бележе догађаји који се памте и описује стање које је затечено, ону фазу која долази после бележења легендарне и традиционалне историографије и претходи појави истраживачких напора да се писање историје приближи науци".

Ако се погледају историографски записи у *Рјечнику* који се тичу Устанка: *голи син, голаћ, господар, војвода, старјешина, кушљо* (коњ Хајдук Вељков), *Равањ*, очигледно је Вуково инсистирање на предању. Нема разлике ни када је реч о догађајима и личностима из даље прошлости. Предање о Петраш генералу и његовом топу *зеленку* започиње приповедном фразом *људи приповиједају*: „Онуда Србљи приповиједају, да је прије 100 година (Петрашке године), некакав Петраш капетан (Њемачки) био узео Зворник од Турака..." Истом фразом започиње и легенда о Пирлитору: „Србљи приповиједају и пјевају, да је у Пирлитору сједио војвода Момчило, ујак Марка Краљевића..." Значи и прича и песма делују упоредо на утврђивању колективног историјског памћења. Вуку је било добро познато да се нешто од приче може исказати песмом, а нешто не, и да је, најчешће, у усменом преношењу и за боље памћење историјских догађаја и личности најделатније здружено дејство песме и прозе, епа и предања. Вук је управо тако и сам чинио, не одвајајући прозу од стиха, поготову не предање од уметности. За његову поетику је све то била умотворина, усмено стваралаштво које може имати мању или већу естетску вредност (његове књиге народних песама и приповедака су ипак антологијски избор, а Вук је боље од нас знао како је изгледало укупно епско певање и приповедање у његово време), али и песма и предање имају статус умотворине која на свој начин делује на колективно памћење, на издвајање онога што чини суштину историјске прошлости нашег народа. Како је то изгледало приликом живе усмене перформансе најбоље сведочи Вуково објашњење Вишњићевог стиха „Турци мисле да је раја шала". У напомени он се присећа једног тренутка и других стихова који су у њему настали: „Кад су Србљи први пут дошли на Шабац (1804) онда су Турске жене у Шапцу певале:

Подигло се неколико Влаха,
И понели у тиквици праха,
Да освоје Шабац од Турака;
Они мисле да је Шабац шала,
Ал' је Шабац Београду глава."

Да се у првим деценијама деветнаестог века епско сели у нове књижевне облике најбоље показују Вукова устаничка проза и спев Симе Милутиновића Сарајлије *Сербијанка* (1826), дела која су настајала истовремено. Без обзира да ли има основа претпоставка Светислава Вуловића и Ђорђа Ђорђевића „како су се Сима и Вук били договорили да и један и други опишу српски устанак, Вук у говору а Сима у стиху"[7], важно је да су обојица имали исте саговорнике — сведоке учеснике у Устанку: Петра Добрњца, Луку Лазаревића, Илију Чарапића, Вула Илића, Стефана Живковића и друге. Вук је с њима био у контакту док су боравили у Бесарабији, где су оживљавали и препричавали своја сећања, често се око неких детаља и спорећи. Међу њима су и Лазар Арсенијевић Баталака и Јанићије Ђурић, који је био Карађорђев писар, уобличавали општу устаничку хронику. Управо се у том кругу одвијао процес претакања појединачних сећања у општу визију буне, у званичну усмену верзију историје Устанка. Не треба занемарити чињеницу да су у Устанку учествовали и Вук, на самом почетку, и Милутиновић, на крају, да Вук с правом често наглашава да је и сам живи сведок буне: „својим очима сам видео", „својим ушима чуо".

---

[7] Светислав Вуловић, „Сима Милутиновић Сарајлија", *Годишњица Николе Чупића*, II, 1878, стр. 307; Ђорђе С. Ђорђевић, *Сима Милутиновић Сарајлија*, Београд, 1893; Владан Недић, *Сима Милутиновић Сарајлија*, Београд, 1959, стр. 37. и даље.

Дошавши у Беч „око половине 1813. године" Вук је ту написао „малу књижицу (као *писмо Кара-Ђорђију Петровићу*)" која због цензуре није штампана, али за коју је Сава Текелија изјавио 1814. да се одликује истинољубивошћу, јер је њен аутор „без пристрастија" казао истину у свом „војвода Српски описанију".⁸ Значи, већ од тада он почиње да прати историјска збивања у Србији. Следе историјске белешке у *Рјечнику* (1818). Вук је у Бесарабији боравио у повратку из Русије 1819. године, а већ 1820, о чему постоје поуздани подаци, био је заузет радом на својој хроници Устанка. У писму од 25. фебруара 1821. он Копитару пише да намерава „један Српски плутарх писати" и да је за то силу грађе у Србији скупио. За први његов историјски спис, који се појавио и као посебно издање, сматра се белешка објављена у Давидовићевом *Забавнику* за 1820. годину о кнезу Ивану Кнежевићу. Уследили су: „Житије Ајдук-Вељка Петровића" (*Даница* за 1826), историјска проза о првој и другој години српскога војевања на дахије (*Даница* за 1828. и 1834), те остала житија објављена у *Даници* за 1829. годину. Овоме треба придодати и шездесетак биографских белешки расутих по разним историјским списима о знатнијим Србима од времена Кочине крајине до средине деветнаестог века.

Наставак Вукове историје новијег времена од 1765, „докле је покојни архимандрит Раич своју историју довео", боље рећи од 1791. када је по Вуку започела нова епоха чија ће круна бити Устанак, јесте књига коју је Вук објавио 1828: *Милош Обреновић или грађа за Српску историју нашега времена*. У „Предговору" он истиче да је слабо који Србин у прошлости описивао догађаје кад су се збили, већ „после неколико стотина година", тако да су „извори историје наше били свагда *приповедање* (подвукао М. М.) и туђи писатељи, који су описујући догађаје своји народа казали узгред што и о нашему!"⁹ Том приликом наглашава непоузданост таквих извора. Што се тиче приповедања он вели да се „догађаји приповедањем искваре, и у ономе истом нараштају, у коме су се догађали, а камо ли за неколике стотине година".

---

⁸ *Сабрана дела Вука Караџића*, књ. 15: *Историјски списи I*, приредио Радован Самарџић, Београд, 1969, стр. 245.

⁹ Исто, стр. 27.

Бележећи своја сећања, сведочења живих учесника (користи чак и више сведока да би дошао до приближне истине), служећи се документима (протоколима, писмима у којима се говори о догађајима из Устанка) Вук, не без разлога, своје историографско дело назива „грађом". То је и један од разлога што у првој књизи обухвата период од 1765. до 1813, а у другој од почетка 1814. „амо у напредак".

У првој књизи он се одиста у већој мери ослонио на приповедање као историјски извор, чак и на епску песму, гдегод чак и препричавајући стихове из епике устанка. У овој књизи Вук у већој мери казује историју са становишта приповедача који усмену историјску хронику гради за потомство, водећи рачуна о прастарој традицији у којој је веома значајно место заузимала историја као предање. Зато се труди да догађаје опише „просто, као што би Србин Србину приповедао".

Преважна је опаска којом Вук одваја два модела казивања историје: „Довде је историја Милоша Обреновића описана по реду, а одавде ћу за сад накратко напоменути само оно, што је најважније и најнужније за познање данашњега стања Србије."[10] Следи историјска прича по усменом начину казивања историје: „Марашли-Али-паша иште оружје". После напора да згуснуто, историографски по реду изложи збивања у последњим годинама Првог српског устанка и године у којима је Милош јунаштвом и лукавошћу почео да ствара Кнежевину Србију, Вук се вратио усменом начину казивања историје, у којем превладавају општа места, целине које су биле вредне памћења, које су, најзад, потиснуле појединачна често несагласна сведочења о појединачним догађајима и подредила их званичној верзији усмене народне историје.

У биографској белешци о Петру Добрњцу, Вук хвали говорљивост овог јунака: „Кад би што приповиједао тако је знао редом говорити као да чита из књиге."[11] Овим се отвара питање усменог као асоцијативног мозаичког излагања историје, за разлику од стила историчара (модел књишког, хронолошког описивања историјских догађаја). Отуда се речник може сматрати најадекватнијом формом усмености. Нека реч асоцијацијом усмерава колектив ка најбитнијем из

---
[10] Исто, стр. 78.
[11] Исто, *Историјски списи II,* стр. 100.

фонда памћења. Могу то бити стихови епске песме, пословице, анегдоте, легенде итд. За усменост је пребитна повезаност усмених жанрова, у томе се крије смисао синтагме „људи говоре".

Вукова свест о усменом пореклу историјских хроника, о деловима који су, често, ближи предању но модерној историји, долази до изражаја управо на општим местима. Као што општа места у епској песми граде, често, независне епске целине, које се могу певати или казивати издвојено (најбољи су примери *Комади од различнијех косовскијех пјесама*), и усмена прозна хроника садржи општа, стајаћа места: врбовке (скупљање чета), побијање барјака, лукаво објашњење да се устаници не боре против цара већ против зулумћара, преоблачење у турско одело, преоблачење у женско одело (паралела Хаџи Рувима и малог Радојице), култ коња, посебно ата (коњи убијани под јунаком, поклањање коња, мегдани речима са коња, замењивање коња), сцене дивана и договора, заклињање пред борбу да ће један другог осветити, клање на кућном прагу, вешање о крушку, поајдучивање због зулума, ритуали крвне освете као покајања, казивање чуда, прикупљање војске, каталози имена јунака, правдања Карађорђевог бекства 1813. и приче о закопаном благу, низ стајаћих сцена немилосрдног тамањења Турака после добијеног боја („Који Србин нигда Турчина није убио, тај га је дан могао убити."; Турке секу као главице купуса док се не заморе и они и многи коњи које су под собом променили; устанички војсковођа моли да се са сечом престане јер је „греота"; жене убијају Турке по селима, чак их и бабе заробљавају); превара с гуњевима на прошћу, како би Турци поверовали да Срба има више, позиви за помоћ исписани сопственом крвљу (чин Петра Молера); убијање вештица (то чини и Карађорђе, али и друге старешине); каштиге над устаницима, чак и старешинама, које примењују Вожд, Јаков, али и други устанички прваци; премлаћивање пушкама кијачки; покрштавање женског турског робља; описи турских начина погубљења. Нека од тих општих места настала су по моделу косовског циклуса: заклињање на немогући подвиг (Теодор Боиновић, јунак са „повеликим и дебелим брковима, и страшна јуначкога погледа" подсећа на Облића), клетве упућене евентуалним издајницима (по моделу косовске клетве), једини преживели – гласник пораза (слуга из песама о Косовском боју). Једно од таквих места, говор кнеза Милоша којим објашњава зашто неће да бежи преко Саве 1813, веома рано је захватио процес легендизације. То опште место, забележено од више казивача, постало је упориште Милошеве потоње вишедеценијске тоталитарне владавине у Кнежевини Србији.

Чар усменог приповедања у Вуковој историјској прози, стајалиште историографа на позицији приповедача, најбоље откривају честа позивања на усмену хронику: „људи приповиједају", „веле", „а веле", „неки веле", „дође глас", „у том се чује", „различити гласови", „глас пукне по логору", „такове гласове Живковић посеје по народу". Тачка приповедача исказује се и фразама преузетим из народних приповедака: „један заплијенио котао или друго што, па однио дома; неки купио што од плијена, па отишао да продаје; некоме се досадило сједећи беспослену, па отишао кући, да жње жито и да гледа осталу летину..." Кад устаници у шанцу угледају димове „доље око Јадра" не знајући шта се збива почињу са нагађањем. Тако се ствара „прича": „једни веле, да је од некуд дошао Мијајло Недић, пак пали Љешницу, што су му браћа код ње изгинула, а други веле, да Боиновић пали куће некаким људима, који су нешто скривили па утекли: док дотрчи човек с књигом од Боиновића, и донесе глас, да су Турци прешли." Ово последње све надјачава и потискује, а дозвољава се могућност да се збило и једно и друго и треће. И одмах потом „како глас пукне по логору, да су Турци прешли, и да пале села и робе и арају уз Јадар, одма уђе буна у људе; неки вели: 'Ђе је сад моја жена?' Неки вели: 'Ђе су моја ђеца?' Неки вели: 'Ђе је моја мати, или сестра?'" И цела се Вукова прича о приповедању, о настајању историје као предања, готово симболично завршава: „но људи како се докопају шуме, окрене саки својим путем", а са њима и субјективно обојене приче.

Принцип стварања општег места за памћење, Вук примењује и описујући разбијање Турака код Свилеуве. Он користи наративни модел упоредних различитих верзија које су у суштини сагласне и зато се чине вероватне и могуће. Тако се на епски начин ствара чудо: „Кад овако разбијени Турци дођу у Лозницу, какогођ што су полазећи држали Србе за ништа, тако сад стану о њима чуда казивати. Један вели: 'Вала, јолдаш! ја сам био на Москову и на Нијемцу, али овога боја и оваке војске нијесам виђео: свако носи подоштрен проштац пред собом, па ударивши га у земљу иза њега пуца; е, шта му чинити?' Други казује, како брзо пушке пуне: 'Као да си, вели, пред свакога метнуо раскриљену врећу танета, пак да завата шакама и баца, тако честа лете танета.' Трећи казује, како су обучени: све у бијелим гаћама и у црвеним ћурчићима. Четврти казује и приповиједа, како је виђео Ђурчију и остале арамбаше и поглавице ђе лете на бијелим атовима итд." У овом случају приповедање полази од модела епске песме о кретању на мегдан као у сватове (јунаци се хвалишу шта су кадри учинити). Тако онај што се хвалио да ће на 25 ударити, врати се без коња, пешице, а онај што се хвалио да ће ударити на 50, добио је метак у чело „да није ни медет могао рећи".

Посебно је занимљиво да Вук приповедање које се домишља, надограђује, назива *басном,* а приповедање нечега што се није тако збило *баснословљем,* са значењем блиским поетици осамнаестог века када је жанр басни био веома флуидан. Тако у белешци о Карађорђу налазимо: „Може бити да је и оно о Турчину *басна.*" У полемици са Јованом Хаџићем око тога како је Карађорђе убио оца, Вук овом приговара да „мијеша басне с историјом". Значи, баснословити је казивати нешто што је измишљено. Сличну позицију по Вуку има и народна песма, нарочито она која се, захваљујући процесу епизације, уздигла изнад епске хронике. Поводом Милошевог незадовољства начином како је представљен у песми, Вук му се правда: „А што се тиче оне по мене несрећне и жалосне пјесме о боју на Чачку, молим вас само то да помислите да пјесма није историја. У историји се гледа истина, а у пјесми се гледа како је измишљено и намјешено."

У писму Христифору Обреновићу од 25. јануара 1822. године, Вук говори о свом раду на историји српске револуције, о схватању свог историографског посла: „Ја сам с поглаварима Српским разговарао о којекаким догађајима, ђе сам и ја с њима заједно био, па не знаду управо да ми кажу, како је било; а кад нас посленике и очевидне свједоке црна земља покрије, шта ће се онда истинито моћи казати о овој важној епохи народа нашега. Онда ће извори за нашу историју бити туђи списатеља којекаке басне и гаталице, које се већ и *данас* за истину продају и држе." Вук сведочи и о садејству усмене народне историје и епске песме.

У уводу у „Житија знатни Србаља у Србији нашега времена" Вук напомиње: „Житија поједини људи врло су скопчана с историјом народа њиова, јер се у њима назначују млоге ситнице, које се у историју не могу пометати, а опет јој велику светлост дају."[12] У биографским белешкама он користи ставове јавног мњења. За Петра, кнеза ресавског, вели: „Држали су га да је најстарији и најпаметнији кнез у Србији." У биографској белешци о Милошу Стоићевићу он читаоце упућује на песму: „Свима је читатељима из народни пјесама познат његов мејдан с Меом Оругџијем 1809. године." Показујући да је Стоићевић био „јунак неисказани", чије ће се „име певати докле тече сунца и мјесеца" јер је, између осталога, отео сабљу Кулинову која је часно задобијена још у Косовској бици, Вук истиче опште место *помишљања* на старе јунаке, које налазимо у Вишњићевим песмама. У овом случају Стоићевић *помишља* на Милоша Обилића „који је, као што се пева и приповеда, такођер био из Поцерине". На Обилића га је подсетио и Карђорђе кад га је посинио и именовао војводом, о чему казују многи учесници буне. С друге стране, Вук користи епску песму да би доказао за српску повесницу ефемерни податак: „Из народни пјесама зна се, да је био ожењен." Ово сведочанство драгоцено је јер показује да је било и других песама о овом јунаку, али и да је епска песма прихватана као поуздан историјски изворник, чак и у тренутку када су још живи учесници опеваних догађаја, да у њој није баш све било „измишљено и намјешено".

Оглед Милисава Савића *Историјска проза* (1985) заснива се на историјској прози оних који су били сведоци и учесници Устанка (Вука Караџића, Проте Матеје Ненадовића, Симе Милутиновића Сарајлије и Нићифора Нинковића). Како није имао увид у Милутиновићеве рукописе житија устаника он „српског Осиона" види више као песника и аутора *Историје Србије од почетка 1813е до конца 1815е* (1837) но приповедача. Трагајући за мемоарским и романескним искрама које ће, касније, утицати на српску прозу, Савић у свим овим делима, чак и у Милутиновићевој *Историји*, на-

---

[12] Исто, *Даница*, стр. 411.

слућује хронику Устанка. У том смислу он у први план издваја Вукове биографије устаника и описе прве и друге године војевања српског на дахије.

По Савићу најуспелије Вуково дело „Житије Ајдук-Вељка Петровића" је „у основи, надахнуто народном причом и песмом": „Народна прича се највише осећа у ређању кратких, језгровитих анегдота и у структури самог приповедања, а општа места народне песме, више епске него лирске, препознају се у опису одређених, карактеристичних поступака јунака (однос према непријатељу, жени, благу, коњу)."[13] Не узимајући у обзир лирске народне песме о Хајдук Вељку, које су се певале већ током Устанка, нити чињеницу да и други јунаци хајдуци, као Ђурчија, нису нашли право место у устаничкој епици, нити у језгру епског каталога војвода, Савић закључује да Хајдук Вељко „није имао среће да буде опеван у песмама слепог гуслара" зато што велики гуслар није навраћао у источне крајеве или што је „неготински хајдук избио на глас као јунак тек пред крај Устанка, нарочито после своје смрти."[14] Далеко су успелија његова запажања која се тичу приповедачког поступка.

Пратећи след анегдота које чине окосницу приповедања у овој биографији и употпуњују утврђени биографски тематски круг – рођење, женидба, војевање, смрт – Савић уочава да Хајдук Вељко, иако пролази кроз типичне ситуације, својом необичном личношћу чини ове ситуације атипичним, „памтљивим", а завршетке анегдота као појединачних епизода ефектнијим. Ово потврђује да управо нетипично и необично доприноси животности анегдоте као, пре свега, усменог жанра. Овим се открива један од начина уопштавања у предању, али се показује и то да је у казивању и памћењу историје нужно уопштавање као што је случај и са епском хроником на путу ка мотивској класичној песми дужег трајања. Кад говоримо о општим местима усмене историјске хронике, уочићемо да се она своде на егзистенцијалне људске ситуације.

Савић прати и Вукове поступке нарушавања „народне поетике" када, прилагођавајући се модерном прозном изра-

---

[13] Стр. 15.
[14] Стр. 14.

зу, спаја трагично и банално, ружно и лепо, узвишено и ниско, великодушно и себично, опште и лично. То нарушавање је очито већ у белешци о Ивану Кнежевићу. Већ ту се показује да су једно народна прича и песма, а друго писана уметничка проза. Иако је то херојско време, у њему се наслућује и крај епских, јуначких времена. Отуда самосвојни јунаци, попут Хајдук Вељка и Ђурчије, могу постојати само док траје буна, а већ сутрашњица означава почетак новог времена када ће „бабе судити јунацима" како сам Хајдук Вељко вели. Вук од баналних ствари које носи усмена прозна хроника ствара мит, а постојећи мит епске песме редукује баналним и обичним стварима; нарушава општа места народне песме и ствара нова, прикладна казивању иторије. Епско се дефинитивно сели из песме у прозу. Свој оглед о Вуковој историјској прози Савић закључује:

Тако је Вук највише приближио хронику народном приповедању, боље рећи: сувопарно хроничарско приповедање освежио народним казивањем. На исти начин, користећи становиште народног приповедача, он је, кад год је то приличило, уносио поетске елементе из народног стваралаштва у своје казивање. У писму султану, устаници поручују да ако им неће помоћи, „а он нек им каже да бјеже у гору, или да скачу у воду". Дахије поручују Фочићу да сувим не може стићи од Шапца до Београда, и да „има крила, не може пролећети" од хајдучких бусија. Оваквих препознатљивих места народног говора има доста у Вуковом рукопису, али она никад не иду науштрб документарног, до чега је Вуку стало; она само доприносе незнатном нарушавању документарног, које се, уз помоћ осталих Вукових књижевних захвата, уздиже до прозе великих вредности.[15]

Вук је добро проникао у „другојакост" хероике Устанка о којој се није певало, већ приповедало. У њој су добро и зло били тако близу једно другом, тако помешани, да се нису могли одвојити. То је време када Петар Молер, с правом, тврди да „ништа на овом свету није греота", кад храброст није била далеко од свирепости, а шала од бестидности. То је време када нема части, задате речи, сигурних вредности; тада се лако могла избрисати граница између богатих и сирома-

---
[15] Стр. 55.

шних, јаких и слабих, паметних и будала. Било је то време када је готово све било могуће као у бајци, да се преко ноћи голаћи окују у сребро и злато, навуку свилу и кадифу и узјаше „атове с ратовима". Превазиђено је све оно што је чинило „епску" историју.

Међутим, Вук ипак негује епски начин казивања, потекао из народне песме, али још више из приче. Он је, као и Вишњић, понајбољи хроничар Устанка када напусти судбине „великаша" и проговори о раји као јунаку. Снага побуњене раје, посебно када је реч о прве три године буне, ствара епску снагу и у Вишњићевим песмама и у Вуковој устаничкој прози. Она се најбоље исказује у тренуцима кад се после сеча, паљења села и збегова, уништавања летине и заплењивања стоке, раја као феникс обнови и настави са борбом. На овим страницама Вукове хронике појединачне судбине се не издвајају од опште визије Устанка у којој доминира народ, а не појединац. Управо је ту Вукова хроника најближа епској народној песми.

Посебну анализу завређује поређење општих места историјске хронике са сличним у епској песми. Ту пре свега највише сличности и узајамног угледања налазимо у сцени већања дахија и сече кнезова. За разлику од песме, у усменој прози о устанку дахије имају један, заједнички глас, међу њима не налазимо већу карактерну диференцијацију: „Да зађемо по наијама, па све ове дојакошње кнезове и Аџи-Мустајпашине пријатеље, и све остале поглавице и знатније људе по народу, који би могли што почети и народ за собом повести, да исијечемо, и друге мјесто њи да поставимо..." У прозној хроници нема ни двоструког каталога имена кнезова (дахије прво набрајају кнезове које намеравају да посеку, а потом певач каталогом приказује сечу). У Вуковој хроници већ у првом набрајњу наводе се имена кнезова који су посечени. Значи, ту већег епског размаха нема. На другом месту, Вук даје каталог српских поглавица који донекле подсећа на Вишњићеве, али је далеко штурији: „А поглавице војничке, осим Црнога Ђорђија, најзнатније су биле ове: Јаков Ненадовић, из наије Ваљевске, Јанко Катић, из Бијоградске, Васо Чарапић..." Тек понегде се додаје и нека карактерна одлика, често битна за разумевање статуса појединца у колективу. Она о Станоју Главашу и Ђурчији помаже нам да схватимо зашто неким поглавицама није било обезбеђено значајније место у епској песми: „Станоје Главаш и Ђорђи--Ђурчија били су на гласу само као јунаци."

Како се не би схватило да прозна хроника није кадра да изрази карактерне разлике појединих јунака, најбоље је подсетити на странице на којима се описује Аганлија којега дахије шаљу да мири рају јер је „био за народ као понајбољи од њи четворице", као и оне о Кучук-Алији којега Вук описује „као најгорега за народ". И код оних који су казивали усмену историју памтио се нешто светлији лик дахије Аганлије. За неке његове племените поступке, поштовање побратимства са Србима (побратимство са кнезом од Коњске описао је Јован Поповић Стерија у једино својој историјској приповеци), усмена хроника Устанка могла му је највише узвратити причом која је приповедана као легенда о чуду иако је морала имати реалне основе. По овој причи, Аганлији се испунила жеља да се његова глава не врати у Београд. Наиме, Циганин који је прао главе дахија, испустио је његову у Дунав, тако да су из Пореча у Београд отпослате само три главе.

На епску песму Вук се ослања и када описује ћуд самосвојних јунака, какав је био Ђурчија. Као и епски јунаци, Ђурчија „потеже" фразу „не бојим се цара ни везира" преточену у прозу. Управо у том преобликовању може се уочити тежња да се детаљима и прецизношћу фразе или сцене приближе историјској хроници. Ђурчија храбри брата кукавицу да се „за живота његова никога не боји: ни Јакова, ни Турака, ни Нијемаца". Свакако треба упоредити сцену сукоба Јакова и Ђурчије у песми „Бој на Чокешини" у којој налазимо и двобоје речима, и клетве, и погибељ „до једнога" достојну Косовске битке („Срби изгину готово сви, само ји неколико мрак сакрије међу мртвацима.")

Када је реч о коришћењу управног и пренесеног говора, пада у очи да Вук, којем је блиско усмено приповедање, без грешке погађа шта треба да буде директно изречено, а шта се мора препричати. У опису опсаде Ужица, он препричава шта су устаници тражили од Турака да не би палили и рушили град, али кад Турци одговоре да не могу да им предаду Омер-агу и Бега Новљанина: „Онда им Јаков рече: 'Е, добро, кад не можете, а ви идите у Ужице, те кажите и Омер-аги и свим Ужичанима, шта сте чули и видели.'" Кад Турци у Цариграду виде молбу коју су донели српски посланици, „упропасте се видевши, шта раја иште, па стану псовати и викати: 'Шта ће раји градови? Ово није раја; ово су ајдуци.'" Иза овога се готово чују Вушњићеви стихови: „Те градове раја саградила..." Из епа Вук преузима и мегдане „свима на видику" („убити на видику само једнога Турчина"); сан који се у дијалозима користи као својеврсна алузија; поруке да се нејач у збегове скрије; у писаним порукама наћу се десетерци (нека писма Јакова Ненадовића, посебно обавештење „О сербској битки и Турској на Ужице", о чему постоји и народна песма и поглавље у Милутиновићевој *Сербијанки*).

Ништа мање но у епској песми, у усменој прозној хроници важна је улога коња. Најлепше и најепскије слике ове прозе на неки начин везују се за коња. Ђурчија и остале харамбаше и поглавице „лете на бијелим атовима"; Катић и Реџеп кад се *састану* на Куличу „стану се с коња разговарати"; Рушић-паша се додворава устаницима обећавајући им оно што највише прижељкују: „Ја ћу вас на атове посадити, и у самур-ћуркове обући." Биографска белешка о Мирку Апостоловићу састоји се већим делом од приче о коњима који су убијени под овим храбрим јунаком: „Коњи под њим: на *Врачару* мусаљ, Стеке из Ратара ђогат, дорат; хат вран на *Делиграду;* Марка Штитарца дорат; на *Варварину* ђогат хат; шарац Огњенов и Младенов јањић млади; на Дрини (810) лисац; и К. Ђ. му поклони ђогата кога му је био поклонио Пљакић па га водио у једеку, али се око њега хватао у штап с Гајом Младеновијем из Божурне: К. Ђ. метне штап на своје кољено и ухвати први па се њих два хватали даље, па најпослије ухвати Мирко и штап пребаци преко себе. – На Грамади погинуо под њим вранац (809 послије Каменице ?)." У Вуковој хроници налазимо чак и јуначку пословицу везану за ата. Њом се изражава однос два супарника и такмаца на Делиградском шанцу, Милоја Петровића и Петра Добрњца: „Састану се два хата на једнијем јаслима."

Делови овог „мозаичког", на први поглед разбијеног виђења Устанка повезује чин усменог народног приповедања: вешто се повезују, мешају поједине целине, оне функционишу као и у усменој хроници, попут комада од косовских песама када се приповедало о Косовској бици. Повезивање општих делова усмене хронике остварује се усменим „линеарним елементима": „у то вријеме", „по том", „с почетка", „у том се чује". Веран поступцима усмене хронике и народној приповеци, Вук не описује унутрашња стања јунака, већ се драма која се збива у јунцима исказује посредно, драмским дијалозима пуним алузија. Општа места и песничке слике већим делом се ослањају на језичка средства усменог казивања: кад неки од јунака тражи правду Вук користи дијалог народних приповедака, утврђени су искази јадиковања над турским насиљима, у веома чврстом облику усмено се преносе благослов и заклетва у Орашцу... Документ се, тако, претвара у легенду, а обичан призор добија епски набој.

Колико Вукова историјска хроника дугује Вуку приповедачу, толико дугује и многобројним сведоцима, казивачима до којих је писац веома држао и од којих је преузимао утврђена општа места усмене верзије историје. Не без разлога он истиче: „Ово су мени овако приповиједали људи који су ондје били и очима гледали." Он чак даје рачун о казивачима као да је реч о певачима епских песама: „Ово је момче било послије код Хајдук-Вељка, и ја сам у Неготину с њиме говорио о овом догађају." Ради историјске истине био је спреман да измени нешто о чему је раније другачије писао: „Ја сам прије тако чуо и написао, и сад се тако почело штампати; али ми у том каза син истога Петра Јокића, г. Манојло, како је отац његов приповиједао више пута, да га је Младен, пролазећи онуда у Шумадију прије Кара-Ђорђија, наговорио, да запали шанац у Ћуприји..." Ово показује да је и Вук живо учествовао у стварању званичне верзије историје Устанка, да је био укључен у процес настајања овог дела српске историје као предања.

Епска вертикала и мит

За разумевање функције историје као предања битан је контекст односа сакралног историзма средњовековне књижевности и херојског историзма епске народне песме и предања у којем вековима траје слика српске историје у књижевности. Оба ова правца утицала су на касније облике „књижевног историзма".

Осим ове две примарне интерпретације постоји и виђење српске историје настало на периферији национа, у далматинском приморју од 12. до 18. века и од Велике сеобе с краја 17. до средине 19. века на северу, међу Србима у хабзбуршком царству. Управо овај трећи слој пресудан је за промену односа према епској народној песми и предању као историјским изворима.

Јован Деретић[16] из тог угла сагледава три кључна дела: *Лейойис йойа Дукљанина* из 12. века, настао у зетском приморју (Бар), *Краљевсйво Словена* Мавра Орбина настало у Дубровнику почетком 17. века и *Разговор угодни народа словинскога* Андрије Качића Миошића из средине 18. века, настао у околини Макарске. Ова дела чине особити континуитет, наслањају се једно на друго, говоре о једној, словенској или „словинској" нацији. По томе се она разликују и од дела средњовековног српског историзма која су у својој основи сепаратистичка (српску историју у потпуности одвајају од историје других јужнословенских земаља) и парцијална (обухватају само један део српске историје, онај који почиње од Стефана Немање, а искључују ранију историју). У делима „далматинског историзма" постоје велика тематска поклапања; у њима је српска историја део заједничке словенске историје који заузима средишњи положај и представља основну „националну" историју. У том кључу ваљало би примати и Рајићеву историју с краја 18. века, насталу у Срему, у којој су, поред историје Срба, посебно обухваћене и историје Хрвата и Бугара.

Престанком постојања јужнословенских држава битно се мења и угао из којег историографи описују најзначајније историјске догађаје на Балкану. Уместо владара носиоци историје постају јунаци.

Дела далматинског историзма, особито Качићево, јесу историје народа исказане кроз подвиге и дела јунака. То је разлог што се ови историчари у већој мери ослањају на предања и епску песму, што је њима, за разлику од средњовековних, битан догађај сам по себи, а не оно што он значи на

---

[16] „Легендарна историја (Слика српске историје у приморској књижевности)", *Књижевносй и исйорија*, I, Зборник радова Филозофског факултета у Нишу, 1995, стр. 39–46.

општем, божанском плану историје. Тако се два историзма разликују и по односу према стварном и измишљеном, историјским чињеницама и легендама. Отуда се већ у *Летопису попа Дукљанина*, поготову у првим деловима у којима је све измишљено или преузето из традиције, находи обиље легендарне грађе. Дела чије је основно извориште народна епско-историјска традиција садрже највећи део историје памћене као предање (о убиству цара Уроша, о Косовком боју, о Владимиру и Косари), она су ризница фабуларних мотива, прича и легенди из наше прошлости.

Херојски историзам, историја коју чине јуначки подвизи, у самој је сржи усмене народне историје. Зато је посебно занимљив однос историчара пре Вука Караџића према усменој историјској традицији. Мирослав Пантић се посебно позабавио овим питањем.[17] Пошавши од става Светозара Бркића, израженог у прилогу о историји и историјском роману, да постоје „два начина мишљења, историјски и митски", и подсећајући на Аристотелову мисао да историчар „говори о ономе што се истински догодило", а песник „о ономе што се могло догодити... по вероватности или по нужности", да песништво приказује више оно што је опште – долази до следећег закључка:

Повлачење јасних и суштинских разлика између епског песништва, свеједно да ли оног писаног или пак оног ствараног усменим путем, у коме је реч о догађајима или личностима из живота неког одређеног тренутка прошлости, и познатих из историје, али доживљених, замишљених, схваћених и представљених на начин својеврстан и поступком уметности, са једне стране, и са друге стране: праве историје, а то значи: једне од наука која се бави истим догађањима и личностима, али их види, или би барем морала да их види, стварно и какви су били, без песничке фантазије и накнадних дограђивања, другачијом методологијом, са другим намерама и са другачијим циљевима, није могла значити ипак њихово коначно раздвајање, ни код њихових твораца,

---

[17] „О односу народне епске поезије и историје", Зборник радова са научног скупа „Народна епска поезија и историја", *Зборник Филолошког факултета Универзитета у Приштини*, бр. 8, Приштина, 1998, стр. 5–14.

ни код оних којима су њихове творевине биле намењене, ни најпокон у наукама које су се њима бавиле као својим предметом. Између њих, или у вези са њима, било је и даље сталних преплитања, специфичних суодноса, узајамних дејствовања, као и неспоразума код оних који су их слушали или читали, или пак проучавали, и било је најпосле и замењивања, па и бркања, њихових функција.

На основу тврдње Петра Хекторовића изречене у *Рибању и рибарском приговарању* (1556) да се бугарштице могу сматрати „за ствари истине, брез сумње сваке, а не за лажне", Пантић примећује да се у време хуманизма непоколебљиво веровало да је оно о чему се пева у бугарштицама сушта истина. Тако је Лујо (Алојзије) Цријевић (Туберо) у историјском спису на латинском приказао битку на Косову и Милошев подвиг према некој народној бугарштици која му је послужила као главни историјски извор. Слично су чинили и Мавро Орбин и Јакоб (Јакета) Лукаревић (*Обилни извод из дубровачких анала,* 1605), који су се служили и књигама учених историчара и рукописним хроникама аналиста средњег века, али исто тако, „с подједнаким поверењем и без имало резерве, и народним бугарштицама, до којих су, у оно време, могли доћи само усменим путем": „На тај начин, и тим путем, народно памћење о властитој прошлости, одржано и преношено усмено, и засновано, као и свако друго традиционално памћење, и свуда другде, на произвољностима, измишљањима и слободном мењању чињеница и на сталном додавању сваковрсних фикција, новонасталих или преузетих из прастарих митова, постајало је преношењем у књиге *писана „историја"*, коју су озбиљно узимали и схватали чак и људи од знања и духа, образовани на античкој књижевности и култури."

С друге стране, Пантић нам открива и веома рано постојање критичког односа према усменој историјској традицији. Барокни критицизам у историографији крајем 17. века покренуо је и критичка просуђивања веродостојности епске поезије као „усмене историје". Он посебно издваја један од најранијих судова те врсте који потиче од Игњата Ђурђевића. У спису који је, додуше, до наших дана остао у рукопису и није био делатан у време настанка – *О томе не треба веровати традиционалним песмама,* Ђурђевић вели да старе, по тону жалобне песме у којима се „пева о делима српских, босанских и словенских краљева и владара, највише о славним делима против Турака и одбранама њихових земаља", само „прост народ држи за истините", док образовани свет не верује у њихову истинитост: „Било је старијих писаца далматинских, угарских и других који су сматрали да је примитивност овог народа неспособна да измишља догађаје. Ти стари писци служили су се тим песмама као поузданим историјским извором, и у томе су се силно варали."

Качић иде за народном традицијом на сасвим другачији начин. Он је за „пјесмама од јунака" трагао „од Скадра до Задра и од Мостара до Котара". По њему песме о краљевима, бановима, витезовима и врсним јунацима „премда нису посве истините, ништа не мање има свака добар темељ од истине".

Иако се у својој *Историји* ослањао на предање, Јован Рајић је грдио анонимне творце и преносиоце народних песама, „слепе и лажљиве", да „више изопаћавају но што уздижу славу светих... и славних краљева и деспота наших", да „по трговима и улицама ударајући у струне опевају њихова дела неистинито и искварено". Вук у писму Јакобу Гриму 1823. године правда овакав Рајићев однос према народним песмама тиме што Рајић, као калуђер, „није имао осећаја за такве ствари, него је у њима тражио историјске истине", као и да није имао прилике да чује добре песме, већ само оне од лоших слепаца. Јасније изражен отклон од епских песама као историјских извора изразио је Јован Хаџић у прилогу *Историја и песме народне или У народним песмама историческе истине не тражи*,[18] истичући у први план неистине у песмама о Марку Краљевићу.

Идући за тим да су у народном памћењу историје, било да је реч о песми било о предању, у средишту јунаци, битно је истаћи да се управо око јунака гради епска вертикала наше историје. У епској вертикали све почиње од светих ратника и змајева, па се наставља јунацима и историјским личностима који су остварили велике подвиге као заштитници народа и борци против непријатеља, најчешће са митским

---
[18] *Голубица с цветом књижества србског,* IV, Београд, 1842, стр. 3–11.

одликама полубогова: војвода Момчило, Марко Краљевић, Милош Обилић, змајевити јунаци из деспотских времена, изабрани ускоци и хајдуци, Карађорђе и његове војводе из Устанка, јунаци из народног покрета 1848. и 1849. године (Михаило Микл Јовановић, Стеван Шупљикац), све до четири војводе из балканских ратова и Првог светског рата. О свима њима народ приповеда, они чине и „обдржавају" памћење народне усмене историје.

Поред тога што се историја као предање заснива на *мозаичкој структури,* груписању битних детаља, догађаја, слика, управних говора, веровања, она се и *линеарно приповеда.* Приповедач казује делове историјских збивања који су се догодили истовремено, или заредом, дозвољено му је враћање у прошлост и подсећање, упозоравање слушалаца да ће се нешто у будућности збити онако како су у неком тренутку рекли или предвидели учесници описаних догађаја. По таквом начину казивања, предавања историје колективу, историја као предање се и разликује од писане учене историје. Дакако, разлика је и у комуникацији казивача и слушалаца с једне стране и историчара и читалаца с друге. Суд колектива утиче на казивача: није свеједно у којем крају се приповеда о прошлости, да ли у срцу матице или епицентру историјског догађаја о коме је реч или на периферији национа; да ли Вишњић пева песме у шанчевима буне и логору војводе Стојана Чупића змаја од Ноћаја, или у шишатовачком миру у Срему, због чега се суштински разликују прва и друга верзија песме о боју на Мишару. Исто тако разликују се и казивања из околине Тополе о Карађорђу, поготову ако су казивачи били у његовој пратњи, од казивања из других крајева о истом догађају.

Већ у 19. веку нису уочаване битне разлике између предања и приповедања. Можда је Вук једини налазио неку разлику. Моћ предања лежи и у живописности дочаравања истине, зависи од начина како тече предање. Иако стално упућују на веровање, предања су у савременој науци прихваћена као уметнички облик на граници свакодневног говора и поетског дискурса. Управо својом сугестивношћу и императивом да им се верује, у многоме су допринела популарности изабраних јунака. Уз то, дејствовала је и епска веродостојност која је била уграђена у колективну свест. Путем стереотипних клишеа свести историјско предање преносило је јавно мишљење и обезбеђивало да историјско добије своју фигуративност; само у случају када се остваривала емотивна исповест, психичка енергија, оно је могло да опстане и дејствује на релацији казивач – слушаоци.

Песме и предање о Марку Краљевићу, стожерном лику епске вертикале нашег народа, о Косовском боју и Милошу Обилићу, на најбољи начин илуструју суштину историје као предања. Кад су у питању толики векови традиције, тешко је оделити историју од митског, историју од предања. О Марку и његовим мегданима постоје појединачне песме, као и појединачне приче о томе како је стекао коња или оружје, о његовом јунаштву, веровања о његовој бесмртности и сл. Све то, укупно, чини мозаик у којем налазимо и појединачне слојеве које „покрива" овај јунак (витез, митски јунак, хајдук), који су мање или више изражени, зависно од удаљености предања и песме од епицентра историјског збивања.

Песме и приче о Косовском боју утврђује мозаичка структура, форма проистекла из усменог стваралаштва, која је истовремено и принцип усмености: *песма по песма, прича по прича, слој по слој!* У том кључу треба гледати и на комаде од косовских песама и на поједине песме, али и на приче о Косовском боју које се, такође, састоје од целина које могу да опстоје и независно, да буду „илустроване" стиховима, песмом, неком легендом о Милошу Обилићу.

Познато је да постоје два основна тока косовске легенде. У средишту првог, ближег сакралном историзму, централни лик јесте кнез Лазар светитељ, почев од Богородичине поруке да бира којем ће се царству приволети, до обретенија његове главе (посвећења). У средишту другог налази се епски јунак Милош Обилић који се заветује да ће извршити немогући подвиг. Према томе, ова друга „верзија" косовске легенде ближа је народном колективном поимању историје. Зато је веома важно да приче о Косовској бици настају на периферији, да се песме и предање о кнезу Лазару као светитељу одржавају око манастира и његових задужбина, пре свега око косовске и сремске Раванице.

Као што је случај са легендом о Косовској бици, тако и легенда о Марку Краљевићу није јединствена. Ненад Љубинковић издваја слој ритерске легенде, митолошки слој, слој легенде настао у лимитрофним областима и, најмлађи, у којем Марко постаје државотворац и слободоносац, вођа бораца за слободу.[19] Овај последњи слој, који се најављује хајдучким Марковим атрибутима, постаје доминантан у време Устанка. Испред себе су, на небу, Марка видели и ишли су за њим Карађорђеви јуришници, али и борци на Церу и код Куманова 1912. године. Процес стварања мита о Карађорђу креће управо од модела по којем је у колективној свести настао митски јунак и хајдук Марко Краљевић.

Судећи по бугарштици о Марку Краљевићу и брату му Андријашу, коју је забележио Петар Хекторовић 1556, легендарни Марко је већ век и по после историјског Марка имао високи епски степен популарности, односно брзо је и то високим епским стилом ушао у песму. Тридесет година после Маркове погибије Константин Филозоф бележи о њему нешто што не може бити супротно од онога што су приповедали још живи сведоци битке на Ровинама. Без обзира да ли је Марко тада рекао: „Ја кажем и молим Господа да буде хришћанима помоћник, а ја нека будем први међу мртвима у овом рату." – он је већ тада био изабран. Ако је одиста то рекао, онда је и само то довољно да се памти. Маркова популарност везана је и за велику непопуларност Вукашина и Угљеше. Био је то начин да се у предању историје они још више оцрне. Према њима народна традиција гајила је негативно сећање, јер су тражили помоћ од Византије. Тако су против себе окренули пећку, Душанову Србију. Црква је, по свему судећи, имала разлога да гаји негативну традицију о Мрњавчевићима, а улога цркве, као и у случају косовске легенде, била је веома битна.

Марко се уклапа у наративну структуру митског система убедљивим сликама и сугестивном радњом. Веровање да је бесмртан обезбедило му је популарност јунака који може да се брине за свој народ, за „рају". Емотивни образац се испољава у могућности да, као и богови или свети Ђорђе, може да дође на овај свет и помогне народу и војсци. Народно предање налази одговор и за његово неучествовање у Косовској бици. По реверзибилном предању из 19. века, Марков се Шарац заглибио, што је био разлог да закасни на одсудни бој.

---

[19] „Краљевић Марко. Историја – мит – легенда", *Даница* Вукове задужбине за 1995, год. II, стр. 177–188.

Истраживања су показала да усмена традиција што је даља од центра збивања, све више постаје прича, приповедање, да се у том делу традирања за историјско језгро везују интернационални мотиви, а односи песме и предања постају сасвим другачији. Слично се збива и са песмама о Марку на периферији (код Хрвата, у Далмацији). У њима налазимо доста приповедног и мање су епске од Вукових.

Целина усмене прозне традиције о Марку Краљевићу обухвата и безбојна предања и архаичне приче са општим мотивима. Приповедање о Марку тада се олако прекида и убацују се стихови. Кад стихова и нема, уочљива је веза са песмом. С друге стране, уз помоћ предања уланчавају се песме о Марку. Када је у питању млађи слој предања настао из песама, захваљујући повратном утицају Вукових збирки, занимљив је однос песме и предања. Приповедање постаје свежије, у њему се остварује веза предања и бајке, успелија је нарација, али настају промашаји када се сукобе предање и епска песма: Марко губи епске, а остали ликови добијају гротескне одлике. Како Марков лик у предању привлачи многе теме, то више није Марко Краљевић већ неки Марко из приче. Такав се Марко у причи тешко остварује као јунак класичних наративних облика, јер напросто измиче сваком типу јунака.

За епску вертикалу најважнији је Марко као митски јунак и хајдук борац за слободу. Митске основе његовог лика исказују се у оним деловима народних песама и предања у којима се Марко појављује као бог коњаник – спасилац. У питању је преузимање улоге бога спасиоца на белом коњу, трачког коњаника, а потом хришћанског светитеља – ратника – светог Ђорђа. Марко се бори против хтоничних божанстава (јунака са три срца), његов помагач јесте небеска вила облакиња, а противнице су му виле бродарице и језеркиње крај вода преко којих се стиже на онај свет и виле изворкиње које бране приступ извору као персонификацији живота. Да би стигао у подземни свет Марко поткива Шарца сребрним потковицама, он добија оружје и коња на натприродан начин, посебно буздован задобија на мегдану са џином („оста Марку тешка топузина"). Да буздован има божанско порекло доказ је и то да га у народним песмама срећемо веома ретко изван циклуса о Марку Краљевићу, а и тада нема онај значај који има у рукама нашег најзнаменитијег епског јунака. Маркови подвизи проистичу из срџбе бога Марка и зависти бога Марка, по угледу на старе богове плодности он је пијаница и кавгаџија, тетура се жељан крви, често бива и свиреп.

Марко Краљевић и из песама и из предања веома је значајан за стаменост епске вертикале нашег народа. У радовима Радована Самарџића епска вертикала и начин њене реконструкције у приличној мери су остали недефинисани, посебно када је реч о митској компоненти. Тако, на пример, везивање Марка Краљевића за вилу свакако спада у сферу митологије. Скупна особина епских јунака који су по много чему митски јунаци, у епској песми и предању директно се или индиректно доводе у везу са вилом, посебно уз помоћ мотива „женидба јунака вилом". Реч је, наиме, о оствареној женидби, не о оној неиспуњеној какву налазимо у песми *Диоба Јакшића*. Међу тим јунацима, поред Марка, налазе се још Змај Огњени Вук, Старина Новак и Петар Мркоњић. За све ове јунаке настале по истом хајдучко-митском моделу, сем за Мркоњића, постојале су и анализиране су песме о женидби с вилом. Недостајала је само таква песма о Мркоњићу, али и она постоји. Објављена је у старом календару из времена када је Вук активно бележио народне песме.[20] У њој се опева на класичан начин како јунак краде вили крила и окриље украј вилинске воде (у овом случају кладенца). Са вилом Мркоњић изроди девет синова и све их ожени. Кад су женили деветога, вила измоли да јој Мркоњић врати крила и окриље, како би на свој начин заиграла у сватовском колу. Јунак се превари и од сватовског кола се начини врзино коло, из којега се вила узнесе до облака.

Народна песма и предање ће и Карађорђа везати за вилу. Тако се отвара питање који јунаци у народној историји, која није сакрална историја идеја већ историја јунака, налазе место у епској вертикали, које историјске личности према колективном суду заслужују да се нађу у српском Пантеону. Извесно је да такви јунаци чине окосницу историје као предања.

---

[20] „Женидба Петра Мркоњића", *Годишњак, календар велики србски* Данила Медаковића за 1853, IV, Нови Сад, стр. 28.

I
ЕПСКА ПЕСМА

ВУКОВО НАЧЕЛО ИСТОРИЧНОСТИ У ОДБИРУ И СИСТЕМАТИЗАЦИЈИ ЕПСКИХ НАРОДНИХ ПЕСАМА

Приликом бележења, сакупљања и објављивања епских народних песама, за Вука је одабирање било нужни чин. Опредељивао се радије за варијанту доброг певача, за целовити уметнички облик, за оне песме које су „за памћење и за казивање". У реконструкцији Вуковог антологичарског метода историјски приступ био је пресудан у свим фазама његовог сакупљачког рада. На самом почетку свог интересовања за сакупљање народних песама, Вук се суочио са књигом Андрије Качића Миошића *Разговор угодни народа словинскога*,[1] са особитом песмованом историјом Јужних Словена.

Већ у предисловију прве *Пјеснарице*[2] он помиње Качићево дело као први и прави узор свог труда на бележењу и издавању народних песама. Сусрет са овом књигом најзад га је убедио да се његов учитељ Лукијан Мушицки не подсмева тражећи од ђака да му напишу „прости пјесама сербски". За Вука је, тада, Качићево дело било „једна велика пјеснарица" са песмама које су „баш онакове исте, какове наши Сербљи код ватре седећи уз гусле пјевају". Касније се Вук срео и са сличним песмарицама на руском и на немачком и пожелео је да и његов народ добије такву књигу са песмама које „и сад у народу простом содржавају, негдашње битије сербско, и име". Чак предлаже да и други попут њега бележе по разним крајевима, па ће једном неко покупити „сва она собрања и претрести; а неке пјесне и сам по вкусу и по начину рода свога сочинити, и тако од свију они мали собрања једно велико цело начинити."

Следећи Качићев пример, Вук је у *Малој простонародној славено-сербској пјеснарици* приказао у маломе, са осам

---

[1] Млеци, 1756.
[2] *Мала простонародња славено-сербска пјеснарица*, Беч, 1814.

епских песама, нашу усмену повест од Немањића и њихових задужбина до Карађорђа и Устанка. У *Народној србској пјеснарици*[3] држао се исто хронологије, само што је том приликом објавио седамнаест епских песама. Као што је лирске народне песме распоређивао, „намештао у ред" како која за којом долази при обичајима или „како је која на коју налик", тако се старао да и епске песме сложи по хронолошком низу.

Иако је први Вуков историјски спис била белешка уз народну песму о Ивану Кнежевићу, објављена у Давидовићевом *Забавнику* за 1820. годину, иако се народних песама о устанку у својим историјским списима сећао „више неголи као извора"[4], Вук је добро познавао и другу страну односа поезије и историје, осећао је оно што од историје није за песму: „У историји се гледа истина, а у пјесми се гледа како је измишљено и намјешћено[5]". Вуково схватање особите историчности у народним песмама условило је структуру његових антологијских збирки, као и његов однос према *хомерском питању* (лазарице, песме о Марку Краљевићу), коришћењу песама из рукописних зборника, према многобројним сарадницима и певачима. Управо се по томе разликује његово сабирање епских народних песама од стихијних бележења из ранијих векова.

Када су у питању епске народне песме, Вук је од самог почетка имао на уму Хомера или су му на Хомера указивали они који су директно утицали на његов сакупљачки рад. Јернеј Копитар, коме је посветио *Пјеснарицу* из 1815. године, у непотписаном приказу ове збирке у листу „Wiener allgemeine Literaturzeitung", објављеном 1816. године, није нимало случајно указао на велику сродност епских песама са Хомеровим делом. Песма о почетку буне против дахија „двапут је дужа од Хомеровог каталога бродова и пуна је особитих имена. Овде уопште све најчешће подсећа на Хомера; краљевићи штавише носе писма, грле слуге; царице негују рањенике; кнежеви чувају овце, јунаци плачу итд., и да би слич-

---

[3] Беч, 1815.

[4] Идући за поставкама Божидара Томића, Владан Недић је показао да је Вук у описима боја на Чокешини читаве одломке ове песме пренео у језик прозе (*Филип Вишњић*, Београд, 1961, стр. 26–27).

[5] Вуково писмо Милошу Обреновићу (*Вукова преписка*, Београд, 1908, књ. II, стр. 553).

ност достигла врхунац, ове песме певају уз гусле слепи рапсоди." У Копитаревој расправи *О влашком и албанеском језику и народу* за Вука стоји „српски граматик, лексикограф и Омеровић"[6]. Хомера ће Вук да помене у тексту *Прави узрок и почетак скупљања нашијех народнијех пјесама,* а касније ће његови противници у полемикама, посебно Јован Хаџић, у недостатку аргумената иронично Вука називати Омеровић.

Хронолошко низање песама у збиркама као структуру песоване усмене историје српског народа Вук је, ипак, био принуђен да наруши већ у другој својој *Пјеснарици*. Пре песама о устанку унео је и две песме о свецима, рекло би се не знајући, тада, где би тим песмама било право место. До решења је дошао тек приликом компоновања друге књиге бечког издања, 1845. године. Тада је своју збирку знатно употпунио побожним и како сам вели, „особито митологичкијем" песмама и њих је унео на сам почетак најстаријих јуначких песама, осећајући да су ове песме она неопходна веза живе усмене традиције његова времена са старијом епском традицијом, да косовска битка и није учинила толико судбоносни преокрет, да није баш „тако силно ударила у народ, да су готово све заборавили што је било донде, па само оданде почели наново приповиједати и пјевати"[7].

У Вуковој другој књизи лајпцишког издања (1823) највећу празнину, које је и Вук био свестан, представљао је недостатак епских песама из Црне Горе, посебно оних песама од старине или о особитим и ретким догађајима од којих би било вредно штампати чак „само неколике врсте", односно комаде од песама.

После издавања последње IV књиге 1833. године, Вук креће на дуго планирани пут. Већ 1834. и током 1835. он борави у Црној Гори, Боки Которској и у Дубровнику, осећајући да ће на том простору знатно употпунити своју песовану историју српског народа. Да је то простор епског мајдана наговестио му је и Сима Милутиновић, чије је записе песама са тог терена имао у рукама више година, а 1833. и објављену

---

[6] Превод је начинио Јован Хаџић и објавио га у рубрици *Изводи* у Летопису (1830, бр. 21. стр. 24–40; бр. 22, стр. 13–39; бр. 23, стр. 1–24).

[7] Из *Предговора* Вука Караџића објављеног у I књ. *Српских народних пјесама* 1824 (*Српске народне пјесме,* Београд, 1953, књ. I, стр. XXXI).

Пјеванију[8]. Уочивши оно што је Симу Милутиновића превасходно интересовало у репертоарима певача из Црне Горе, Вук се окретао другачијим песмама и трагао за новим певачима, интересујући се посебно за песме од старине. Управо због Симиног наглашеног испољавања ривалитета у сакупљачком послу зазирао је од певача и крајева у којима је Сима бележио песме, убеђен да је ту посао већ унапред покварен. Био је стога спреман чак и да одступи од свог светог правила, истицаног и у многим рецензијама његових збирки, да објављује песме „покупљене са топлих усана народа". До данас се подразумевало и тврдило да је Вук, са изузетком четири песме забележене још у XVIII веку (*Хасанагиница, Срби у Доњаверту, Јакшићи кушају љубе* и *Бошњаци на Москву*), све песме записао директно од певача и казивача, или су то за њега тако чинили његови проверени сарадници.

Стотинак песама из Црне Горе, до којих је Вук дошао захваљујући Његошу, још од истраживања Војислава Јовановића упорно се приписују једном једином певачу Тодору Икову, гласовитом у то време више по обимном репертоару него ли по вредним интерпретацијама и редакцијама, иако је Вук у рачуну о певачима за име овога певача везао тек девет штурих епских хроника новијих времена из IV књиге. Војислав Јовановић се залагао чак и за реконструисање и издавање зборника песама Тодора Икова, мада је у предлошку за овај пројекат, помало са чуђењем, приметио: „Па, ипак, поред свих ових изостављања, ваља истаћи да ниједан од Вукових гуслара – па ни оних најславнијих – није заступљен у прве четири његове књиге оноликим бројем песама са коликим је заступљен готово непознати гуслар Тодор Иков Пипер"[9].

Војислав Јовановић је реконструисао целовити зборник од сто и десет песама у којем су се заједно нашле и песме Тодора Икова и оне за које је Вук, објављујући међу њима одабране, назначио: „Из Црне Горе". Нико није претпоставио могућност да је сачувани зборник препис песама из Црне Горе и да су се у њему, поред песама Тодора Икова, могле наћи и песме од других певача или преузете из других изво-

---

[8] Сима Милутиновић Сарајлија, *Пјеванија црногорска и херцеговачка,* Будим, 1833; Лајпциг, 1837.

[9] У понуди Војислава Јовановића Издавачком предузећу „Просвета". По препису Мирослава Пантића.

ра, можда и из неке старе рукописне песмарице. Примећено је једино да овај рукопис није писан руком само једног записивача.

За Вукову поетику занимљиво је порекло осам песама из друге књиге, за које Вук у рачуну не наводи име певача, већ их означава доследно неодређено „из Црне Горе", иако њима битно богати своју другу књигу раније издату у Лајпцигу. Наиме, ових песама нема у првом издању, а седам од њих нашло се на самом почетку, међу првих шеснаест песама и управо захваљујући њима бечко се издање понајвише и разликује од претходног, а Вукова збирка далеко надмаша Милутиновићеву *Пјеванију*.

Свестан блага које му се нашло у рукама, Вук на самом завршетку предговора прве књиге бечког издања, 1841. године, најављује другу своју књигу, посебно издвајајући међу песмама „које досад нигда нијесу штампане" девет песама „понајвише побожнијех и особито митологичкијех, којима се не зна старина (у једној се од њих спомињу дивови – die Riesen)".

Бечко издање народних песама Вук је почео да припрема одмах по изласку IV књиге претходног издања, 1833. године. У писму Јустину Михајловићу од 27. дец. 1838. он открива поступак како је припремао друго издање: „Него вас молим, да ми ви пријатељи и Вуковарци до доласка мога тамо нешто урадите, и то доста повелики посао, т. ј. да ми препишете све четири књиге народнијех пјесама нашијех (оне три штампане у Липисци, и четврту у Бечу 1833. г.). Мислим ове идуће године (на јесен) почети штампати ново и умножено издаиије нашијех пјесама, па да би сам их лакше у ред намјестио, како што за којим иде, потреба је да се и те наштампане препишу. Свака пјесма ваља да је преписана за себе, да се може међу друге метнути; тако ће многе из прве књиге бити на једној страни, а друга страна од листа нека остане празна"[10]. Том приликом је поменуо и да су му неки пријатељи и сарадници из Вуковара и раније преписивали песме, често и оне још нештампане, из добијених рукописа. Поред Лончаревића, кога издваја као вешта у том послу и који му је већ „преписивао доста нештампанијех пјесама", Вук помиње и оца Давида, Александровића, новог учитеља и Јоксима

---

[10] *Вукова ūрейиска*, књ. VI, стр. 294–295.

Новића Оточанина, сина оберлајтнанта из Јакова. Јоксима Новића је Вуку препоручио његов веома близак сарадник и пријатељ Адам Драгосављевић још 1835. године[11]. Познато је да је Вук средином 1839. године поверио, на другој страни, Милану Јанчићу да му начисто препише књигу лирских народних песама коју је припремао. По свему судећи, за време свог боравка у Вуковару од почетка новембра 1837. до краја марта 1838. године, поверио је преписивање епских народних песама вуковарском сарадничком кругу.

Сачувано је и објављено више писама које је Јоксим Новић упутио Вуку[12]. У њима налазимо више сведочанстава о њиховој сарадњи. У писму од 6. децембра 1835. године помиње 4000 речи које су он и Адам Драгосављевић прикупили за Вука, а којих нема у *Рјечнику*. За друго издање Вукове II књиге епских песама Јоксим Новић је био и посебно заинтересован, јер га је Вук држао у уверењу да ће у другу књигу унети и његову *лазарицу*. Чак се бринуо да не буде какве сметње што ће лазарица претходно бити и посебно штампана[13]. Према свом обичају да примерцима књига награђује помагаче, Вук је Јоксиму Новићу подарио више примерака *Новог завјета*, а често га помиње у писмима упућеним својим пријатељима.

У сачуваним записима и преписима песама које ће се први пут тек штампати, које је слао сарадницима да му их за штампу начисто препишу „на четвртини од табака, као што су и лани наштампане преписивате", сачуване су и маргиналне Вукове напомене које се односе на преписиваче, било да неку песму не препишу („Не пишите ове") или да изоставе завршну просјакаличку импровизацију која нема неке везе са песмом, као и ознаку да је песми крај („конецъ").

У *Огледалу србском* (1864), у наставцима, Јоксим Новић је објавио значајан прилог *О нашим пјесмама*[14], где открива

---

[11] Сведочење о томе налазимо у писму Адама Драгосављевића, упућеном Вуку 27. септембра 1835. године (*Вукова преписка*, књ. V, стр. 278).

[12] *Вукова преписка*, књ. VI, стр. 680–696. Прво писмо датирано је 6. децембра 1835, а последње 22. јула 1861.

[13] Писма од 13. јула 1844; 15. августа 1844; 22. јула 1861; 1. марта 1860.

[14] Год. I, св. 3, стр. 73–80; св. 4, стр. 97–101; св. 5, стр. 143–147.

порекло управо оних осам песама из бечког издања друге Вукове књиге: „Оне је најстарије јуначке пјесме о 'Дивовима' као и ону о 'Крститељу Јовану и цару Дуклијану', писао некакв калуђер у Црној Гори, и дошле су тако у руке скупитељеве. Тај је рукопис био тако написан, као да је писару било вретено у руци меште перета; а сав је рукопис (преко двадест табака) био као проза, и нигђе није било знака (коме или пункта, или чегагођ другог), да се барем колико толико знаде одмор, или свршетак. Ја сам се напатио год. 1838. и више муке поднијео с њима, док сам их дотјерао у ред, као што су сад у пјесмарици, него да сам пола библије превео. Ваљало ми је и нагађати и погађати"[15]. Из овога произлази да Новић није био Вуку само сарадник на преписивању народних песама, већ неко ко може песму допунити или начинити „и сам по вкусу и по начину рода свога".

У сачуваним преписима ових песама, у верзији пре но што су дате да се начисто препишу за штампу, налазимо много интервенција и допуна (убачених речи и стихова), употпуњавања неуједначених стихова, често дужих од десетерца. Поред тога што су у првом запису забележене маниром записивања песама у рукописним песмарицама XVIII века (као проза), као стиховане приче, све ове песме носе и друге облике предвуковских записа. Ове песме су недоживљене, недоречене, са претерано скраћеним свршецима, односно са наглим свођењем радње. Многе недоречености и нејасности проузроковане штедљивошћу у речима и изразима, Вук је надокнађивао уметањем нових стихова или читавих стиховних целина из других песама (из неких које су му остале у рукопису), био је принуђен да често објашњава поједине немотивисане и неочекиване поступке јунака или да дотерује она места која су одавала утисак „скрпљене целине". Вук је и поред свега тога ове песме унео у своју збирку, па и када су биле варијанте бољих записа, две чак и подупрте причом, легендом, (*Цар Дуклијан и крститељ Јован*[16] и *Змија младожења*[17]), што асоцира на сличне дублете упоредних записа прича и песама о косовској бици у рукописним зборницима XVIII века. Био је спреман да ове песме пропрати необично број-

---

[15] Св. 4, стр. 100–101.
[16] *Српске народне пјесме*, Београд, 1958, књ. II, песма бр. 16.
[17] Нав. дело, *Опет то, али друкчије*, песма бр. 12.

ним коментарима и тумачењима појединих стихова, стално истичући да су ове песме од особитих и ретких догађаја, особито митологичке, препуне прастарих схватања и веровања. Очигледно су се ове песме учиниле Вуку значајним за повезивање живе усмене традиције његова времена са старијом традицијом, до које се могло доћи на основу рукописних записа ранијих векова.

За песму *Мујо и Алија*[18] Вук осећа потребу да већ поводом наслова искаже и основни разлог због којега је ову песму уврстио на почетак своје антологије епских народних песама: „Јамачно је ова пјесма у народу нашему старија од Турака у нашијем земљама, него су ова имена послије узета, и ја их нијесам хтјео мијењати." Вук је са чуђењем приметио да се у песми о цару Дуклијану уместо *коруна* (corona, круна) одједном нађе *сунце*. У осталим песмама овога рукописа *девојка* бива замењена *вилом,* а прастаро веровање јасно засија из устаљене песничке слике о пчелама и овцама као душама:

> *И овчари овце изгубише*
> *из свијета челе побјегоше!*

Треба напоменути да управо песму *Диоба Јакшића*[19], прати варијанта црногорског калуђера[20] у којој се из средњовековног описа лова сачувао стих: „Па он узе хрте и загаре." У рукопису је завршни стих ове варијанте гласио: „То је било када се чинило." Исти завршни стих налази се и у рукопису песме *Кумовање Грчића Манојла*[21], што упућује ако не на истог певача, а онда на исту руку једног записивача. У оба случаја Вук је овај стих изоставио, да се песме не би на тај начин доводиле у везу. Но у песми *Душан хоће сестру да узме*[22] није могао да избегне завршну импровизацију, јер је дубоко повезана са самом песмом:

> *То је било када се чинило*
> *а сада се тек приповиједа!*

---

[18] Н. д., песма бр. 10.
[19] Н. д., песма бр. 97.
[20] Н. д., *Опет диоба Јакшића*, песма бр. 98.
[21] Н. д., песма бр. 6. И за ову песму Вук је придодао уз наслов „из Црне Горе".
[22] Н. д., песма бр. 26.

Не само због овога, и ову песму можемо придодати песмама из рукописа црногорског калуђера, а можда је управо то она девета песма, тим пре што на крају предговора првој књизи, где помиње девет „понајвише побожнијех и особито митологичкијех", Вук помиње и песму „о Силноме цару Стефану (Душану)", баш како се ова два имена и помињу у песми: у наслову Душан, а у песми Стефан.

Треба напоменути да у девет песама из IV књиге, за које Вук сам даје податак да су од Тодора Икова и које одударају од осталих песама „из Црне Горе" објављених у II књизи, ни у једном случају не налазимо завршну импровизацију коју у три наврата користи певач или састављач рукописног зборника из Црне Горе. Ако у штуре епске хронике Тодор Иков и унесе неки завршни стих, то је, по правилу, импровизација прикладна јуначким хроникама:

*Такви јунак никад не умире,
но остаје да се спомењује.* (песма бр.12)

*Здраво дође Кчеву крвавоме
здраво дође, весела му мајка.* (бр. 13)

*Двадесет и пет главах уграбише,
а мртвијех ни броја им нема.* (бр. 18)

*Здраво Јован на дворове пође,
здраво пође, весела му мајка!* (бр. 19)

Ако би се свих сто песама, како се у литератури тврди, приписало Тодору Икову, онда би ове песме могле да послуже да се што прецизније утврди проседе Вуковог антологичарског рада у области усменог епа. Поготову што му ове песме нису стигле пред само штампање другог издања, већ неколико година раније, тако да је имао времена да међу њима одабере оне које је сматрао вредним да се нађу у његовим збиркама. Парадокс који прати феномен певача Тодора Икова јесте у томе што према броју записа који су Вуку били доступни, Вук, по Војиславу Јовановићу, од овога певача одабире тек четвртину (28 од 110 песама), а и та четвртина била би довољна да се овај певач издвоји као певач чије су песме највише заступљене у Вуковим збиркама. Међутим, све би то одударало од основних принципа Вука антологичара. Отуда сам склон да поверујем Вуку да је од Тодора Икова одабрао само девет песама за IV књигу, а да је одступио од својих основних начела *добар певач и добра целовита песма* само онолико, колико је био спреман и да призна: „Кад би се од какве врло старе пјесме, или макар и од новије, али од особитога и ријетког догађаја, нашле само неколике врсте..., опет би их било вриједно штампати, али од обичних догађаја, код толико добрих и лијепих пјесама, штампати пјесме рђаве и луде, ја мислим да би била права будалаштина"[23]. Тако је поступио и када је из старог рукописног зборника калуђера из Црне Горе преузео девет песама, уносећи их у другу књигу своје антологије, чак и поред тога што су неке од њих биле уметнички мање вредне варијанте, али је Вук у њима наслутио старину, усмену епику претходних векова, из које се, подстакнута револуцијом, разбуктала устаничка епика, епика у којој су песме свих циклуса биле у истој равни, у којој су и песме о Марку Краљевићу и косовској бици добиле нови сјај и нови значај, а о епским јунацима разних времена певало се и казивало као о јунацима устанка.

---

[23] Вук Караџић, *Српске народне пјесме*, Београд, 1958, књ. IV, стр. XXIX–XXX.

СТОЈАН НОВАКОВИЋ И НАРОДНА ПЕСМА

Стојан Новаковић је био зачетник и део Уједињене омладине српске, посебно иницијатор оног дела њеног програма који се односио на бележење и изучавање усменог стваралаштва. Био је представник нове школе фолклористике која је наследила Вукову на најбољи начин. Такве тежње показивали су чланови ранијих ђачких дружина (пештанске Преоднице, Српске наде), а Стојан Новаковић, као вођа ђачке дружине на Великој школи у Београду, још тада је организовао и предводио читаве тимове младих сакупљача народних песама и приповедака. И сам је бележио народне умотворине и објављивао их у омладинском часопису *Даница* да би, потом, већину сарадника на сакупљању народних умотворина окупио око свог часописа *Виле* (1865–1869), у којем су објављене читаве збирке народних песама, приповедака и загонетки. Загонетке које је сам прикупио штампао је у засебној књизи,[1] док је збирка народних песама из *Виле* објављена тек 1985. године.[2]

Новаковићева је заслуга што су сви посленици на овом послу морали добро да познају Вукове збирке и етнографску карту његових бележења, тако да су објављивали само нове песме или варијанте интересантне због убачених епизода и детаља који су одавали старину записа, као и због занимљивих замена ликова.

Посебно су се старали да прибаве народне умотворине са оних терена на којима Вук и његови следбеници нису до тада залазили. Отуда су готово сви сабирачи народног блага окупљени око Стојана Новаковића оставили за собом вред-

---

[1] *Српске народне загонетке,* Панчево, 1877.
[2] М. Матицки, *Народне песме у Вили,* Нови Сад – Београд, 1985.

не записе: Светислав Вуловић (уредник збирке народних песама у *Вили*), Љуба Ковачевић, Милован Глишић, Благоје Стојадиновић, Јован Војиновић и други. Сви они били су, на најбољи начин, настављачи Вукове линије. За разлику од Вука, они су веома педантно бележили најбитније податке о усменом животу песме (место, певач, начин извођења). Најзад, нису остали само на песмама, још мање на епским, што је био манир непосредног поствуковског периода. Окренули су се и другим облицима усменог стваралаштва, загонеткама, народним играма, поскочицама, здравицама, скаскама, бележењу напева, а посебно су тежили, Милићевић и други, да наставе традицију Вукове недовршене књиге *Живот и обичаји народа српског* (1867), осећајући да је за песму битан и сам контекст, обред или обичај чији је она саставни део. Овај новаковићевски круг фолклориста предано је пратио збивања у светској фолклористици и то не само када су се тицала судбине наше усмене традиције у свету (преводи и изучавања), већ и свих тадашњих теоријских токова, школа и приступа фолклору, тако да је у *Вили*, за четири године излажења, приказано четрдесетак светских часописа.

Схвативши да су огромна количина стихова и велики број записа само потврда богатства традиције усменог стваралаштва нашег народа, али не и допринос литератури у смислу квалитета, трудили су се да селекционишу рукописне збирке пре објављивања, да издвоје нове и вредне песме на начин како је то Вук беспрекорно чинио. Отуда, Новаковић није само написао предговор за збирку Богољуба Петрановића *Српске народне пјесме из Босне и Херцеговине*,[3] већ је био и редактор ове књиге. Он је, на исти начин, помагао и Врчевићу у припреми збирке *Српске народне приповијетке*.[4] Био је чак и суаутор и мецена (уз помоћ кнеза Михаила Обреновића који је, преко *Виле*, дукатима награђивао успеле збирке народних умотворина) збирки Благоја Стојадиновића[5] и Јована Војиновића,[6] сарадника *Виле*.

Проучавање усменог стваралаштва, посебно народних песама, водило је Стојана Новаковића у два правца. Основ-

---

[3] Београд, 1867.
[4] Београд, 1868.
[5] *Српске народне песме (епске)*, књ. I. Београд, 1869.
[6] *Српске народне приповетке*, књ. I, Беогард, 1869.

ни смер његовог научног рада био је одређен самим тим што је, истовремено, био и изванредан историчар. Његова студија *Народне традиције и критичка историја*[7] основ је многих његових потоњих прилога, а оставила је трага и код његових следбеника, све до данас, нашавши одјек чак и у насловима књига неких савремених фолклориста (Новака Килибарде, Муниба Маглајлића): *поезија и збиља, песма и историја* и слично.

Говорећи о историјским изворима, Новаковић на првом месту помиње *споменике*, тј. *писма, натписе*. На другом месту по њему долазе *писци* (секундарни извор), где спадају *путописи, мемоари, летописи* и сл. Тек на трећем месту нашло се *народно мишљење* или *народна традиција о догађајима*, у којој има мање аутентичног, а више тенденциозног, духовно усмереног упамћења потчињених сведока. Приликом проучавања народне историјске традиције Новаковић се придржавао следећих основних правила:

I – Извештаји и гласови који се о историјским догађајима као народно мишљење распростиру (сказ, легенда, песма, предаја), „рапсодичне песме и приповетке" како он вели, ако постају и постоје у ширем кругу (просторном и временском), чешће су различити и не поклапају се. Ту до изражаја долази правило да се историјски догађај на посебан начин везује за локалитет (везивање топонима за повратнике с косовог боја из тог краја и сл.).

II – Битан је таленат, бистрина и схватање оних који приказују или граде усмену уметничку творевину о неком историјском или локалном догађају – они причу или песму склапају у такав усмени облик у којем ће она моћи да се распростире од уста до уста.

III – У временима када се само усменим хроникама шири вест, јер нема других облика комуникације, поготову када су у питању потлачени народи, усмена народна традиција о историјским догађајима настаје према расположењу колектива. Колектив у причу улива и своја осећања и своју критику догађаја (цензура епског певања у Црној Гори).

---

[7] Отаџбина, Београд, 1880, год. II, књ. IV, св. 16, стр. 481–495; књ. V, св. 17, стр. 15–28.

IV – Колико год је далека од аутентичности историјске истине – стварносног догађања, а више је уметничко обликовање (књижевно конструисање поретка догађања), усмену историјску традицију погрешно је одбацити „само зато што није потпуно објективна слика догађаја", односно није настала случајно, без икаквог повода.

Већина Новаковићевих фолклорно-историјских истраживања биће усмерена ка изналажењу повода, узрока настанка усмене традиције, на откривање извора народног колорита. Притом је поредио народну (усмену) са књижевном и кртичком историјом. У књизи *Устанак на дахије 1804*,[8] убедљиво је показао да је песма „првокласни извор" за изучавање Првог српског устанка, да је вреднији историјски извор за упознавање општих узрока устанка, посебно свести да је устанак дело народа и да његова снага лежи у народу, но што је то на пример, уметнички спев о устанку Гаврила Ковачевића.

Значај Новаковићевих истраживања усмене историјске традиције заснива се на систематском трагању у писаним историјским изворима за оним местима која аутори преузимају из предања (причање попа Дукљанина – XII век; дела св. Саве, Доментијана, патријарха Пајсија, Ђурђа Бранковића, Троношца). Показао је у којој мери је Јован Рајић упадао у историјске грешке управо због некритичког преузимања усмене грађе. Други ток који је Новаковић следио био је онај који води од писане ка усменој традицији. У књизи *Приповетка о Александру Македонском у старој српској књижевности*,[9] показао је низ мотива и прича које су прешле у усмено предање, попут оне о *тамном вилајету* или *живој води*. Оваква промишљања односа усмене и писане књижевности подстакла су и друге да истражују такве везе усмене књижевности и *Библије* и сл. Све то припада смеру истраживања условно названом *књижевни извори усменог стваралаштва*, односно погледима на усмену књижевност као на особит вид народне, усмене редакције тема и мотива писане литературе, као и понародњавања општих места и клишеа (формула), па

---

[8] *Устанак на дахије 1804. Оцена извора. Карактер устанка. Војевање 1804*, Београд, 1904, стр. 19.

[9] *Приповетка о Александру Македонском у старој српској књижевности*, Београд, 1878. Гласник Српског ученог друштва, Друго одељење, књ. 9.

и преобликовања архетипских структура (верижне, на пример). У том смислу посебно се издваја Новаковићева расправа *Откуд су постале гдекоје народне песме*.[10] У другом одељку ове расправе, под насловом *Качић у устима гуслара у Србији*, он показује и завидно познавање значаја повратног, књишког утицаја десетерачког певања и мишљења осамнаестог века, дестерачких песама и спевова многих фрањеваца, Гаврила Ковачевића и других песника „на народну" почетком XIX века. У Новаковићева истраживања односа усмене и писане књижевности спадају и његови прилози у којима трага за историјским личностима као предлошцима епских ликова (Облачић Раде из песме – Челник Радич; песничко обликовање легенде о кнезу Лазару Новаковић везује за средњи век). У том смислу се издвајају и следећи Новаковићеви прилози: *Последњи Бранковићи у историји и у народном певању*,[11] *Стара народна песма о одласку св. Саве у калуђере*,[12] *Царица Мара*[13] (о животу Маре Бранковићеве и успоменама на њу у народним песмама и предањима). Ништа мање значајна нису ни Новаковићева истраживања хералдичких обичаја, ратничке опреме и њихових помена у народним песмама (челенка, кацига, жаркула, скувија, клобук камиловац, каук итд.), уз изванредно запажање да народно песништво, мењајући само гдекоје речи, чува сав стари војнички апарат с истим историјским и поетским осећајем као и друге спомене старог живота.

Трећи смер Новаковићевих фолклористичких студија, сам врхунац његове научне зрелости, остварен је у његовој расправи *Српске народне песме о боју на Косову*[14], у којој је покушао да одговори на *хомерско питање*, односно на *косовско питање* како то формулише Тихомир Остојић, а које

---

[10] Наставник, Београд, 1892, III, бр. 3, стр. 257–276 и бр. 5, стр. 465–479.

[11] Летопис Матице српске, 1886, 146, стр. 1–47; 147, стр. 1–32.

[12] Отаџбина, Београд, 1880, год. II, књ. IV, св. 13, стр. 46–60. и св. 14, стр. 220–236.

[13] Летопис Матице српске, 1893, 174, стр. 1–35.

[14] Годишњица Николе Чупића, књ. II, 1878, стр. 97–177. Драгољуб Павловић у прилогу *Стојан Новаковић и његов књижевноисторијски рад* (Прилози за књижевност, језик, историју и фолклор, 1965, XXXI, 3–4, стр. 175–193), написаном поводом педесетогодишњице смрти великог научника, такође сматра да је Новаковић у овој студији достигао своју највећу научну зрелост.

се упрошћено своди на то да ли су песме о косовској бици део великог епа, његови упамћени комади. Убеђен да су ове песме тек предстадијум епа, Новаковић се определио за ону научну струју у тумачењу косовског циклуса (D'Avril, Маретић) по којој се у центру певања о косовској бици налази кнез Лазар, а не главни јунак, Милош Обилић. Приклонивши се Лазару и Лазаревом опредељењу за царство небеско, Новаковић је сложио спев у дванаест, а у каснијим издањима у четрнаест певања. Почео је песмом *Бановић Страхиња*, а завршио оном о обретењу главе кнеза Лазара, сматрајући је природним завршетком спева. Вештим коришћењем *Комада од косовскијех пјесама* (мењајући им распоред, допуњавајући их стиховима из других песама, чак и из Качићеве лазарице), комбиновањем постојеће грађе (Стевана Мусића замењује Васојевић Стево) и склапањем песама тако да су сагласне у целини спева, Новаковић је начинио дело које је било веома радо прихваћено од читалаца, те је доживело до 1906. године, када је коначно уобличено, чак једанаест издања.[15] За Новаковићем је кренуо Тихомир Остојић.[16] Настављајући Новаковићев рад на косовској епопеји, дорекао је свог претходника у најбитнијем. Он свој и Новаковићев покушај скромно означава прерађивачким послом, урађеним „сасвим трезвено и у скроз прозаичном расположењу", при чему је важно било устројити народне песме које су настале у разним временима, на разним местима, од разних певача, тако „да не говоре једна прoтв друге". Постанак косовске епопеје замишљао је могућим само ако се нађе Омир, велики песник који добро познаје укупну традиционалну грађу о Косовском боју, чак и приче из усмене хронике у невезаном слогу, али који „према градиву мора имати потпуну слободу": „За то се хоће један Његош или бар Мажуранић."[17]

---

[15] *Косово. Српске народне песме о боју на Косову (епски распоред)*, Београд, 1871. У последњем издању (Вукова задужбина, Београд, 1995) објављена је студија М. Матицког: *Косовска епопеја: I Однос Вука Караџића према певањима о Косовској бици. II Косовска епопеја Стојана Новаковића*, стр. 71–127.

[16] *Косово. Народне песме о боју на Косову*, Нови Сад, 1901.

[17] Своје идеје о *косовском питању* Т. Остојић је најјасније исказао у приказу: *Ср. J. Стојковић, Косовска епопеја* (Летопис Матице српске, 1902, 211, стр. 108–112).

ПЕВАЧИ ПРИЧА

У време превласти десетерца као метра певања и мишљења, посебно у оним деценијама XVIII и XIX века које многи, с правом, називају златним добом епског усменог песништва, настало је више значајних књижевних дела усменог или писаног порекла, често „на међи" – „на народну", која су у основи певане приче, а аутори буквално певачи прича.

У Качићевом *Разговору угодном народа словинскога*[1], у песмованој историји Јужних Словена, поред песама „на народну" могу се издвојити и неколике одиста народне песме, које је Качић само „поправио", служећи се историјским изворима и казивањима учених људи. Качићево дело је оставило дубоки траг и у писаној и у усменој књижевности. Песме из *Разговора* ушле су у народ и биле су бележене готово до краја XIX века као народне песме на широком подручју, од Далмације, Босне и Славоније, па све до Охрида и на северу до Будимпеште.

У скоро објављеној књизи: Francesco S. Perillo, *Rinnovamento e tradizione. Tre studi su Kačić*[2], наглашено је да је „већ од првог издања у памети аутора била јасно одређена намера да прослави херојски отпор Ђурђа Кастриота неумољивом отоманском надирању на Балканско полуострво". Из финансијских разлога, на које је Качић с добродушном духовитошћу указао, тај се план веома сузио, тако да су само две песме славиле подвиге албанског јунака. У издању од 1759. године, излагање се шири у складу са жељама писца: чак седамнаест песама укључује се у причу о Скендербеговим јуначким доживљајима.

Качићеве песме о Скендербегу веома су рано прихваћене код поробљених малих народа као целовита певанија, да

---

[1] Млеци, 1756; 1759.
[2] Bari, Schena, 1984, стр. 31.

би свој одјек нашле код најпознатијих песника романтизма, од Јована Стерије Поповића до македонског песника Григора Прличева. Ћирилска издања *Разговора* од самог почетка напуштају оригинални наслов. Најпре се у Будиму 1807. године *Разговор* објављује као *Различите песне*, потом 1818, такође у Будиму, као *Песнословка, илити повест о народу словенском*. Ово друго издање приредио је нико други до Гаврило Ковачевић, аутор спевова о Косовској бици и Првом српском устанку. Већ треће, непотпуно издање, такође будимско (1828), јесте по облику песмарица и покушај стварања спева о Скендербегу: *Живот и витешка војевања славног кнеза епирскога Ђорђа Кастрита Скендербега описана Јоаном С. Поповићем, мудрољубља слушатељем*. Следе сличне песмарице о Скендербегу, сужена издања Качићевог *Разговора*: *Ђорђе Кастриотић Скендербег у песмама* (Београд, 1849); *Ђорђе Кастриотић-Скендербег. Велика народна певанија у 16 песама* (Н. Сад, б. г.), популарно издање Српске књижаре и штампарије Браће М. Поповић из шездесетих година XIX века, које је придодавано и многим календарима, тако да су ове песме дошле и до најширег круга читалачке публике. Управо на тај начин оствариван је основни циљ *Разговора*, а каснији приређивачи и издавачи овога дела прештампавали су управо оне песме које су одговарале романтичарским слободарским програмима. По томе је Качићево дело одиграло улогу *Илијаде* Јужних Словена, односно у њему је на епски начин заокружено дата историја наших народа.

Сабирајући епске народне песме и разврставајући их у циклусе, Вук Караџић је имао на уму Качићев спев. Попут Качића, у XIX и XX веку многи су одговор на хомерско питање тражили у лазарицама, вештачки компонованим епским народним песмама о Косовској бици, певанијама и збиркама приповедака о Марку Краљевићу и Св. Сави, док су Пери и Лорд у крајинској епици „препознали" заметке епа и издвојили „певаче прича", гусларе који су им казивали песме са више хиљада стихова. Сви ти покушаји билу су пропраћени и чвршћим повезивањем усмене и писане традиције. Управо на том плану посебно значајним чини се питање певача. Распоређене по циклусима, песме многих певача остављају утисак сливене целине коју, некада олако, означавамо термином *усмена епика*. Проучавања епских песама још из Вуковог времена показала су да постоје разлике између певача, пре свега певача појединих крајева (херцеговачко брзо певање и споро извођење сремске епске песме), те казивача и певача, тзв. *певачке* и *казивачке* епске народне песме. Посебно су уочљиве разлике између песама врсних певача у којима се може препознати печат оригиналности. Исто тако, разликују се и песме бележене у истом тренутку у различитим крајевима, као и песме старијих и новијих записа.

Наука о усменом епском стваралаштву деценијама се колебала између две крајности: романтичарског схватања колективитета које подразумева да сви учествују у стварању и преношењу епских песама и изучавања епике само преко песника-певача, појединаца, при чему се занемарује утврђени песнички језик усмене епике, подложан принципима епског понављања и импровизације, систему перформансе који ову поезију и чини усменом. Показало се неопходним да се назначе неке разлике међу певачима, да се оцене и класификују њихови репертоари, упореде хроничарске песме са баладама, утврди степен варијантности одређене врсте епских песама или песама појединих епских кругова, да се усмена епика промишља и у оквирима сижејних модела.

У прилогу *Слепи певачи као редактори епских народних песама*[3] покушао сам да сагледам репертоаре слепих певача, професионалаца. Показало се да у крајевима у којима се епско певање свело на професионалне певаче, значајну и пресудну улогу имају управо појединци, гласовити певачи прича.

Лука Илић Ориовчанин, који бележи народне песме од 1840. године, оставио нам је податке о томе да су у већини места Славоније на гласу били поједини певачи, махом слепи гуслари, тек изузетно више њих, и тада су били у породичној или професионалној свези као певачи више генерација[4]. Слична је ситуација и у Земуну, где после смрти слепе Живане и њене ученице Јеце, како то у писму Вуку вели Василије Василијевић, трговац, „сада нам већ нема ко певати овде у Земуну, већ ако би откуд са стране дошао"[5]. Мучио се Вук да

---

[3] Зборник радова XXXII конгреса Савеза удружења фолклориста Југославије, I, Н. Сад, 1985, стр. 205–208.

[4] Види: М. Матицки, *Слепи певачи Луке Илића Ориовчанина,* Народно стваралаштво, Београд, 1969, св. 29–32, стр. 113–116.

[5] *Вукова преписка,* књ. III, Београд, 1909, стр. 150.

прибави и певачицу из Гргуреваца. Ништа мање проблема није имао ни Јован Поповић Стерија у Вршцу, желећи да за Вука бележи народне песме: „Обећао сам вам и народне песме послати, но реч одржати не могу, јер је баш онај певац, на кога сам ја зидао, умро..."[6].

Заједничко за песме из репертоара слепих певача јесте да су оне већим делом мотивске, са баладичним тоном. У њима превагу односе лирска места (посебно тужбалице); снажно изражавају породичне односе; посебно их одликују хришћански мотиви везани за крсно име, подушја и задушја, божју службу, а наглашена црквена терминологија само још више потврђује да су настале у окриљу цркве. Праћење њихових варијанти показало је да, најчешће, налазимо старије записе. За велики број песама слепих певачица из Срема установљене су веома блиске варијанте у обимном *Ерлангенском рукопису*[7] или *Богишићевом зборнику*[8]. Трајање неке песме без великих измена више од стотину година доказ је да су мотивске песме једине за које би, донекле, могао да важи принцип „преношења с колена на колено", али и потврда постојања заједничког писаног или на други начин утврђеног извора, при чему се, пре свега, подразумева утврђена усмена прозна хроника. Ово би, најпре, важило за варијанте које се поклапају у великој мери и у детаљима, а којима је, најчешће, заједнички штампани извор.

На веома тесном географском простору који је почетком XIX века покривала иришка слепачка академија, неговани су посебни кругови мотивских баладичних песама. Око манастира и цркава у близини Ирига бележене су песмоване легенде о настанку манастира, о историјским личностима и догађајима значајним за националну историју, посебно легенде о последњим Бранковићима. Током преношења ових епских хроника упорно су се чували детаљи и след радње, а варијантност у оквиру сижејних модела другачијег је типа. Чак и слепи певачи из других крајева пазе да ове песме певају без много измена, јер их изводе на терену где су настале и

---

[6] *Н. д.*, књ. V, Београд, 1910, стр. 361.

[7] Герхард Геземан, *Ерлангенски рукопис старих српскохрватских народних песама,* Ср. Карловци, 1925.

[8] В. Богишић, *Народне пјесме из старијих, највише приморских записа,* књ. I, Биоград, 1878.

где слушаоци добро познају писану или усмену прозну хронику (причу) која се преносила и памтила као и песма. У овом случају збио се следећи процес: нешто значајно из доста блиске историје српског народа стекло је статус легенде и уследило је песмовање, а самим тим и утврђивање легенде у народу. Вуков сарадник на прикупљању народних песама Јоксим Новић Оточанин тај процес објашњава на једноставан начин: „Догађај главни бива чувен по свијету и народ га не може боље величати, него кад га опјева својим бесмртним начином, те га остави да се помиње 'докле тече сунца и мјесеца'"[9]. Прича, приповедна потка, свакако је у основи свих песама, што с једне стране ремети епско певање, оставља, често, песме без епског замаха, а с друге стране утиче да певачи, чувајући полазни текст, мање импровизују, тако да се варијанте једва разликују. Ако међу варијантама и има разлика, оне се огледају у дужини, у томе што се у краћим песмама изостављају поједини делови, поједине целине или комади који могу опстати и самостално.

У прилогу *Предање о косовској бици у Вишњићевом устаничком епу*[10] указао сам на везу упоредних записа прича о Косовском боју и десетерачких песама у рукописним песмарицама XVIII и XIX евка. Потреба да се у песми прича о Косовској бици постојала је и код певача прича, али и код песника романтизма, тако да се у овом случају писана и усмена књижевност налазе на веома блиском послу. Отуда у спеву Гаврила Ковачевића[11] налазимо обиље истих стихова и општих места, посебно уграђене комаде од косовских песама из усменог епског предања, као што су иста та места, комади, тек нешто модификовани, уграђени у Вишњићев устанички еп. Приликом преношења усмених хроника и историјских догађаја у песму, између приче и песме постоји нешто што можемо назвати *утврђени текст*, до краја уобличен у свести певача и слушалаца у тренутку извођења и бележења. Само у том случају су песме стиховане приче. Сре-

---

[9] *О нашим пјесмама,* Огледало србско за језик, повестницу и смесу књижевну, Н. Сад. 1864, год. I, св. 4. стр. 98–99.

[10] Научни састанак слависта у Вукове дане, Београд, 1977. год. 6, св. 2, стр. 161–171.

[11] *Сраженије страшно и грозно међу Србљима и Турцима на Пољу Косову,* Будим, 1805.

ћом, постоје примери сачуваних упоредних прича и песама, бар сведочења о постојању прозне усмене приче у народу која чини основу епске песме.

Песма *Цар Дуклијан и крститељ Јован*[12] припада епском слоју у којем мотив чини основу песме, док је све остало подложно променама. Историјска имена у таквим песмама, махом митолошким, долазе касније и мењају се тако да, идући уназад ка најстаријем запису, долазимо до огољене приче о сукобу добра и зла, Бога и Дајбога, Ђавола и његовог шегрта и сл. Иако мотивска, песма о цару Дуклијану и крститељу Јовану трајала је и преносила се упоредо са одговарајућом причом. Вук је по сећању забележио како се догађај у песми „приповиједа у народу"[13]. Прича о томе како је Бог на превару отео Сунце од Ђавола и пренео са земље на небо, у наративном смислу се готово поклапа са песмом. Песму је, по сведочењу Ј. Н. Оточанина[14], Вук преузео из старог рукописа неког калуђера из Црне Горе (XVIII век) и управо је та песма била најближа легенди, ономе како је у Вуковом детињству о томе народ приповедао. На сличан пример наилазимо у песмованој легенди о настанку Маркове цркве у Скадру, коју је „по народним песмама спевао архимандрит Јован Рајић"[15]. Иако је ово више песма „на народну", у њој се у основи следи исти принцип преношења усмене легенде у песму. Уредник *Србобрана*, где је песма објављена, вели у напомени: „Госп. Симеон Шићаревић из Бечеја послао нам је један стари рукопис, са натписом: *Јелица*, и додатком под натписом: '(по народним песмама)'. Рукопис има 818 реди, писан је једном руком, а на крају, под линијом, стоји овај додатак: 'Овај сам догађај још дететом у Славонији више пута слушао и певати и преповедати и још се по неког стиха опоменути могу. Ово зато напомињем, да се не би гдишто у балади овој, што би се ил строгој повесници, ил мазном мекосрђу помодарског стихотворства противно свидило, моме измишљењу приписало. Да би мала ова прегледалица,

---

[12] Вук Стеф. Караџић, *Српске народне пјесме*, књ. II, Београд, 1958, песма бр. 16.

[13] *Нав. дело*, стр. 84–85.

[14] Ј. Н. Оточанин, *нав. дело*, стр. 100–101.

[15] *Јелица Краљевића Марка*, Србобран, народни српски календар за 1899, стр. 168–176.

колико је више могуће налик на свој образак, народне песме наше била, то је сав мој труд, и ако у тежњу овом и намери иоле поступио будем, сва залуга моја. Јоан Раић архимандрит'"[16].

Најбољи примери песмованих прича јесу песме о последњим српским деспотима и владарима, са више сачуваних варијанти које се мало разликују. У песми о смрти Арсенија III Црнојевића у Бечу и о преносу његовог тела и сахрани у Крушедолу 1706. године постоји десетак варијанти од којих је шест до данас објављено. Поред две песме из *Летописа*[17], по једна је објављена у *Србско-далматинском магазину*[18] и *Јавору*[19], а две су се појавиле у III књизи *Српских народних пјесама из необјављених рукописа Вука Стеф. Караџића*[20]. У овим варијантама прецизно се памти догађај преношења патријарховог тела лађом, све до Карловца и Беркасова-Крушедола, где је патријарх сахрањен, на месту „где су наши починули стари". У краћој варијанти из *Летописа*[21], од последње српске властеле помињу се Максим владика и мајка Ангелина. Занимљиво је запажање Владана Недића поводом *Песме Арсену патријару* из Вукових необјављених рукописа, забележене од слепе Јеце, ученице слепе Живане. „При поређењу са осталима, варијанта слепе Јеце показује изузетну блискост са оном – иначе, најдужом од свију – која је такође сачувана у рукопису и до данас остала необјављена. Истоветан је не само ред излагања него и велик број самих стихова. Читаоцу се и нехотице намеће помисао да је ова друга варијанта могла бити узор првој. Као да је слепа Јеца, пошавши од ње, изоставила понављања, историјске успомене о ратним походима Јосифа I (У Француској, Пруској и Бранденбургу) и појединости о војној пратњи патри-

---

[17] *О смрти Арсенија патријарха* и *Смрт Арсенија патријара* (М. Матицки, *Епске народне песме у Летопису Матице српске*, Н. Сад, 1983, песме бр. 31 и 32).

[18] *Смрт Арсеније србског патријара* (од народ. певача Боровића из Голубића), 1866, стр. 101–103.

[19] *Смрт Арсенија патријара* (народна), 1878, бр. 28, стр. 873––874.

[20] Београд, 1974, песме бр. 70 и 71.

[21] М. Матицки, *Епске народне песме у Летопису Матице српске*, песма бр. 31.

јарховог тела („тридесет гранатира", „четрдесет љути мушкатира".). Скраћена за трећину стихова, њена варијанта је добила у песничкој вредности"[22].

У варијантама песме о смрти Јована деспота, као и у причи о томе која се приповеда око задужбина последњих српских деспота, упорно се памте детаљи, а прича се у песми држи исцела, почев од самртне књиге Јована деспота, којом позива брата Максима владику да га исповеди и мајку Ангелину на последње виђење, па све до завршног дела у којем се, на основу Јовановог завештања, мајка Ангелина уводи у легенду. Најпотпунија варијанта, у којој је сачувана легенда о последњим Бранковићима, јесте песма *Смрт деспота Јована* из необјављених рукописа Вука Караџића[23]. Дуга 237 стихова, она садржи сва општа места која се понављају у другим варијантама. Већ у песми коју је Вук објавио у *Пјеснарици* из 1814. године[24] и у другој варијанти из његових необјављених рукописа[25], нека од ових општих места су изостала, али у поновљеним деловима варијанте се поклапају у већој мери но што је то уобичајено за варијанте усмене епике.

Овом приликом први пут бих указао на још једну, у науци мање познату, потпуну варијанту из разлога што је певана и забележена у Крушедолу. Слепи певач Мојсије Срданов из Итебеја (Банат) певао ју је „пречестњејшем" Г. К.-у у манастиру Крушедолу и песма је објављена у *Пештанско-будимском скоротечи* 1842. године[26]. На основу овог примера, може се закључити да су слепи певачи и из других крајева долазили до задужбина последњих српских деспота, у предео на коме је деловала иришка певачка школа, и да су се трудили да свој репертоар обогате управо песмама које су настале на основу тамошње традиције.

У песми Мојсија Срданова посебно се јасно издвајају општа места, заокружене целине, комади који могу бити спаја-

---
[22] В. Недић, *Вукови певачи*, Н. Сад, 1981, стр. 77.
[23] Књ. II, песма бр. 88.
[24] *О смрти Јове Деспотовића, Пјесне мужеске* бр. 4, стр. 103––105.
[25] *Опет смрт деспота Јована*, књ. II, песма бр. 89.
[26] Под насловом *Народна песма србска* ова варијанта објављена је септембра 1842, у три наставка (год. I, бр. 20, 21 и 22).

ни по одређеном наративном реду, али и опстати као самосталне песме. Да су, некада, комади прерастали и у посебне песме, да су песме о последњим деспотима, можда, део неке веће епске хронике, најбоље се можемо осведочити на примеру песме *Мајка Анђелија и деспот Јован,* из Вукових необјављених рукописа[27]. У двестотинак стихова налазимо целовито испевану причу, историју ослепљења деспота Стефана, сина Ђурђа Бранковића, која се завршава слављењем мајке Ангелине и благословом који јој упућују патријарси и владике:

> *Што родило, све ти свето било,*
> *И твоје се т'јело посветило!*
> *Родила је Максима владику*
> *И онога деспота Јована.*

После овог природног завршетка песме, после завршне поенте у класичном епском стилу „све се стекло, како су јој рекли", певач је наставио да излаже хронику о последњим Бранковићима, придодајући песму о смрти деспота Јована. Захваљујући овој песми из Вукове заоставштине, можемо се с правом упитати није ли постојала дуга епска хроника. Јер, песма која следи после стиха „и онога деспота Јована" јесте варијанта песме о Јовановој смрти, у којој се, од самог почетка, понављају већ утврђена општа места и јасно разазнају комади:

> *Разбоље се деспоте Јоване*
> *У маломе мјесту Беркасову,*
> *Па он болан ситну књигу пише...*

Комади песмоване хронике о Бранковићима нису увек обима песме, ни по дужини, ни по структури. Чешће су то стиховане целине од десетак стихова, које се попут комада од косовских песама, могу певати или казивати и независно, сами за себе. Такви су комади песама о Змај-деспоту Вуку и његовим особитим знамењима. Они су трајали веома дуго у усменом предању и налазили су места у различитим песмама. Релативно веома касно (1867), у соколској нахији је забележена песма *Дијете деспот,*[28] у којој се пева о слепом Гр-

---
[27] Књ. II, песма бр. 87.
[28] М. Матицки, *Народне песме у Вили,* Н. Сад, 1985, песма бр. 199.

гуру и његовом сину са особитим знамењима (прамен косе вучје), који га замењује на мегдану. Песма је забележена временски и просторно подаље од традиције иришке певачке академије, али је у њој сачувано више утврђених места усмене хронике о последњим Бранковићима. Јоксим Новић Оточанин је у вези са легендом о последњим Бранковићима скренуо пажњу управо на сличне комаде и њихову функцију у грађењу целовите песме или епоса: „Има у нас појединих пјесама, за које се може рећи, да их није један пјевач спјевао, већ да су комадане или по незнању пјевачком, или баш по забораву, пак их је накаламио или наставио пјевач други, коме су се допадале. И самих се комада налази од добрих старих пјесама, који чекају на мајстора, да их скрпи, те да буду и опет честита пјесма." Оточанин даље наводи комаде које је упамтио и из којих се назире чврсто наративно ткиво још једне песме о Бранковићима. Од Романа терзије Оточанин је у неком селу више Смедерева чуо и упамтио два-три комада од пјесме, како се родио *Змајогњени Вук*:

> *Хвалила се Ђурђева Јерина,*
> *У бијелу граду Једренету,*
> *Своме зету турском цар' Мурату:*
> *– У мог' сина слијепца Гргура,*
> *У њега се мушко чедо нађе,*
> *Није чедо, чеда каквано су:*
> *Вучја шапа, а орлово крило,*
> *Још змајево коло под пазухом,*
> *Из уста му модар пламен бије,*
> *Матери се не да задојити. –*

Овим путем идући, дошли бисмо и до осмерачких епских песама о Бранковићима, па и до оног комада бугарштице из XV века *(Орао се вијаше над градом Смедеревом)* који је открио Мирослав Пантић[29] и који се сматра почетком дуже песме, мада је вероватније да се певао као целовит комад и да је, захваљујући напеву, био заокружен у посебну песму.

---

[29] *Непозната бугарштица о деспоту Ђурђу и Сибињанин Јанку из XV века.* Зборник Матице српске за књижевност и језик, књ. XXV, св. 3/1977, стр. 421–439.

Функција комада у круговима песама о Косовској бици и о последњим Бранковићима, поготову када су чврсто засновани на упоредном фиксираном писаном тексту или су приповедна јединица (целина) усмене прозне хронике, значајна је приликом превођења приче у песму, прозе у поезију. У том сложеном процесу додирују се и мешају поступци писане и усмене књижевности више но обично, а несметано упоредо трају и песма и усмена прозна хроника, истовремено се и казивањем и певањем историја згушњава у легенду. Свакако да постоји и обрнут процес, да се песме преводе у прозу, чак и у историјски текст, поготову када су у питању песме испеване непосредно после историјског догађаја. Такав је случај са Вишњићевим песмама о устанку, којима се Вук у својим историјским текстовима служио више него ли као изворима.

СЛЕПИ ПЕВАЧИ КАО РЕДАКТОРИ ЕПСКИХ НАРОДНИХ ПЕСАМА

Изучавајући рад Луке Илића Ориовчанина (1817–1878) на сакупљању народних песама, издвојио сам репертоар петнаест слепих певача професионалаца, од којих је, почев од 1840, Илић, директно или преко својих сарадника, долазио до записа епских песама у пределу бродске и градишке пуковније.[1] Поређење са репертоарима осталих Илићевих певача из тог краја, показало је да су слепи певачи у Славонији, средином XIX века, имали специфичне и разноврсне репертоаре; да су изузетно неговали, чували и преносили песме о Марку Краљевићу и Косовском боју, а у мањој мери о ускоцима и хајдуцима; да су њихове интерпретације баладичне – даље од историје, а ближе тумачењу људских односа. У Ориовцу, Осијеку, Каножи, Подгорачи, Дарувару и другим већим местима, на гласу је, по правилу, био један певач, тек изузетно више њих, и тада, обично, били су у породичној или професионалној свези, као певачи више генерација.

Суд Вука Караџића о губљењу епске усмене традиције преко Саве и Дунава потврђен је и у Срему, али остаје чињеница да је Вук најлепше песме управо тамо забележио. У Земуну је, у периоду од 1815. до 1825. године, од слепе Живане и њене ученице Јеце, Јелисавете Јовановић, записано двадесетак антологијских песама. Вуку су на том послу помагали парох Аврам Живановић и Василије Васиљевић, трговац. Овај други пише Вуку 19. јануара 1828. да су обе слепе певачице, готово истовремено, преминуле и изражава жаљење што „сада нам већ нема ко певати овде у Земуну, већ ако би откуд са стране дошао."[2] Познато је колико је Вук био упоран да му

---
[1] *Слепи певачи Луке Илића Ориовчанина,* Народно стваралаштво, Београд, 1969, св. 29–32, стр. 113–116.
[2] *Вукова преписка,* књ. III, Београд, 1909, стр. 150.

Лукијан Мушицки прибави записе песама слепе певачице из Гргуревача. И слепа Живана, *мајсторица* како су је у Земуну звали због вештине певања, и њена ученица Јеца, и слѐпа из Гргуревача, биле су професионални певачи. То потврђују Вукова сведочења о њиховим путовањима, клањалице које су од њих забележене, као и песме о кућној слави,[3] које су у мањој мери јуначке, а више богорадне, којима се о крсном имену домаћин подсећао на гостољубље и дарежљивост.

Живанин разноврсни репертоар од седамнаест песама најбоље показује високи степен њене професионалности и спремности да удовољи захтевима слушалаца и њиховим интересовањима за времена пре и после Косовске битке *(Зидање Манасије, Љутица Богдан и војвода Драгија, Мусић Стеван, Женидба Тодора од Сталаћа, Смрт војводе Кајице);* о Марку Краљевићу *(Марко Краљевић и Алил-ага, Марко Краљевић и 12 Арапа, Турци у Марка на слави* и *Марко Краљевић и вила);* о ускоцима *(Вучко Љубичић, Иво Сенковић и ага од Рибника)* и хајдуцима *(Невјера љубе Грујичине).* У њеном репертоару превладавају баладе, међутим, и јуначке историјске песме су по структури и мотивима у основи баладе. Такве су песме о Мусићу Стевану, војводи Кајици, зидању Манасије, Љутици Богдану, Грујици Новаковићу.

Иако је од Јеце забележено мање песама (4) може се наслутити разноврсност и баладичност њеног репертоара. Поред баладе *Смрт војводе Пријезде,* са малим разликама забележене и у *Ерлангенском рукопису* почетком XVIII века, баладичне песме *Јерко Латинин и Галовран Луко,* по баладичном тону издваја се и песма о смрти Арсенија патријарха, у којој се, на неки начин, као и у песми *Смрт Јова Деспотовића* ламентира над пропашћу последње српске властеле.

Од слепе певачице из Гргуревача Лукијан Мушицки је 1816. године забележио за Вука Караџића шест песама, од којих је овај четири објавио 1833: *Пропаст царства српског, Косовка девојка, Обретеније главе кнеза Лазара* и *Марко Краљевић укида свадбарину.* Накнадно се показало да од ове певачице потичу и песме о Марку Краљевићу и орлу *(Опет то, али друкчије)* и *Девојка надмудрила Марка.* И слѐпа из

---

[3] У том смислу се посебно издвајају Живанине песме *Како се крсно име служи* и *Ко крсно име служи оном и помаже.*

Гргуреваца била је професионални певач, велики путник. Певала је по Србији и Македонији, а њене су све песме радњом везане за Косово. Поред више песама о Марку Краљевићу, веома сличних Живаниним, у њеном репертоару су у већој мери заступљене песме о Косовској бици.

Треба имати у виду да је цео циклус косовских песама у основи баладичан, било да су појединачне песме испеване као баладе *(Мусић Стеван, Косовка девојка)*, било да се у свима њима подразумева неумитни трагични исход и немогућност актера да измене своју судбину. Додајући им и велики број балада забележених од слепих певачица, као и песме које су тек по именима јуначке и историјске, а у основи засноване на класичним мотивима балада, можемо закључити да код слепих професионалних певача-редактора превладавају мотивске песме са баладичним тоном. У њима превагу односе лирска места, посебно тужбалице; запажен је велики број особитих епитета и деминутива, а словенска антитеза узима се ређе као уводна епска формула, а чешће са функцијама које има у усменој лирици. У стиховима слепих певачица снажно су наглашени породични односи (братска и сестринска љубав, очинска љубав), па иако се у њима пева о старијим временима, оне су верна слика патријархалне породице са почетка XIX века. За разлику од старијих варијаната, у овим песмама снажно су наглашени хришћански мотиви, везани за крсно име, подушја и задушја, божју службу. Уочљива је црквена терминологија, те се њихове редакције највише разликују по томе што су настале у окриљу цркве.

Познато је да мотивске песме дуже живе и преносе се, као што се и историјске хронике брзо мењају и везују за „стајаћа" имена и устаљене мотиве. Праћење варијаната песама из репертоара слепих певача показало је да за њихове песме, најчешће, налазимо старије записе. За велики број песама слепих певачица из Срема установљене су веома блиске варијанте у обимном *Ерлангенском рукопису* или у Богишићевом зборнику *Народне пјесме из старијих, највише приморских записа* (1878). Трајање неке песме без великих измена више од сто година доказ је или да су мотивске песме једине за које би, донекле, могао да важи принцип „преношења с колена на колено", или пре доказ о заједничком писаном или на други начин утврђеном извору.

Поводом Живанине баладе *Наход Момир*[4], Лазар Чурчић је у великој мери кориговао тврдњу Владана Недића да у овој песми треба тражити најличнију Живанину поруку, пошто „ни Вук нити ма који други скупљач нису записали ниједну блиску варијанту"[5]. Поред блиске варијанте из необјављених Вукових рукописа *Наход Мијаило,* Чурчић је са Живанином песмом упоредио и варијанту објављену шеснаест година раније (1829) у *Цвећу* Георгија Лазаревића, која се у 77 стихова готово дословно поклапа са Живанином баладом. Овај и други слични примери наводе на помисао да, по значају за изучавање епског усменог песништва, треба степеновати варијанте једне песме, а свакако разликовати мотивске од варијанти које се поклапају у великој мери и у детаљима, а којима је заједнички, најчешће, штампани извор.

Поред песама о устанку, за које и Вук тврди да их је Филип Вишњић сам и испевао, од некадашњег професионалног беговског певача забележене су четири редакције епских песама блиске песмама из репертоара слепих гусларки из Срема, у једном случају чак и у односу веома блиских варијанти *(Опет свети Саво).* У његовом редакторском репертоару нашле су се песме о Немањићима, обе о св. Сави *(Опет свети Саво, Свети Саво и Хасан-паша),* балада о смрти Марка Краљевића *(Смрт Марка Краљевића)* и хајдучка песма *Бајо Пивљанин и бег Љубовић*. Вишњић свакако није знао само ове четири песме. У његовим устаничким хроникама уграђени су мотиви, општа места и епизоде преузете из усменог и писаног косовског предања: Муратова књига изазова на косовски мегдан, косовска вечера, Лазарева здравица (мотив напијања прве чаше), причешће пред борбу, косовска клетва, ухођење и опис турске силе, као и описи јунаштва појединих косовских јунака, посебно Југовића.

На Вукове слепе гусларе из Срема утицали су исти узори косовских народних песама (варијанте *Лазарице* на коју је Вук указао још 1818) или спевови на народну, попут популарног спева Гаврила Ковачевића *Сраженије страшно и грозно между Србљима и Турцима на Пољу Косову* (1805), што би био и један од главних разлога да се у њиховим спевава-

---

[4] Лазар Чурчић, *Наход Момир,* Зборник Матице српске за књижевност и језик, Н. Сад, 1977, књ. XXV, св. 1, стр. 5–40.

[5] *Вукови певачи,* Н. Сад, 1981, стр. 39.

њима или транспоновањима косовског предања налазе, често, исти стихови и готово идентична општа места.

Можда је то пут даљег изучавања оног тока епског усменог песништва који је трајао највише захваљујући слепим певачима, професионалцима који су били спремни да брзо упамте раније испевану песму, чувају је и преносе без великих измена. Како су њихове песме, по правилу, редакције мотивских песама, оне су у исти мах и мање историјске, а уместо класичног јуначког епоса у њима превладава баладични тон. Чини се оправданим претпоставка да је, управо у њима, настављена традиција хуманизма и ренесансе, згаснула нестанком властеле и утицајем цркве; да су слепи певачи из Војводине и Славоније, преко књига и сценских приказања, упамтили оно што је једино у стању и да упамти усмено предање: приче и мотиве. Захваљујући транспоновању класичних, библијских и оријенталних мотива у традицију усменог епског песништва, у редакцијама слепих певача, по ко зна који пут плодотворно су се сусреле и сплеле усмена и писана књижевност.

КОСОВСКО И УСТАНИЧКО ЈЕЗГРО ЕПА – ГЕНЕРАТОР ТРАДИЦИЈЕ

За Стојана Новаковића на трећем месту по вредности историјских извора нашло се „народно мишљење" или „народна традиција о догађајима", у којој има мање аутентичног, а више тенденциозног, духовно усмереног упамћења потчињених сведока. Извештаје и гласове који се о историјским догађајима као народно мишљење распростиру, по Новаковићу чине: *сказ, легенда, песма, предаја*. Прича о историјским догађајима, да то условно назовемо усмена народна историја, настаје према расположењу колектива, колектив у њу улива и своја осећања и своју критику догађаја, често и до степена цензуре, какав је случај са епским песмама које су настајале око црногорског књажевског двора. Такође, битан је таленат, бистрина и схватање оних који први казују или граде усмену уметничку творевину о неком историјском или локалном догађају – они причу или песму склапају у такав усмени облик у којем ће она моћи да се распростире од уста до уста. Поред тога што причу, у више наврата, ставља пре песме, битно је и да историчар Новаковић сматра да је, колико год је далека од аутентичности историјске истине – стварног догађања, а више је уметничко обликовање (књижевно конструисање поретка догађања), усмену историјску традицију погрешно одбацити „само зато што није потпуно објективна слика догађаја", односно није настала случајно, без икаквог повода.

Захваљујући Устанку и сачуваним сведочанствима, најбоље се може пратити српска усмена народна историја с почетка XIX века. У зборнику радова *Карађорђе у епу и историји* (1994), праћен је однос историјских чињеница и „народне историје", процес митизације лика Вожда Карађорђа, при чему се комплексно Новаковићево сагледавање усмене народне историје испустило из вида. У прилогу Ненада Љубинковића *Од историје до „народне историје" – Карађорђев недовршен прелазак из живота у мит,* све се свело на епску песму и анегдоту, а тек у посебном виду обухваћено је предање. Изостале су *легенде,* процес легендизације у казивању историје који почиње, понекад, непосредно после догађаја, као што се и легенда о Косовској бици може пратити готово од тренутка смираја на разбојишту. Изостављен је *сказ.*

Епске песме које надрастају епске хронике јесу одиста више од народне историје. У њима се исказује национални и верски став, општи однос према спољној политици, према суседима и непријатељима. С правом је истакнуто да се у двема варијантама песме о боју на Мишару најбоље уочава битна разлика између епске хронике (старија верзија) и Вишњићеве класичне песме, у којој је јасно изражена свест о значају Мишарског боја, о националној револуцији. Управо зато што је забележена после слома буне, када је већ почињао Други српски устанак, у Вишњићевој песми су се могли наћи стихови:

Рани сина, пак шаљи на војску:
Србија се умирит' не може!

Али јасан рез између старије варијанте песме о боју на Мишару, песама хроника, казивања, сказа, сведочења учесника устанка, анегдота на којима се инсистира као на неком виду „жуте штампе", као нечему што никако није историја, што тек дужим процесом треба да то постане, за разлику од Вишњићеве варијанте о боју на Мишару, класичних песама о устанку, које „јесу народна историја" саме по себи, резултат је упрошћеног тумачења епике устанка, посебице Вишњићевих песама.

Процес епизације историјских чињеница далеко је сложенији. Разложно је поставити питање да ли свака хроника, по правилу, прераста у епску мотивску песму, да ли су у питању слојеви истог или су то разне епске форме које опстојавају свака за себе. Најзад, много најбоље Вишњићеве песме о устанку, поготову она о почетку буне против дахија и о кнезу Иви од Семберије, у којима је у највећој мери изражена песничка индивидуалност, нису никада биле захваћене процесом усменог преношења, не испуњавају један од битних услова усменог дела, а то је тадирање. Варијанта о почетку буне Сава Матова Мартиновића настала је захваљујући повратном књишком утицају Вукових збирки веома позно, 1861. године.

У последње време, многим изучаваоцима наше народне поезије епика устанка помогла је да успешно тумаче сложен однос књижевности и историје. Разлог да се, и овом приликом, тиме бавим јесте нешто другачије полазиште у виђењу Вишњићевог устаничког епа. Сматрам битним издвојено тумачење првих пет Вишњићевих песама, у којима су опевани бојеви до 1806. године. Оне чине посебну целину, управо ону коју издваја и Вук у својој историјској прози, описујући прве три године Устанка, и Прота Матија Ненадовић у *Мемоарима*, и Јован Хаџић у свом спису: *Устанак српски под Црним Ђорђем, Прве три године*. То су песме о почетку буне, о боју на Чокешини 16. априла 1804, о боју на Салашу марта 1806, о кнезу Ивану Кнежевићу, боље рећи о почетку Кулиновог похода на Србију с пролећа 1806. и о боју на Мишару 12. августа 1806. године, односно о Кулиновој погибији и победи Срба која је имала значење прекретнице Устанка. Ова победа извојевана је на часном мегдану, свима на видику, њом се управо с тога поништавао частан пораз на Косову. Овом победом и заузећем Београда 1806, заокружен је период буне народа, раје, против дахија. Од 1807. до 1812, устанак се наставља као рат Срба и Руса са Турцима. Када су Руси склопили с Турцима мир 1812. године, тврдоглави Карађорђе је, и поред руских савета да прихвати статус који ће, неку годину потом, прихватити Милош Обреновић, наставио борбу, те је 1813. године уследио и неминовни слом буне. Остале Вишњићеве песме јесу у целини, или у тежишним деловима, песме о појединачним мегданима, већим делом испеване су по моделу класичних епских песама. То су песме о мегдану Милоша Стојићевића и Мехе Оругџића, о мегдану Луке Лазаревића и Пејза, о мегдану Бјелић Игњатија, кога, додуше, прати дружина, али је кавга његова („твоја кавга, за тобом смо пошли"), о мегдану Станић Станојла и Омера Исмића, на којем Станко свети брата. Песма о мегдану Лазара Мутапа и Арапина јесте круна круга Вишњићевих песама о појединачним мегданима. У њој је Мутап, као у епским песмама о најстаријим временима, Карађорђев заточник на мегдану.

Првих пет Вишњићевих песама битно се разликују по начину транспоновања историјских чињеница у епику. Оне се држе као целина, у њима се одиста назире језгро епа, исто онако и у оној мери, као што је то случај са песмама о Косовском боју. Владан Недић је у књизи *Филип Вишњић* (1961), додуше овлаш, указао да у Вишњићевим песмама „одјекују косовски одломци", ја сам у књизи *Епика устанка* чак и једно поглавље посветио том проблему *(Предање о Косовској бици у Вишњићевом устаничком епу)*, али до сада није наглашено да се то односи највећим делом на песме о догађајима из прве три године Устанка, да се у Вишњићевим песмама о појединачним мегданима раја и не помиње. Никада до сада нису два језгра епа, косовски и устанички, директно довођени у везу, иако они чине два кључна пола саме сржи наше усмене епике, иако су делатни и делотворни у епској усменој традицији, али и у укупној народној свести, приликом сагледавања и превладавања свега са чим се суочава наш народ кроз историју, да су основа наше духовности.

Вишњићу никакав узор за каталоге имена јунака из устанка, за дивне крокије низа ликова из песме о почетку буне, није морала бити десетерачка песмована историја Андрије Качића Миошића *Разговор угодни народа словинског* или пак *Цвит разговора народа и језика илиричкога алити рвачкога* (1747) Филипа Грабовца, на чему се, често, инсистира. Биће да је за Вишњића важнији узор био каталог из песме о косовској вечери, или онај из *Комада од различнијех косовскијех пјесама* у којима се нижу погибије косовских јунака. Пре свега, каталога има и у песми о боју на Чокешини и у оној о боју на Мишару. Па и Вишњићева песма *Хвала Чупићева*, која се односи на сам крај Устанка и која садржи сведени каталог преживелих војвода, директно подсећа на каталог из косовске здравице кнеза Лазара.

У песми *Бој на Чокешини* опеван је пораз устаника на мегдану који се води изван утврђеног манастира, на пољу „ђе је свему св'јету на видику", „у по подне св'јету на видику", као што се водио и Косовски бој. И у боју на Чокешини Срби су часно, до једнога изгинули, настављајући да се боре и када више никакве наде није било. То више није било паљење ханова и појединачно убијање субаша, већ битка „до пошљетка". И битка на Чокешини започиње причешћу: устанике причешћује игуман Аџи-Константин. И овом приликом издваја се група јунака какви су били Милош Обилић, Милан

Топлица и Иван Косанчић. Њу чине четири харамбаше, а у ствари су то три див јунака: браћа Недићи, Димитрије и Глигорије, који наступају, делају, боре се, рањавају и умиру као један, Дамњан Кутишанац и Панто Дамњановић. Да је ова јуначка тројка у стваралачком смислу директно проистекла из сродног модела косовских песама најбоље говори њихов опис, који никако не одговара опису устаника и хајдука:

сва четири јесу једнолика,
једног раста, а једног погледа,
једне ћуди, а једне помисли;
на њима је рухо једнолико,
чиста свила до земље спуштена,
а кадифа у краћем скројена;
све оружје у злато облито,
у рукама пушке једнолике,
једног арча од дванаест драма;
на глави им капе кадифлије,
златне кипе бију по појасу –
једној мајци, сви ти су једнаци!

У овој песми, као и оној о боју на Мишару, певач је директно посегао за структуром модела косовских песама. Бојеве описују два врана гаврана, који падају на куле, у првом случају на кулу кнеза Крсмана Вујичића, у другом на Кулинову. Они и овде описују бој уцвељеним љубама, љуби Крсмановој и Кулиновој кади: „радо бисмо добре казат гласе, / не можемо, већ какононо јесте". У оба случаја, било да су гласници гаврани или слуге (у песми о боју на Салашу јавља се стражарче), каталозима погинулих јунака описује се бој. Већ овако гледање на косовски и устанички нуклеус епа битно мења причу о Вишњићевској уводној формули, о оквиру „два врана гаврана", започету Алојзом Шмаусом, која је много допринела да се о Вишњићу говори пре свега као о песнику, а не као о певачу који вуче снажне корене из колективне епске традиције.

У којој мери је Вишњић свој еп зачињао на чврстој структури косовског епа, најбоље казује улога арамбаше Ђурчије као издајице, мотив издајства везан за мотив сукоба: Ђурчија и Јаков се, најпре, сукобљавају; препаднут од турске силе Ђурчија се повлачи пре боја. Његова улога у овој песми, у овом језгру епа о устанку, у овом првом боју у којем Срби доживљавају тотални пораз, јесте улога Вука Бранковића у косовском епу. И њега прати клетва: „Еј Ђурчија, да те бог убије, / јер ме данас издаде Турцима." У опису боја налазимо низ стихова преузетих из косовског циклуса, или испеваних на тај начин: турска сила закрили поље, под њом „сва се земља испод Цера тресе"; Срби, у почетку, разбијају Турке на буљуке; Турци побеђују тек када им помоћ стигне; посебно је занимљиво коришћење мотива мртве главе која говори, директно преузетог из косовског циклуса.

Боље ишчитавање првих пет Вишњићевих песама показује да није битно што се у песмама о устанку помињу само они топоними и јунаци који се тичу Мачве, западне Србије, да то не дозвољава никакав брзоплети закључак о регионалности певања о буни. У нуклеусу устаничког епа Мачва јесте Србија и има исту улогу као Косово поље: „да је видим чија јесте Мачва, / чија јесте, чија л' ће остати" *(Бој на Салашу)*; „Дрину пређе, украј Мачве стаде, / поред Дрине улогори војску, / па Србију зове на предају" *(Кнез Иван Кнежевић)*; Кулин капетан се зариче цару „да ћ' Србију земљу умирити" *(Бој на Мишару)*. У песми о боју на Салашу певач директно кореспондира са песмом *Бановић Страхиња*: војводе пију вино док Турци робе Србију („Еле Турци Мачву прегазише, / поробише Совљак и Глоговац..."); Јанко Катић гледа „у земљу преда се" као и Југовићи, не желећи да прати Стојана Чупића; Чупић као и Бановић Страхиња, спреман је да сам крене у поход („ја ћу један ударит на Турке, / под срамотом овом остат нећу"). За разлику од Југовића, војвода Вујица се предомисли и крене за Чупићем, а када понови косовску клетву о издаји („Ко те издо, издало га љето, / бијело му жито не родило/ стара њега мајка не виђела, / њим се мила сестра не заклела!"), придружује им се и Јанко Катић тако да српски поход предводе „три војводе као три сокола".

Управо се у овом тренутку прелама полазни косовски модел, тако да се, надаље, језгро косовског епа преокреће по принципу негатив-позитив, остварује се асиметрија. Када Чупић понови опште место које изговарају три српске војводе Косовки девојци, он га изговара са позитивним предзнаком: „ако бог да те здраво будемо"; док кнез Лазар, у сну, преко „писма" Богородице, сазнаје да је пораз неминован ако жели царство небеско, Чупић добија у сну поруку да ће победити

(„Ја сам ноћас лијеп сан уснио, / нека знате, наш ће мејдан бити, / ако бог да, добићемо Турке!"). И у опису боја на Салашу, Турци закриле поље Салашко какона су и Косовско; Чупић попут Милоша брине да се устаници не препадну од турске силе („Видите ли то салашко поље / колико је дуго и широко, / кад се Турци с плијеном помоле, / све ће поље собом закрилити, / ви се, браћо, препанут немојте!"); и Чупић зна да, као у Косовској бици, нема јунаштва без „првога брата", те он, као и Милош, жели да први зада ударац Турцима („Ја сам чуо од старијих људи: / нема смрти без суђена дана, / ни јунака без првога брата: / нека знате, ја ћу бити први"); и у опису овога боја налазимо мотив преоблачења у турско, причешћивање и заклињање пред борбу; Турци се, такође, растерују у буљуке; неизбежна је помена гавранова („Откако је гавран поцрнио"). Колико се Вишњић, као народни певач, ослањао на модел косовских песама, најбоље говоре следећи стихови:

> *Кад се двије удариле војске*
> *у Мишару, пољу широкоме,*
> *једно српска, а друго је турска;*
> *пред турском је Кулин капетане,*
> *а пред српском Петровићу Ђорђе.*
> *Српска војска турску надвладала;*
> *погибе ти Кулин капетане...*

Управо зато што пева држећи се чврсто модела косовског епа, певач у песми о почетку буне на особит начин издваја Карађорђа од других кнежева. Док за остале кнежеве Мехмед-ага Фочић вели: „Они с' паше, а ја сам субаша", Карађорђа ће издвојити неуобичајеном, само на први поглед непримереном фразом: „Он царује, а ја субашујем".

У Вишњићевом језгру епа о устанку могу се издвојити и многа друга места која су настала захваљујући почетном епском моделу. Туговање отете марве у песми о боју на Салашу готово је идентично туговању коња, лавова и соколова крај мртвих Југовића, посебно Дамјановог зеленка („пак он жали свога господара"): „види стока ђе ће путовати, / паке' жали свога завичаја", тако да певач, идући за песмом о смрти мајке Југовића, и ову тугу исказује кулминирајућом фразом *препукло срце* („у звјерки би срце препукнуло, / акамоли у живу јунаку"), коју развија у песми о боју на Мишару: кади

Кулиновој, као и мајки Југовића, срце препукне од туге. Описујући бој на Салашу, само сада са позитивним исходом, певач понавља већ утврђени модел из *Комада од различнијех косовскијех пјесама:* „што би Јанко Турак' оставио – / дочекује војвода Вујица, / што б' Вујица Турак' пропустио – / дочекује Црнобарац Станко..."; „сабљом с'јече, а мрковом гази" итд. Као што се у косовском циклусу куне Косово, јер су на њему изгинули најбољи српски јунаци, тако се у завршној песми језгра устаничког епа, у песми о боју на Мишару, куне Шабац („Бјео Шапцу, не бијелио се..."), јер су крај њега изгинуле највиђеније турске поглавице: „по избору бољи од бољега".

За ретка историјска факта из ових песама која немају услова да трају у усменој епици, и певач и Вук осећају потребу да их допуне и разјасне. У песми о боју на Чокешини певач ће у завршним стиховима оставити поруку да се Ћурчији стекло све што му је Јаков запретио клетвом (епилошки детаљ); уз песму о кнезу од Семберије Вук додаје обимнију историјску белешку о кнезу Иви, посебно наглашавајући његову горку судбину после слома буне, а певач епилошким стиховима о томе обавештава слушаоце на крају песме: „И то Иви нико не припозна, / ни Ивану когоди зафали, / акамоли да Ивану плати!" Вук је сматрао нужним да објасни стихове о Станку Црнобарцу из песме о боју на Салашу, којима Чупић у самом боју опрашта неки грех овоме хајдуку: „Станко из Црне Баре био је нешто скривио, па побјегао у хајдуке, и била је изишла заповијест да се не може предати, него да се мора погубити; но тим се случајем предао и остао на миру." Ова места, са саме граничне линије епске хронике и епске песме, најбоље говоре о начину транспозиције историјских чињеница у епску песму, о односу историје и књижевности.

У којој мери је дејствовала спрега језгара косовског и устаничког епа у српској књижевности, значи не само у усменом стваалштву, да је значајно њихово упоредно изучавање, сведоче десетерачки спевови Гаврила Ковачевића, настали готово истовремено почетком деветнаестог века, о првој години војевања против дахија и о Косовској бици.

НАРОДНА ПЕСМА У УСМЕНОЈ ВЕРЗИЈИ ИСТОРИЈЕ ПРВОГ СРПСКОГ УСТАНКА

Народ је непосредно реаговао песмом на догађаје, посебно историјске од којих је зависила његова судбина. Захваљујући томе што су сачувани многи релевантни записи и сведочанства, песме о Првом српском устанку омогућују пунији увид у неке од принципа функционисања народне песме у усменој верзији историје. Народна историја постојала је и трајала вековима, али је од ње највише забележено током осамнаестог и деветнаестог века, када учени људи покушавају да реконструишу прошлост српског народа и да начине историју новијих времена, да опишу догађаје у којима су и сами учествовали; она траје упоредо са писаном, ту и тамо утапајући се у њу. Божидар М. Томић, Владан Недић и други запазили су да је у историјским списима Вука Караџића и Симе Милутиновића Сарајлије народна песма коришћена чак и више него ли као извор (препричавани су делови песама, преузимани су десетерци и општа места).[1]

Познато је како је Филип Вишњић певао о тек минулим борбама устаника у логору Стојана Чупића, да је Карађорђе радо слушао народне песме, да је волео да их и сам пева, али уз гајде, да је Конда бимбаша, одмах по заузећу Београда, на његовим кулама певао, да су певане лирске народне песме о херојској смрти Хајдук-Вељка непосредно после његове погибије. Међутим, није био најјаснији однос епских и лирских песама које су се певале непосредно после и поводом неког догађаја. У томе нам, донекле, помаже митрополит Стефан Стратимировић. У његовом сведочанству насталом непосредно после заузећа Београда 1806. године, помињу се и лирске

---

[1] Божидар М. Томић *Вук и Вишњић, Књига о Вуку Караџићу 1787–1937*, Београд, 1938, стр. 94–108; Владан Недић, *О усменом песништву*, Београд, 1976, стр. 136.

од кола и епске: „Неописана јест радост неких војев, сербских зањавших град, и одољевших тамо, давно бо ожидали они повељеније таковоје, а зато вси, почти что и како знали восклицали гласом пјенија; неки говорили простонародних: 'Мајка Мару у Београд дала'; неки же јуначких пјеснеј дробности, на пример: 'Весели се Јакшићу покојни! Ево Србљи отеше Београд' итд."[2]

Последњих година изоштрено је питање односа епске хронике и тзв. класичне епске мотивске песме. Народни певач је епским хроникама реаговао на готово све важније догађаје, чак и на оне који су се тицали уско локалних интересовања, почев од неке необичне смрти, па до „удара на овце". Оне су значајне највише као мајдан епских мотива (убиство брата у незнању; крвави сватови). Зависно од значаја ових догађаја, од тога колико су били од опште важности и за друге крајеве, оне су се заборављале или су кратко трајале, или су се пак памтиле и преносиле дуже, те су, изложене процесу уопштавања и другим принципима настајања епске песме, постајале део општег упамћења, епске усмене традиције.

На основу записа и изучавања појединих хроника утврђено је да, и кад се испуне основни услови, не мора свака хроника да прерасте у епску мотивску песму. Да неке, напросто, остају хронике и трају колико трају, без шансе да се епски усаврше, те их у том облику и затичемо у записима, свесни да њихово традирање није записом заустављено, као што то може бити случај са класичном епском песмом. Ако се односе на историјске догађаје, историјске епске хронике остају и испуњавају једино функцију песничког вида усмене верзије историје. О томе најбоље говоре они записи у којима се, истовремено, и пева и приповеда о историјском догађају.

Овим се отвара питање упоредних песама и прича о Косовском боју у рукописним песмарицама, песама и прича, боље рећи одломака усмене хронике о последњим Бранковићима, која је трајала упоредо са писаном. Епске песме о Бранковићима не морају бити упамћени одломци десетерачке или осмерачке целовите хронике-песме, већ су пре делови целине који су сасвим природно функционисали унутар укупне прозне хронике. Таквих примера веома је много сачувано у сировим (непосредним) записима аутора рукопис-

---

[2] *Голубица* за 1842, IV, стр. 272–3.

них песмарица, много је таквих записа настало у Црној Гори. Њима се боље осветљавају: Качићев поступак да се нешто од историје Јужних Словена исприча, а остало начини као песмована историја; прозни пасажи у десетерачким епским спевовима Гаврила Ковачевића о почетку буне против дахија и Косовској бици, а посебно примери певача-казивача који о неком догађају мало казују, а мало певају. Није у питању увек њихова неспремност да све искажу десетерцем, да су понешто од песме заборавили. Пре ће то бити једна од форми предавања усмене историје колективу. Јер, на основу више сачуваних примера уметања епских одломака у усмену прозну верзију историје, показује се да су неки одломци усмене верзије историје подесни за епско певање, да је напросто певачу-казивачу лакше да нешто изрази десетерцем, да он управо стихом нешто наглашава и успоставља чвршћу везу са слушаоцима. То су места за упамћење, то је, напросто, принцип косовских одломака међу којима налазимо и косовску клетву и прећуткивање погибије Бошка Југовића: „Још остаде Бошко Југовићу..." Тим епским комадима се потврђује претходно изречено у прози, језиком легенде, предања, сказа. Тиме се слушаоци уводе у оно што ће у прозном усменом казивању уследити. Показало се да је у усменим верзијама историје важан природан и спонтан самораст укупне целине, снажно ослоњен на усмену традицију, да је важно природно срашћивање текстова који, само привидно, припадају различитим системима.

Које је, у том контексту, место епске песме? Биће да се она, ипак, отрже из те целине, да по својој природи остаје сама за себе, без обзира колико се Вук у својим збиркама држао хронологије, покушавајући да уобличи, на пример, целину епских песама о Марку Краљевићу или пак о Косовској бици, без обзира на све накнадне покушаје стварања косовског епа. Самостални живот епске песме, као суштина епског усменог стваралаштва, може помоћи да отклонимо неке од лажних дилема које су пратиле изучавања великих „живих" епова, да другачије сагледамо суштину хомерског питања.

У природи наше усмене епике јесте да она живи „по песмама", да се и највећи историјски догађаји опевају принципом „песма по песма", да певачи спевавају и казују „песму по песму". Оно што упућује на целину епске визије неког историјског догађаја јесте виши принцип усмености, општа тежња народа да све појаве у природи и друштву осмисли као систем, да их повеже у склад. То је основна покретачка сила усменог стваралаштва кроз векове, изнад подстицајности обреда када су у питању, на пример, лирске народне песме, старија и од народног календара. Том интегралном систему теже и народни певачи и слушаоци, он је плодотворан почев од небеских прилика из Вишњићеве песме *Почетак буне против дахија* до завршних импровизација у којима се опевано јунаштво велича као догађај који ће се памтити „док је сунца и док је мјесеца", или како Вишњић овај стих, у жељи да истакне колико је страшно било сраженије на Салашу, генијално преиначује у: „док је сунца и док је Салаша".

То се најбоље може уочити ако се упореде, на пример, лирске песме о Карађорђевим војводама са епским с једне стране и, како Вук вели, „особито митологичким" с друге. За епску песму треба бар мало дистанце, да се све промисли и слегне, да се у глави певача и слушаоца заокружи процес цензуре, одвајања битног од небитног, да утихну гласови и штафете којима су се преносиле вести о минулом догађају. Лирска песма има матрицу, мелодију; она започиње пре из срца но из главе, довољна јој је једна искра у камену: може то бити лепота Хајдук-Вељкова или његово јунаштво, трагична смрт Танаска Рајића, једна реченица коју је Хајдук-Вељко изговорио („Главу дајем Крајину не дајем") – па да настане песма, да се Хајдук-Вељкова порука претвори у припев. Довољно је било да се Турци плаше да прођу кроз крај који је чувао Анте Богићевић, па да настану варијанте лирске песме о везиру и Карађорђевом војводи. Може се уочити да је прва, старија варијанта, прецизнија (помињу се само Богићевић и Лозница), а да се у другој већ отвара пут за каталог „србски поглавица":

А мој царе, како ћу ти доћи	*А мој царе како да ти дођем.*
кад не могу кроз Лозницу проћи	*Ја ти не смем кроз Лозницу проћи*
од господства Анте господара,	*Од господства србски поглавица:*
од његови младије војника;	*Од онога Богићевић Анте,*
од сарука и од јатагана,	*И његови избрани војника; –*
од сабаља и танки пушака?[3]	*Од пушака и оштри сабаља,*
	Од топова и од дегенека.[4]

---

[3] Вук Стеф. Караџић, *Србске народне пјесме*, књ. I, песма р. 686.
[4] *Годишњак, велики србски календар за 1858*, стр. 49.

Поставља се питање шта значи чињеница да неке детаље, као овај из песме о Карађорђевом војводи Анти Богићевићу, који готово мотивски „држе" лирску народну песму, налазимо и у епској песми о војевању за слободу. Значи ли то да постоје и чвршће везе епске и лирске народне песме о значајним личностима и догађајима, у овом случају, из Првог српског устанка, да лирске песме о јунацима, макар биле и романце, нису баш тако далеке од епских? Посебно је занимљиво питање шта је старије када се понови исто опште место? Може то бити тужбаличка целина у епској песми којом се опева нечија погибија, спремна да се, потом, развије у епски опис целог догађаја, али и да се на посебан начин заокружи у лирској песми, при чему се певач задржава само на једном детаљу, једној поруци, једном осећању, на само једном разлогу жала колектива за јунаком.

Сличан је случај са функцијом каталога имена јунака. Набрајања. Без обзира да ли је реч о лирској или епској песми. У животу када се саопштава неки иоле занимљив догађај, не набрајају се имена свих учесника. Приликом понављања приче, врло брзо се стеже круг око носећих имена, та се имена сажимају у каталог који наставља да функционише по законима усменог казивања, а сва остала имена бивају уопштена епском фразом „са три стотин' друга".

Значи, постоје праоблици старији од народне песме, снажно уграђени и у певачима и у слушаоцима, који чине суштину усменог стваралаштва. То нешто готово, уобличено, звали ми то формулом, општим местом, зачињањем епског казивања, јесте она златна ћуприја којом се прелази са обале свакодневног говора на обалу песничког језика. Ти праоблици, вековима утврђивани одабирањем, процесом одвајања битног од небитног, функционишу као генератор песме о историјском догађају. Било епске, било лирске.

ВИШЊИЋЕВ ЕП

У многобројним проучавањима усменог епа и у низу објављених антологија, недвосмислено су у први план издвојене песме Старца Милије, Тешана Подруговића, Филипа Вишњића, старца Рашка и слепе Живане, певача и казивача чије су песме окоснице Вукових антологијских збирки епских народних песама. Само од њих Вук је забележио седамдесетак песама – целу једну књигу. Одавно смо свесни да народна епика настаје захваљујући даровитим појединцима и да се не може тумачити и читати искључиво као плод анонимног народног стваралаштва.

За песме о српском устанку Вук напомиње да их је сам Вишњић и спевао. Тако, суочени смо не само са великим певачем већ и са песником који у оквирима традиције усмене епике, користећи се утврђеним формулама, општим местима и стајаћим стиховима, подложан епском понављању, ипак импровизује као индивидуални песник са сопственим визијама догађаја које опева, као стваралац књижевног језика који наставља, али и гради епски певачки израз у тренутку највећег цветања усмене епске поезије.

Суочен са устанком, беговски певач, преносилац и редактор народних песама, слепи путник са гуслама који је без вође „само са два штапа ишао", потиснуо је у себи свој ранији репертоар и запевао аутохтоним слободарским гласом о „борби непрестаној". Управо песме које је испевао у Срему, када су борбе настављене, биле су разлог да се његово дело издвоји од песама осталих Вукових певача, пре свега зато што је нудило одговор на хомерско питање.

Образлажући свој став „немогућношћу памћења", немачки класични филолог Фридрих Волф оспорио је крајем XVIII века постојање Хомера. Захваљујући њему, у фолклористици је постављено питање у којој мери је Хомеров удео у стварању *Илијаде* и *Одисеје* био одлучујући. Такозвани *унитарци* или *унитаристи* заступали су тезу о јединству епова и историјској аутентичности Хомерове песничке егзистенције. *Аналитици,* пак, трагали су за неподударностима и неусклађеностима у еповима, доказивали да се епови могу поделити на мање посебне организоване целине, на мање или веће целовите песме (*Илијада* се, по њима, састоји од 18 тзв. *прапесама*), због чега њихову теорију називају и *теоријом песама*. Током две стотине година хомерологије, ова два екстремна гледишта су се у приличној мери приближила. Унитаристи су прихватили да је Хомер живео у времену када је постојала снажно развијена епска традиција и да је он из ње и произашао, да се користио њеном версификацијом, мотивима, изградњом и утврђеном тематиком, стихом и изражајним средствима, а аналитици су признали постојање једног великог песника, мада су се колебали између могућности да је Хомер дао основно језгро еповима које су каснији редактори допуњавали и проширивали и могућности да је Хомер створио епове од постојећих песама, као генијални редактор. Тражећи одговоре на хомерско питање у великим еповима светске књижевности, научници XIX века, упознати са Вуковим делом, окренули су се живој епској усменој традицији нашег народа. Следе покушаји да се од косовских песама начине епске целине (лазарице), да се песме о Марку Краљевићу сложе у целовит еп. Захваљујући теренским бележењима по Босни и Херцеговини, пре свега Перију и Лорду, између два рата постављена је и до данас траје теза да су дуге крајинске песме „предстадиј једног малог епа", мада се увиђа да дужина песама и број стихова нису битни, јер се песме крајинске епике проширују понављањем и варирањем сличних ситуација, уношењем мотива из других песама и развијањем епизодних сцена, а да је у процесу прерастања епске песме или више песама у еп одлучујућа квалитативна компонента.

Због свега тога, између два рата посебно, Вишњић и његово дело нашли су се у средишту интересовања научне јавности. О Вишњићу се пише као о пророку и генију, а сазрева и мисао да је, за разлику од других Вукових певача и казивача, био и песник, певач и песник у хомеровском смислу. У *Зборнику у славу Филипа Вишњића,* у тематским свескама часописа и чланцима и студијама објављеним посебно приликом обележавања стогодишњице његове смрти, јасно су разликоване песме у којима је остао на нивоу редактора, од песама које су биле индивидуална дела „од почетка до краја", пре свега песме *Почетак буне против дахија* и *Кнез Иван Кнежевић*, у којој готово и нема шаблона епске стилизације и општих фраза. Вишњићеве песме о устанку сагледавају се, већ тада, као јединствена целина, у којој нема противуречности између песама, а песме остављају утисак епизода. У редакцији и с предговором Божидара Томића посебно су објављене *Пјесме Филипа Вишњића*, тако да је недостајао мали корак па да Вишњић буде „одређен, оживљен и уведен одлучно у ред стваралаца у историји литературе као писац, из досад нејасног лебдења између гуслара певача и песника", како прижељкује анонимни приказивач *Зборника у славу Филипа Вишњића*, у Српском књижевном гласнику 1935. године. И поред свега тога, превладао је романтичарски приступ епском народном певању, који је дословно подразумевао колективно стваралаштво. Без одјека су остали тврдња Милоша Савковића да је Вишњић „једини који је саставио прави народни еп у десетерцу", изванредне анализе Радосава Меденице и Алојза Шмауса у којима је утврђен Вишњићев допринос уобличавању епских места и стварању својеврсних типова песничких оквира (*гавран гласоноша* и сл.). У Винаверовој студији о ритмици епског десетерца праћен је особит начин настајања Вишњићевих импровизација и показано је у којој је мери Вишњићева величина резултат управо таквих импровизација насталих на основу „градива старијега". Ипак, захваљујући издвајању Вишњићевог дела, проучаваоци народне поезије све су се више окретали песничким индивидуалностима, специфичностима песничког језика појединих певача и трудили се да издвојено изучавају њихове репертоаре, да установе њихове поетске речнике и укажу на њихов допринос изградњи ликова епских јунака и општих места.

Оно што је издвојено Вишњићево дело несумњиво заувек нарушило, јесте уверење о великој и широкој распеваности у устанку, о великом броју певача који стварају песме у шанчевима буне. У Вуковим збиркама можемо издвојити тридесет и две епске и шест лирских песама о српској револуцији. Осим дванаест народних песама забележених од Филипа Вишњића, као народне се могу са већом сигурношћу поменути четири песме забележене од анонимног сељака из рудничке нахије *(Бој на Чачку; Растанак Карађорђија са Србијом; Узимање Ужица; Чавић Мустај-бег и Карађорђије)* и песма *Бој на Делиграду* забележена од старца Рашка. Ако издвојимо десетак песама које су несумњиво писаног порекла као и песме које су у Црној Гори и Србији настале касније, захваљујући књишком повратном утицају, веома је мало аутентичних народних песама о Првом и Другом српском устанку. Треба нагласити и да је тринаест песама у међусобном односу варијанти, односно, угледања, тако да се лако могу међусобно сравњивати. Поређење песама анонимног певача из рудничке нахије са Вишњићевим песмама показало је веома чудне везе и утицаје, чак и у случајевима када су се специфични детаљи неке Вишњићеве песме, иако ју је Вук објавио тек 1862, нашли у песмама овог анонимног певача. Песме из репертоара Рудничанина већма су у одломцима, у њима се велича Карађорђе на начин који Милош Обреновић није могао лако да прихвати, о чему има трага и у преписци Милоша са Вуком. Песму *Узимање Ужица* Милорад Панић, Душан Недељковић и многи други сматрају Вишњићевом. Чак и они који полазе од тога да је Вук од Вишњића забележио само дванаест песама о устанку, подразумевају да је ова песма саставни део Вишњићевог репертоара. У Панићевој књизи *Филип Вишњић, живот и дело* (1967), објављена је и песма *Узимање Ужица*.

Вишњић је, по свему судећи, сам испевао песме о Устанку. Те песме су забележене непосредно по свом настанку, нису доживеле процес преношења, „понародњавања", чак се веома тешко може претпоставити да су биле прихватане од стране других певача, односно да су певане. Захваљујући понајвише књишком, повратном дејству, оставиле су снажан траг у песмама других певача о Устанку и бојевима за слободу. Вишњићев пресудан утицај на устаничку епику не огледа се само у томе што је највише песама у Вуковој збирци он сам спевао већ и у томе што је својим песмама, у тренутку док је Устанак трајао, и он састављао нове устаничке хронике, утицао и на остале певаче. Градећи свој певачки израз, градио је и општи израз народних певача, хроничара, те су

Вукове песме о устанку у Србији, на овај или онај начин – Вишњићеве.

Устаљени стихови и општа места у Вишњићевим песмама посебним значењима везују песме у целовиту епопеју. Сваки вишњићевски стих има и свој особит разлог због којег се нашао у песми и због којег одјекује у потоњим песмама. Примера ради треба издвојити одјек небеских прилика у уводној песми *Почетак буне против дахија*. Када дахије истовремено погубе последње кнезове које су успели да ухвате на превару, кнеза Алексу Ненадовића и Илију Бирчанина на Колубари и Хаџи-Рувима насред Београда, „виш' њих јарко помрчало сунце". „Помрчало сунце" у овој песми има улогу петог и пресудног знамења, пресудног за Турке и почетак Устанка. Стих „виш' њих јарко помрчало сунце" нашао се у песми после два веома дуга каталошка набрајања кнезова које треба погубити и погубљених кнезова. Наставак песме јесте посебна целина у којој је опеван неуспешан покушај Турака да ухвате и убију Карађорђа. Тако је један једини стих, као пето знамење или пета небеска прилика, повезао уводни део песме са посебном завршном целином, чиме је одиграо веома значајну улогу у компоновању једне од најдужих Вишњићевих песама (629 стихова). Трећа прилика, треће знамење којим свеци упозоравају Србе да је дошло време за устанак, јесте „муња на часне вериге". У више песама, устаничка ватра је толико снажна да певач посеже за непоновљивом метафором црвеног пламена којим се устаници везују за небо: „Црвен пламен за небо свезали". То није само метафорично описивање силине пушака, већ и симболично исказивање пожара устанка, муње која са земље стиже до неба као одговор боговима и трећој небеској прилици.

Поред веза проистеклих из поступка грађења певачког израза, исти јунаци који се јављају у Вишњићевим песмама о Устанку, на истим коњима и са истим оружјем, такође доприносе утиску да је Вишњићев устанички еп целовит. Вишњић чешће издваја личности Стојана Чупића, Луке Лазаревића, Милоша Поцерца, Лазара Мутапа, Цинцар-Јанка и других српских поглавица. Сем у уводној песми, Карађорђе није непосредно присутан, већ га Вишњић помиње са пијететом и дубоком свешћу о његовом значају за Устанак. Карађорђе је представљен као оличење запаљене ватре буне, као пламен који прожима Устанак, или као муња која се догоди одједном, те се о њој не може казивати узгред, приликом описа неког боја. У симболичном сну из песме *Узимање Ужица*, Карађорђе и његови Шумадинци означени су као муње „уз Ђетињу". Стојан Чупић је по много чему централна личност Вишњићеве епопеје. Уз њега се у више песама везује епитет „змаје од Ноћаја", епитет који су у песмама понели само још устаници, као целина. Чупић је спреман и сам да удари на Турке („Ја ћу један' ударит на Турке") и не боји се „цара силенога", ни цара, ни везира, он је војвода „срца слободнога", једино у њега Карађорђе има пуно поверење, њему наздравља косовском здравицом и оставља му у аманет Србију *(Хвала Чупићева)*.

Вишњићеве песме снажно повезују мотиви косовског предања (косовска клетва, косовска здравица, описи војске, јунак на коњу великоме) и мотиви крвне освете (појединачне и колективне, када нема умира). На основу неких стихова може се јасно утврдити след песама. Тако, у песми *Кнез Иван Кнежевић*, поход Кулин-Капетана прати клетва народа:

Тамо ишô, Кулин-капетане,
Тамо ишô, амо не дошао!

док у песми о боју на Мишару клетва Кулина и сустиже. У првој варијанти песме *Бој на Мишару*, коју је Вук објавио 1814, Вишњић је посебно издвојио детаљ отимања Кулинове сабље. Кулиновој сабљи је посвећено централно место у опису боја на Мишару. У каснијој варијанти, која је највише и прештампавана, сабља се и не помиње, као ни податак да је сабљу отео Милош Стојићевић, војвода поцерски. Детаљ о Кулиновој сабљи наставио је да живи у другим Вишњићевим песмама. Послужио је као веза између песама *Бој на Мишару* и *Милош Стојићевић и Мехо Оругџић*. У песми о двобоју Милоша Поцерца и Мехе Оругџића, Мехо жели да освети Кулин-капетана и поврати отету му сабљу:

Да покајем Кулин-капетана
И повратим сабљу Кулинову.

Сличне везе можемо наћи и између песама *Бој на Лозници* и *Луко Лазаревић и Пејзо*.

Оно што одликује Вишњићев еп и издваја га од других јуначких песама, јесте доследно спроведено чојство, оно што јунаштво осмишљава и уздиже опевани догађај на ниво легенде. Ватри без престанка, реци крви и котрљајућих глава, осветама које једна другу сустижу, Вишњић супротставља чојство. Песник који је домашио песничке синтагме: *борба непрестана, јуначка слобода, јунак срца слободнога* (јуначкога), исте оне које налазимо и као тежишна места Његошевог *Горског вијенца*, дубоко је проникао у суштину чојства и управо ту се уздигао до нивоа песника. Бакал Милосав ће у песми заменити Луку Лазаревића на двобоју са Пејзом, јер је стар и њега ће Лука лакше да освети. Осветивши брата, Станић Станојло нариче на братовљевом гробу и у тој мушкој тужбалици помиње мајку Турчина кога је погубио:

Ао, Стано, Станојлова мајко,
Гојка ти је Станко покајао,
За Гојка сам двојицу убио,
Ев' Османа и Исмић-Омера;
Веће, Стано, иди Бијељини,
Те с' састани с Омеровом мајком,
Једна другој јаде изјадајте,
Како којој јесте без срдашца.

У песми *Кнез Иван Кнежевић* не севају мачеви, не ломе се копља, не бије се бој. Ако је под Иваном дорин помаман, то је само израз олује у Ивановој души. У овој песми све се догађа у јунацима, а опевано је подизање јединствене задужбине. Подвиг Ивана Кнежевића није у јунаштву, већ у чојству; Иван је јунак не „срца слободнога", већ „срца милостива". Његов позив за откуп и ослобађање робља и прихватање оних који немају куда, спада у сам врх нашег родољубивог песништва:

Ко не има од срца порода
Ев' сад може срце отворити.

СРПСКИ ТЕРМОПИЛИ

Делиград је шанац на некадашњем „цариградском друму", а данашњем путу Београд–Ниш, на уласку у Ђуниску клисуру, између Ражња и Алексинца. Подигао га је Вуча Жикић, бивши капетан у аустријској војсци, који је за време устанка прешао у Србију да се бори против Турака. Шанац је годинама био брана надирању Турака с југа и према списма Вука Караџића и Проте Матије Ненадовића, а нарочито према народним песмама и *Сербијанки*[1] Симе Милутиновића Сарајлије, имао је значење српских Термопила.

Вук у писму кнезу Милошу Обреновићу од 12/24. априла 1832. године као најзначајнија попришта у Устанку издваја Мишарско поље и српски шанац на Делиграду, на који су Турци „с највећом силом ударили", а изгинуле на тим разбојиштима назива мученицима. Он предочава кнезу Милошу да ће они које је неправично отерао у смрт постати „мученици за правду и слободу народа Српскога, млого већи, него да су изгинули на Мишару или на Делиграду"[2]. И у писму владике Антима Стевану Стратимировићу 21. августа 1806. године, у опису окупљања турске силе на Делиграду, доводе се у везу, дан уочи велике битке, Мишар и Делиград. Владика Антим изражава наду да ће и у предстојећој бици Срби победити „како и у Китогу"[3]. Непосредно после боја, Констнтин Јовановић у писму митрополиту Стратимивирићу 28. августа 1806, описујући бој на Делиграду наглашава да је ову победу славила цела Србија. У Смедереву, око Београда и Шапца Срби су, „како из мали [пушака - ?] тако из топова пуцали и

---

[1] Липиска, 1826.
[2] *Сабрана дела Вука Караџића*, књ. XV, Београд, 1969, стр. 198.
[3] Радослав Перовић, *Први српски устанак*. Акта и писма на српском језику, књ. 1, 1804–1808, Београд, 1977, стр. 215.

Те деум [Тебе Бога хвалимо] веселни држали". Од турских поглавара истичу се: „Ћаја паша од румели велес, Ћајин паша Бушатлин, Шашин паша лесковачки и јоште остали вишје мали паша и бегова из Руменлије"[4].

Српски Термопили нису дуго били заборављени у народу. Исидор Стојановић у *Рапорту* кнезу Александру о путу по Србији, у августу 1846. године, вели:„По особитој својој важности заслужује и Делиград, који се толико време под г. Ђорђем средоточију турске силе снажно опирао, да га такође инцинир са свима његовим околним шанцевима, као Топољаком, Горњим Љубешом, Паутьевим шанцем, и проч., планира"[5]. О значају шанца на Делиграду пише Прота Матија Ненадовић Друштву српске словесности 26. марта 1851. године: „Као што чујем да су најглавнији и одбранителни шанчеви, као *Делиград, Неготин, Мишар, Засавица, Лозница* и многи други скоро поравњени и људи онакове одбранителне и на гласу шанчеве у житне њиве и ливаде преобратили, жао ми је и грозим се кад помислим да ће пређе једног столетија сви који од времена, које од житеља засути и поравњени бити и ако им се скоро имена и места не опишу и наше потомство о њима ништа знати неће када су, од кога су и зашто су грађени, но само што ће од житеља слушати имена шанчина, као и ми што сад не знамо шта су предци наши радили, куд су војевали, шта су држали и кад су што градили, но се више на песме и преповедке ослањамо. А за избећи од потомства праведни укор небрежен-ија нашега зато би, по мом мњенију, добро било да високоучено Друштво одреди једнога учена и способна мужа да прође, и прегледа и опише бар које ја шанчеве добро познајем"[6].

Од више бојева на Делиграду, у историјским списима и песмама посебно се издвајају они вођени 4. јула и 22–23. августа 1806. године, у којима се истакао Петар Добрњац. У *Сербијанки* Сима Милутиновић ове битке описује у посебним певањима и назива их првом и другом „опсадом Делиграда". Иако су описи бојева у *Сербијанки* у мањој мери „исторични" него народна песма (док се од паша нико не помиње, Ми-

---

[4] *Исто*, стр. 216–217.
[5] Радослав Перовић, *Грађа за историју Првог српског устанка*, Београд, 1954, стр. 269.
[6] *Исто*, стр. 155–156.

лутиновић не пропушта да наведе имена и мањих српских јунака, чак и капетана Жикића који је „опремио шанац"; много стихова посвећено је завршној славопојки Карађорђу), у њима су, ипак, наглашени најзначајнији тренуци које је издвојила и усмена, народна историја: значајна улога топова, замена српских снага „свежим воинством", глас о победи на Мишару који доприноси још жешћем отпору устаника на Делиграду, наилазак Карађорђа с војском као непосредан разлог неславног повлачења Турака („Реп на раме... па к' родбини дома"). И Сима Милутиновић издваја легендарног јунака Петра Добрњца.

Да је током војевања на Делиграду Петар Добрњац стекао глас великог јунака, Вук Караџић сведочи у делу *Правитѣлствујушчи совјет сербски*: „Петар је из почетка био Миленков буљубаша, а на свршетку године 1805, као што смо видјели, совјет га зове *бимбашом,* али године 1806. бранећи Делиград од Турака тако се прослави и осили, да није марио ни за Миленка ни за Кара-Ђорђија, као да их и нема на свијету"[7]. На другом месту Вук ће кратко рећи: „У Делиграду је отприје управљао Петар Добрињац, и свагда срећно"[8], стављајући се на његову страну у сукобу са Милојем Петровићем, којега је Вожд послао на Делиград као главнокомандујућег. А у белешци *Петар Теодоровић Добрињац,* кад описује одбрану Делиградског шанца 22–23. августа, Вук наглашава да се овај јунак тако прославио „да је дошао у ред првијех старјешина у земљи". Том приликом он придодаје и следеће: „Ја се опомињем како су жене у Биограду пјевале:

Господар Петар на цареву друму
Он ми чека седам паша војске
И осмога царева везира"[9].

У овом случају јасна је веза стихова о Петру Добрњцу са косовским циклусом („седам паша бише и убише, / кад осмога бити започеше"), чиме овај јунак добија ореол леген-

---

[7] *Сабрана дела Вука Караџића,* књ. XV, Београд, 1969, стр. 61–62.
[8] *Исто,* стр. 70.
[9] *Исто,* стр. 99–101. Треба напоменути да је, за разлику од епских песама, рећи случај да се у лирској народној песми опева јунак савремених историјских догађаја, да је таквих примера веома мало из времена Првог српског устанка.

дарне личности која победом поништава пораз на Косовом пољу. Наиме, док у косовским песмама Југовићи гину кад започну битку са осмим пашом, у песми о Добрњцу присутан је понос због победе: „И осмога царева везира."

Од епских народних песама о боју на Делиграду издвајају се најдужа песма коју је Вук Караџић забележио од Старца Рашка за време својих боравака у Србији (1816, 1820. или 1821.)[10] и песма *Последци јунашшва* из *Пјеваније*[11] Симе Милутиновића Сарајлије, која је сакупљачу, највероватније, „преписана" од слепца Павла Чурле Патријаровића, родом „од Новог Пазара", праунука претпоследњег патријарха српско-пећског Арсенија Чурле[12].

За Рашкову песму Владан Недић је изрекао следећи суд: „Бој на Делиграду није на висини неколико најбољих Вишњићевих песама о Устанку, али је на равни већине хроничарских песама слепога гуслара"[13]. У анализи ове песме истакао је склоност Вуковог певача ка разгранатом епском каталогу, „строго симетрично понављање малих целина", слик и епитете које је овај највише употребљавао у овој и у осталим својим песмама – *раван, силан* и *љуш*. Од специфичних формула Недић је у овој песми издвојио ону за одређивање доба дана („Па кад било уочи недеље, / у суботу заучило подне"), за опис рањавања у руку („Клону рука низ чошну доламу"), као и ону којом је певач, у опису оружја, издвајао џиду („Сваки носи џиду на рамену, / до по џиде опшивено вуком / да с'јунаку не помичу руке").

Песма о боју на Делиграду из *Пјеваније*, забележена касније, због многих поклапања са Вуковим записом пример је књишког повратног утицаја. И поред претпоставке значај-

---

[10] Владан Недић претспоставља да се Вук Караџић и Старац Рашко „после 1821. године нису више никада срели". *Вукови йевачи*, Нови Сад, 1981, стр. 68.

[11] *Пјеванија црногорска и херцеговачка*, Будим, 1837, песма бр. 63.

[12] У белешци у *Пјеванији* уз песму под бр. 62, С. М. Сарајлија саопштава: „Ова ми је песма преписана од Павла Чурле Патријаровића, у савршеном возрасту ослиепившега..." За песму о боју на Делиграду, која је под бр. 63, само напомиње: „од истога слиепца Павла Чурле".

[13] В. Недић, нав. дело, стр. 69.

ног удела Симе Милутиновића у њеном настанку, она је свакако занимљив пример варијанте проистекле на основу непосредног угледања на изворник. Наиме, све оно што Недић налази у Рашковој песми као особено обележје овога певача, налазимо и у песми слепог певача Симе Милутиновића. Поред разгранатог епског каталога турских поглавица, уграђеног у оквир писања дванаест књига (писама) којима везир Ибрахим позива паше на војну, налазимо и специфичну Рашкову формулу за одређивање доба дана („Па кад му је подне заучило"; „Сутра дан му захучало подне"), као и формуле којима се описују обрањена рука Петра Добрњца („Клону рука низ чошну доламу") и џида опшивених „вуком" („Све хатлије и све токалије / који носе џиде на рамену, / џиде су им обшивене вуком, / да јунаку неомичу руке"). У песми из *Пјеваније* налазимо на десетине примера употребе епитета *раван* и *силан*. Омиљену Рашкову формулу „млогу силну војску" слепац Павле Чурла незнатно мења, варирајући само први епитет *(добру, једну, твоју, таку)*. Поклапања већих целина, неуобичајена за варијанте епских песама, због „памћења" необичних детаља и необичних језичких обрта недвосмислено упућују на делимичан поступак мистификације, чак на писани изворник. У том смислу посебно се издваја понављање Рашкових стихова којима се у иницијалној књизи Шашит-паше везиру Ибрахиму, после које следи оних дванаест везирових позивних књига, описује све оно што чине „ђаури" Турцима. Готово дословце, само обрнутим редом, слепи певач Симе Милутиновића поновиће вилину претњу везиру: „Ако т' заста од Тополе Ђорђе, / молићеш се, умолит се нећеш, / бранићеш се, обранити нећеш, / и бјежаћеш ал' утећи нећеш". Од Рашка ће овај певач преузети чак и податак да туфегџија Стево јаше „хата маменога"[14]. У немогућности да до краја схвати Рашково поимање Делиграда као српских Термопила, Милутиновићев певач у првом наврату „квари"

---

[14] Грешком преписивача или штампара, у песми *Бој на Делиграду*, први пут објављеној у четвртој књизи *Српских народних пјесама* (1833), као и у потоњим издањима, погрешно стоји: „хата маленога", док у песми из *Пјеваније*, у два наврата, стоји правилно: „хата маменога" (мамен – *помаман, махнит, бесан*). Да је Вук знао значење речи мамен сведочи стих који уз ову реч наводи у *Српском рјечнику* (1818): *На зеленку коњу маменоме*.

поруку Петра Добрњца у којој тражи помоћ („Ако Турци мој шанац привате, / приватиће сву нашу Србију!"): „Ако шанца мог узеше Турци, / хоће узет и твог Београда, / хоће примит сву крајину нашу". Тек када је ову поруку поновио, певач се присетио Рашкових стихова: „Ако њему Делиград узеше / Освојиће сву Србију Турци."

Старац Рашко је песму *Бој на Делиграду*, дугу 465 стихова, сам испевао. У рачуну о певачима Вук вели: „По свој прилици је Рашко ову последњу песму сам спевао у логору на Делиграду, јер је ја ни од кога тако по реду нисам могао чути, као од њега, а и они, од који сам је слушао, сви су ми казивали да су је на Делиграду чули од њега, и да ју је он онде често певао Петру Добрињцу"[15]. Значи, песма је настала на исти начин као и Вишњићеве песме о прве три године војевања. И Вишњић је био у логору Стојана Чупића и певао му је песме у којима је величао његово јунаштво. Познато је да је Чупић посебно ценио и награђивао слепог гуслара, можда и зато што га је онако славио у песмама (*Хвала Чупићева* и друге песме у којима Вишњић не пропушта да, макар и узгред, помене и овог јунака).

Вишњићеве песме о првим годинама устаничког војевања и Рашкова песма *Бој на Делиграду* спадају у први слој епских хроника, први су одзиви у народној песми на догађаје из устанка. Поређење детаља историјских догађаја и оних опеваних у песмама, паралелизам на плану „књижевност и историја", далеко је продуктивније од сличног поступка који се примењује на старије епске народне песме, о војводи Момчилу, Марку Краљевићу, Косовској бици.

Поред легендарног шанца, битке вођене 21–22. августа 1806. године и јунака који се у тој бици прославио, песма је из историје прихватила, са доста тачности, и имена везира и турских паша и места одакле они потичу. Из историјских списа и преписке, боље рећи из усмене народне историје коју користе у великој мери и тадашњи историчари, народна песма је преузела чак и опште одреднице као што су „спахије из Урумелије", опис тешког шестонедељног непрестаног пушкарања између два боја, две опсаде Делиграда, при чему

---

[15] У рачуну о певачима из *Предговора* четвртој књизи другог издања *Српских народних пјесама* (Беч, 1833).

се српски борци замењују „свежим" снагама, као и наглашену улогу топова и кумбара у овом боју, изражену потамнелим лицима устаника („и сваком је лице потамнело / од проклета топа и кумбаре, / од брзога праха и олова"). У истој мери као и у историјским списима и у народној песми истиче се долазак Карађорђа с војском после победе на Мишару као разлог повлачења Турака у ноћи између 22. и 23. августа. Због поклапања у високом степену онога што се догодило са оним што је и како је опевано, због очигледне велике обавештености певача, може се закључити да је песма о боју на Делиграду веродостојан историјски извор, тим пре што је спевана у самом логору на Делиграду и што је више пута певана уз гусле у присуству Петра Добрњца, највећег јунака тог боја. Но за истраживање поетике епске народне песме, односа хронике и епског уопштавања, функције епског понављања и стеротипа у епским хроникама, посебно за боље разумевање настајања првих хроника о устанку, ово дело Старца Рашка од прворазредног је значаја. Најзад, ова песма може да допринесе да се поузданије него до сада утврди степен индивидуалности овога певача.

Оно што прво пада у очи јесте веза ове песме са осталим епским народним песмама о устанку, пре свега са оним Вишњићевим. Као и Вишњић, и Старац Рашко успева да на динамичан начин изрази окупљање и покрете велике војне силе, служећи се истим устаљеним стиховима: „Док се силна сустигнула војска"; „И на тефтер војску пребројио"; „Крену везир силну млогу војску". Понекад је тешко објаснити сличности у изразу ова два певача, пре свега учесталост коришћења неких епских формула и кованица: „Србију ћу земљу поарати, / поарати, пак је попалити"; „Колико су Турци *пресилили*"; „Лоша их је срећа сустигнула"; „Савила се насред друма гуја"; „На Турке је *ватру оборио*"; „И Турке је љуто изранио"; „Да л' не видиш, њима не видео, / да л' не видиш, да л' за нас не ајеш?"; „О везире, жалосна ти мајка, / да л' не знадеш, да л' за нас не ајеш?"; „Тешко мене, досадише Турци"; „Млога ми је војска изгинула"; „Приватиће сву нашу Србију"; „Нагоне се у воду Мораву"; „Но са града *покликнула* вила"; ликовање и исту псовку са краја песме као особит вид ангажмана епског хроничара. Међутим, већ на том плану долази до битних разлика између ова два певача и начина грађења њихових епских хроника о устанку.

Опис мука на које Кулин капетан намерава да стави српске војводе *(Бој на Мишару)* у Рашковој песми је преиначен изостављањем каталога српских војвода. Помиње се само Карађорђе:

*Њега хоћу жива одерати,
Кожу ћу му цару оправити*

У песми о боју на Делиграду Старац Рашко је ближи класичној епској народној песми. Распет између репертоара песама о Немањићима, Мрњавчевићима и Косовској бици, и песама о савременим историјским догађајима, он примењује веома особене поступке спајања песничких облика из два релативно различита епска система. Иза опште слике из песама о појединачним мегданима, у којој се описује јунак како разапиње шатор и под шаторрм пије хладно вино, он без икаквог прелаза уноси хроничарски детаљ који сасвим поништава првобитан ефекат:

*Насред друма шанац начинио,
па у шанцу шатор разапео,
под шатором пије ладно вино.
А кад Петра Турци опазише,
на Петра се Турци нагоњау;
Петар тури момке у параду.*

Рашков каталог турских поглавара који су учествовали у боју на Делиграду, историјски веома поуздан, не припада у потпуности типу хроничарских каталога, већ је у великој мери уграђен у класични оквир слања позивних књига којима се окупља велика војска, по много чему сличан оном из песама о Косовској бици. Бушатли-везир упућује пашама и агама чак дванаест књига на разне стране, чиме се ствара својеврстан каталог епских јунака, само на први поглед сличан Вишњићевом каталогу из песме *Почетак буне против дахија*, у којем се набрајају српски кнежеви. У свакој књизи Бушатли-везира помиње се паша или бег којем је књига упућена, наглашава се карактеристична црта турских ратника из тог краја („љуту војску"; „све Брђане, безумне јунаке"; „крени војску, твоје крџалије"). Али, са малим изузецима, ове су поруке истоветне. Најчешће се у њима понављају следећи стихови: „Бери војску, што год више можеш" (шест пута); „Брже бери силну млогу војску" (четири пута); „Јер имамо с ђаурином кавгу!" (једанаест пута).

Доследан свом маниру симетричних понављања, наглашено испољеном у песми *Женидба Грујице Новаковића*, Старац Рашко ретка одступања од утврђеног општег места претвара у ефектне поенте, овом приликом са недореченом алузијом на Косовску битку. Једанаест порука упућених пашама и беговима завршава се поентом: „Јер имамо с ђаурином кавгу!" Само у књизи упућеној Малић-паши на Косово, Бушатли-везир подсећа на Косовску битку дистихом који због слика делује као претња и предсказање („Ово наше дуго бити неће"):

Јер се ђаур на оружје диже,
Примиче се ка Косову ближе!

У делу песме који се односи на окупљање војске, понављају се стихови из порука упућених књигама готово истоветним редоследом: „Књигу гледа од Каваја бего, / па он бере силну млогу војску...". Поред учестале епске формуле „брати војску" Старац Рашко наизменично употребљава и глагол *покупити*. Овим глаголом он утврђује њему својствено опште место у којем се, на скраћен начин, најчешће у једном стиху, казује како је сабрана војска у неком крају или насељу: „Он покупи све Гусиње редом"; „И покупи Драгу и Рожаја"; „Он покупи Полог-Метохију, / и покупи Прекорупље равно"... У овој песми налазимо укупно двадесет и два стиха са глаголом *покупити* (војску).

Слање књига и окупљање војске у табору Бушатли-везира у песми *Бој на Делиграду* опева се до 286. стиха. И у овом делу песме, снажно подређеном маниру епског понављања, Косово поље бива посебно издвојено. Бушатли-везир окупља своју војску на Косову, са Косова креће на Србију:

Те отиде у Косово равно;
У Липљану шатор разапео,
Онде седе за недељу дана,
Док се силна сустигнула војска;
Па се везир из Косова крену!

Тек захваљујући овим стиховима може се потпуније разумети значење почетка песме, у којој мери је у народу оживела легенда о Косовској бици када је у устанку, после толико векова, заузет Крушевац:

Знате л', браћо, јесте л' запамтили?
Кад Крушевац Срби приватише,
Сва се турска земља усколеба.

Овакав увод у песму коснуо је и слепог певача Симе Милутиновића Сарајлије:

У хиљаду и осме стотине
А петога љета од девете
Кад Крушевац Срби освојише
Сва се Турска земља усколеба.

Само тако постаје оправдано Рашково посезање за општим местом о крвавој реци по којој плове мртви јунаци (Ситница – Морава) или за стиховима о косовском јунаку који, чак и да има крила лабудова, или да је соко, не би могао утећи из велике турске војске. Док се у косовским песмама таква порука упућује Милошу Обилићу, у песми о боју на Делиграду она важи за Бушатли-везира:

Ако стигне господар Ђорђије
Те затече тебе на Морави,
Да ти имаш крила соколова,
не би перје изнијело меса.

Са становишта поетике епске народне песме, Рашкова песма *Бој на Делиграду* занимљива је не само по томе што је поуздан историјски извор, поузданији од спева Симе Милутиновића Сарајлије *Сербијанка*, па чак и од сведочења неких савременика овога боја, већ и као хроника коју је захватио нагли процес уопштавања и легендизације. С једне стране, у њој се слави подвиг Петра Добрњца и описује његово рањавање, као што се славе и подвизи његовог супарника Милоја Петровића и осталих српских војсковођа који су учествовали у овом боју (Станоје Главаш, Младен Миловановић, обркнез Јефто); у њој се помињу „туфекџија Стево" који јаше „хата маменога" и носи из Делиграда поруку Карађорђу, Карађорђев писар и кум му Стеван (Стефан Живковић Телемак), митрополит Леонтије, као и готово сви значајнији учесници у боју са турске стране, са прецизним одређењем места или краја одакле долазе са војском, па чак и аге „од Урумелије". С друге стране, значај отпора на Делиграду, значај овога шанца као српских Термопила („Ако Турци мој шанац приватe, / приватиће сву нашу Србију!"), и победа којом је, после оне на Мишару, сјајно закључено трогодишње војевање устаника, неминовно су допринели да Старац Рашко своје певање о овоме боју веже за косовску легенду. Самим тим био је принуђен да, као и Вишњић када се у својим хроникама дотицао косовске легенде, посегне за оним општим местима која припадају класичној српској епској песми, пре свега оној о Косовској бици.

ЊЕГОШЕВО *ОГЛЕДАЛО СРПСКО*

Захваљујући Вуку Караџићу, у првим деценијама XIX века распламсало се својеврсно историографско окретање народу. Изучавају се: говорни језик, обичаји, митологија, сујеверја, свакодневни живот, како би се упознало биће нашег народа. Као најлепши вид испољавања бића народа, делатан и животворан, сматрају се умотворине, благо вековне мудрости, а посебно песме у којима се исказује јуначки дух отпора. Управо овакве песме сматране су најбољим средством оживотворења љубави према роду и подизања и ширења духа народности. Народне песме прихватане су, тада, и као особит вид историјске истине. На њих се позивају историчари и писци мемоара, такве се песме понајвише и објављују. На тај начин изражена је наглашена тежња да се, поред прибирања писаних докумената и писања парцијалних историја и историографских животописа значајних људи, о историјским догађајима сачувају од заборава и спомени у песмама, у стиху десетерца, метру најближем тадашњој читалачкој публици, у народним епским песмама потврђеном као метар песмоване историје.

На самом почетку свог интересовања за сакупљање народних песама, Вук се суочио са књигом Андрије Качића Миошића *Разговор угодни народа словинскога,* са особитом песмованом историјом Јужних Словена. Касније се срео и са сличним песмарицама на руском и на немачком и пожелео је да и његов народ добије такву књигу са песмама које и „сад у народу простом содржавају, негдашње битије сербско, и име". Чак предлаже да и други попут њега бележе по разним крајевима, па ће једном неко покупити „сва она собрања и претрести; а неке пјесме и сам по вкусу и по начину рода свога сочинити, и тако од свију они мали собрања једно велико цело начинити".

Следећи Качићев пример, Вук је у првим својим песмарицама приказао у маломе нашу усмену повест од Немањића и њихових задужбина до Карађорђа и Устанка, са намером да начини песмовану историју српског народа. Већ у првим књигама, а нарочито у каснијим издањима *Српских народних пјесама,* у хронолошком низу епских песама издвајају се природне целине, посебно она о Косовском боју и она о Марку Краљевићу. Нимало случајно, током XIX века биће учињено највише труда да се око кнеза Лазара или Косовсог боја (по томе се приступи и разликују) или око Марка Краљевића, окупе песме и распореде тако да дејствују као епопеја. Из Качићевог дела биће издвојене песме о Скендербегу са истим циљем. Управо је то био одговор европској науци на хомерско питање у оквиру наше још живе епске усмене традиције.

Приказујући прву Вукову *Песнарицу* и Јернеј Копитар ће помињати Хомера, градећи подужу симетрију наших епских песама и Хомерових епова, чак Вука поредећи са Омиром. У Босни ће Фра Гргу Мартића називати, такође, Омир. У таквом контексту, Његошев избор епских песама забележених у Црној Гори, *Огледало српско* из 1846, отпочеће природно *Предисловијем* и којем се, на самом почетку, помињу Хомер и Осијан, као права мера вредности наших народних песама. У *Предисловију,* Његош показује да следи Вука и идеје тадашњег времена и у смислу прихватања народних песама као особите историје: „За црногорске пјесне може се рећи да се у њима садржава историја овога народа, који никакве жертве није поштедио, само да сачува своју слободу". У којој мери се Његош стара да прибави песму са описом сваког важнијег боја, најбоље се показује у његовој тврдњи да су, пошто је његов избор тек десети део постојеће епске усмене традиције у Црној Гори, ипак опевани готово сви главни бојеви од 1702. године. У *Примјечанију* он са жаљењем закључује да нема песама о бојевима од 1510. до 1702. године, односно за период од читава два века, иако се о њима у народу могу и тада наћи спомени, обележја, предања. Попут Качићевих позивања на историографију, и он се позива на *Историју црногорску* објављену у Москви 10. марта 1754. године, а доста тога и сам приповеда о бојевима о којима нема забележене или накнадно испеване песме, у жељи да изазове веште версификаторе да се прихвате тог посла. Његош се, такође, трудио да, као и Качић, историзира песме, што се посебно очитује у његовим редакцијама преузиманих туђих записа, посебно оних већ штампаних, као и у напору да опеване догађаје, макар и приближно, датира, чак и када су у питању Вишњићеве песме. Примећено је да је песму *Шћепан Мали* преузету из *Историје Црне Горе од искона до новијег времена* (Београд, 1835), коју је по казивању владике Петра I Петровића написао Сима Милутиновић Сарајлија, Његош темељно прерадио, знатно је допунио и проширио, тако да је испала три пута дужа од првобитног записа.

Његошева збирка од шездесет и једне песме јесте песмована историја Црногораца од 1702. године до Његошева времена, у њој су опевани готово сви црногорски главни бојеви, као и борбе вођене у Србији за време Првог устанка. Повезујући песме забележене у Црној Гори са песмама о устанку преузетим из Вукове збирке и дајући им заједнички наслов *Огледало српско,* Његош је недвосмислено изразио свој став да те песме, сабране заједно, јесу одиста огледало српског народа, његове храбрости и вечите тежње за слободом.

Огледало српско појавило се пре *Горског вијенца*. Распоредом песама, многим целинама и општим местима које ће преузети из песама забележених у Црној Гори, али и из девет песама Филипа Вишњића објављених у *Огледалу,* чак и по истицању лика Карађорђевог, песничког и портрета којим је *Огледало* ислустровано а који има значајно место и у *Горском вијенцу* – *Огледало* јесте и својеврстан Његошев десетерачки оглед битан као претходница његовог највећег дела. *Огледало* је настало после првотних Његошевих епских окушаја, после спевова *Глас каменштака* и *Свободијаде*. Тек са *Огледалом,* он је дошао до зрелог епског израза којим је, исцела, испевао своје ненадмашно дело *Горски вијенац,* своју поему црногорском народу.

Посматрајући *Огледало српско* као део песничке радионице у којој је припреман *Горски вијенац,* неминовно је разликовати у њему три доминантна тока песничког израза који ће утицати на стил и певање у *Горском вијенцу:* слој диригованог певања „на народну" и упесмљавања предања о бојевима из даље историје, Вишњићев устанички еп од девет песама распоређених да као целина делују попут књижевног модела, полазног при утврђивању структуре *Горског вијен-*

ца, као и ток савремених епских хроника о ударима на овце, у којима је у већој мери очит повратни књишки утицај штампаних збирки народних песама, пре свега оних из Вукових збирки и из *Пјеваније* Симе Милутиновића Сарајлије.

Имајући ово у виду није необично да се у једној од „народних" песама и стиховима искаже који је циљ *Огледала*. У песми о *Погибији везира Махмут-паше на село Крусе (1796. год. 22. септембра)*, за коју није утврђено ко ју је спевао или чији је запис, вели се на начин више примерен Његошу, но народном певачу:

> *Црногорци, моја браћо драга,*
> *ево триста и тридесет љетах,*
> *откад бише и крв прол'јеваше,*
> *порад вјере и слободе драге,*
> *да у ропство турско не упану*
> *и слободу не изгубе драгу.*

Лако је сетити се одговарајућих стихова из *Горског вијенца* о борбама дугим три стотине година. У овој песми се, као и у *Горском вијенцу*, управо тај дуги отпор Турцима директно везује за Косовску битку, изражавајући схватање, иначе поновљено и у Вишњићевом устаничком епу, да су борбе за слободу вид освете пораза на Косову, повраћања онога што је на часном мегдану, на „свијетлој сабљи" изгубљено 1389. године на Косовом пољу.

Вишњић ће у песми о боју око Лознице назначити да Турци правдају своје походе на устанике жељом да поврате дедовину, градове и земљу коју су им дедови освојили на часном косовском мегдану („у Косову пољу задобио, / у Косову на свијетлу сабљу"). Идући за народном песмом, Вишњићевом, али и оном из *Огледала* где он или неки певач помиње несрећан Косовски бој „кад смо наше царство изгубили", Његош и у *Горском вијенцу* пева о изгубљеном царству на Косову, изгубљеном на часном мегдану, на сабљи:

> *Ђед ми га је на сабљу добио,*
> *ђе су царство сабље дијелиле,*
> *те му трага оста за господство*
> *...*
> *Какву сабљу кажеш и Косово?*

Као у устаничкој епици преузетој из Вукове збирке, тако и у многим песмама из *Огледала* одјекују косовски одломци: „девет братах, девет Ћоровићах" помиње се у песми о освети Батрић Перовића (песма бр. II), а Југовиће наслућујемо и у песми XI „девет братах твојих да осветиш, / девет братах како Југовићах"; песма III почиње сабором у Зети, који подсећа на косовску вечеру, а у њој се помиње кнез Лазар („но погибе Лазар у Косово"; „док погибе Лазар у Косову") и директно се асоцира на Бошка Југовића, кога певач једином оставља на Косову у животу, да сече Турке крвавих руку до рамена („крвавијех до рамена рукан!" је, у овом случају, Вуче Бориловић). Трагична слика Југовића пре погибије на Косову пољу наслућује се, односно даље развија у LI песми *Огледала*:

> *Србима се умориле руке*
> *сијекући уз Рзачу Турке.*

У кругу песама о Ницу од Ровина, у којем се, такође, осећа тежња да се песме сложе у хронолошки низ који нагиње епопеји, а који започиње песмом *Никац од Ровинах* и описом боја из 1748. године и завршава песмом *Смрт Никца од Ровинах (око 1755. год.)*, издвојиће се група од три побратима и директно ће се поредити са сличном групом из косовске епопеје (Милош Обилић, Милан Топлица и Иван Косанчић). Јунаштво Никца од Ровина и његових побратима умногоме је слично јунаштву три војводе из Вишњићеве песме *Милош Стојићевић и Мехо Оруџић*.

Поред тога што готово сва ова места из косовске епске традиције преузима и Филип Вишњић, питање је којим су се путем она нашла у стиховима црногорских епских хроника, посебно у оним песмама за које се, с правом, слути да су уметничког порекла? Вишњићеве песме биле су, свакако, узор за опште место о бележењу мртвих Турака „на тефтер" („ту на тефтер погибе Турчина") или за стих који Вишњић веома често користи у завршним импровизацијама: „након себе спомен оставити", као и за онај о неужегленој српској свећи после Косовског боја, који налазимо и у *Горском вијенцу*. У XXX песму *Огледала* унесен је особит Вишњићев каталог епских јунака из песме *Хвала Чупићева*, у којем казивање о сваком јунаку почињу фразом: „и да ми је...", а у песми *Кула*

Караџића (XLIX) директно је употребљен вишњићевски тип оквира два врана гаврана из песме *Бој на Мишару*. Песма се завршава на исти начин као и прва верзија Вишњићеве песме о поразу Кулин капетана:

> *Кад гавране була разумјела,*
> *мртва паде пред бијелу кулу.*

Издвајање у *Огледалу* тока певања „на народну", оног који је настао опонашањем народног епског певања или пренаглашеним угледањем певача на штампане народне песме, пре свега на Вишњићеве (Саво Матов Мартиновић и други), подразумевало би истицање јасних критеријума по којима се, наводно, може разликовати песма која није аутентична усмена творевина. Марамбоовски принципи утврђивања „лажне" народне поезије увелико су превазиђени, али и по њима многе од ових песама подаље су од усмене традиције. Низови сликовних двостихова у овим песмама лошег су и неепског квалитета, с тенденцијом проширивања на три и више стихова:

> *којино је преће долазио*
> *и кроз Црну Гору пролазио,*
> *и неслогу нашу пазио...*

Учестало коришћен стих „е што ћу ти лакрдију дуљит" из завршних делова песама, непримерено делује у односу на озбиљно опевани јуначки подвиг. У XXXI песми *Огледала* нашло се качићевско навођење у стиху године када се збио опевани догађај: „На тисућу и седме стотине / деведесет и шесте године".

Ток певања „на народну", ипак, понајвише издваја степен и начин коришћења формула. Чак и у случајевима кад се у неком делу песме нађе исувише општих места, утврђених стихова, уходаних целина разрађеног традиционалног стила, очита је њихова нефункционалност са становишта усмености, а поготову смета неуједначеност њихове дистрибуције, тако да, понекад, текст постаје привидно традиционалнији од аутентичне гусларске песме. По томе многи од записа из *Огледала* не задовољавају ни основне критеријуме *усмености*, као начина живота песме, ни *народног*, као знака традицијског, традираног. Према паралелама варијанти из *Пјеваније* и *Огледала*, пре би се могло рећи да је до варирања дошло тек после утврђеног текста, претходно штампаног или саопштеног ради дужег памћења, готово дириговано.

Одударање од традицијског стила, чак и од певања „на народну", посебно се исказује у начину надграђивања епских формула, нарушавања њихове основне структуре и превођења у сложенији, обично шири облик, који већ спада у поетичко средство романтичарског епског песништва. У више песама словенска антитеза се развија већим бројем и сложеношћу поетских слика, а иза сваке симболичне слике следи разрешење. Изостали су негативни одговори:

> *Док се прамак магле замаглио,*
> *а од Ратње и Мораче Доње,*
> *а из магле крупа пропадаше;*
> *а то прамак магле не бијаше,*
> *већ то бјеше поте и Вуксане*
> *у густоме диму од пушаках,*
> *а то ситна крупа не бијаше,*
> *веће врућа зрна из пушаках.*

У песмама из *Огледала* певачи се, често, одлучују за уводну формулу метафоричног сна, за особиту метафоричну словенску антитезу, у којој се у сну, симболичним сликама, предсказује тешка судбина најчешће утврђеног града. Сан усни, по правилу, безгрешна особа, девојка или дете, а казује га старцу, следећи тако магијску радњу предавања сна, којом се поништава зло предсказање. У народним песмама иза ових уводних формула следи тумачење сна, а сам догађај се не описује, већ се у неколико стихова констатује да се све „стекло како се и рекло". Тиме ова уводна формула за слушаоце јесте и фатални знак лошег исхода. У песми из *Огледала – Бој на Мартиниће* ова уводна формула је дуга чак 27 стихова. Казујући сан, снаха из куће Радовића упоредо разрешава симболичне слике и преводи сан деверима, тумачи чак и оне слике које се односе на њену личну судбину:

> *а на Горње чавке попадаше,*
> *мене браћо, очи извадише*
> *и мојијем младим осам снахах.*

(чавке – уцвељене снахе у тужбалицама – довољне су да се наслути трагика жена поражених јунака).

После њеног казивања сна девери се оружају, не чекајући посебно тумачење симболичних слика – порука сна, окупљају саплеменике, сачекују и побеђују Турке. Треба напоменути да је управо ову песму спевао Петар II Петровић Његош. Исти пример, још сложенији, налазимо у песми *Похара Жабљака*.

Развијена песма о *Шћепану Малом*, превише документована, својеврсни каталози крвне освете, низ мотива из песме *Српски Бадњи вече* који ће бити развијени у *Горском вијенцу* (читава сцена око Бадњака), писмо везира од Босне из песме *Стан полако, Рогоје, много ти је обоје*, као језгро чувене пашине књиге из *Горског вијенца* – тек су део могућих путева у истраживању песничке припреме Његошевог великог дела и Његошевог односа према епском усменом стваралаштву.

II
МИТ И ИСТОРИЈА

ОДНОС ВУКА КАРАЏИЋА ПРЕМА СРЕДЊОВЕКОВНОЈ СРПСКОЈ ПРОШЛОСТИ

У мајској свесци *Летописа Матице српске* (1998) Миодраг Поповић је објавио сећање на Борислава Михајловића Михиза и после дуго времена проговорио о контроверзној књизи *Видован и часни крст (Оглед из књижевне археологије)* која се појавила 1976. године. Својевремено оспоравана, посебно од Михиза, Поповићева књига је истовремено и награђивана. Званичној политици управо је ова студија, зато што је у њој вођен рат са национализмом указивањем на паганске основе нашег мита о Косовској бици, била повод за „диференцијацију" културних потенцијала. Да нисмо отишли далеко и да је исти проблем актуелан и данас, доказ је и прештампавање Поповићевих сећања о пријему *Видовдана* из „мемоарских есеја" (*Познице,* 1999), појава трећег издања ове књиге (1999), док у *Политици* читамо о заблудама патетичних сећања жестоких националних бораца из 1991. на светог Саву, Марка Краљевића, на бојеве на Мишару и Брегалници.

Поповић о последњем вербалном дуелу са Михизом, вођеном у клубу Атељеа 212, пише: „Кад сам му намерно поменуо да међу одредницама у Вуковом *Српском рјечнику* нема имена светог Саве, чије дело Вук у предговору исте књиге високо вреднује, готово сам га избацио из такта. Нешто фанатично, готово ирационално пробило је из његове дервишке беседе о значају православне цркве у историји српског народа и величини светосавља."

Од рата до данас влада опште уверење да Вукова реформа која раскида са дотадашњим писмом и језиком, тако добро дошла да се осуди као мрачњаштво деловање цркве и свесно одвајање интелектуалне елите од народа чак и језиком, „Вукова револуција" коју занима само данас и сутра, односно време Карађорђеве буне и „унапредак" како воли да каже Вук – значи и раскид са српским средњим веком. Оваквом уверењу иду на руку подаци до којих се може доћи овлашним прегледом Вукових дела. У историјским списима, Вук тек на неколико места помиње светог Саву и Хиландар. У 13 књига преписке исти је случај. Највише из писама Павла Јосифа Шафарика, научника кога су занимале наше старине, аутора збирке српских споменика језика и књижевности, Вук сазнаје колико је важан потпуни препис Доментијановог животописа св. Симеуна и Саве. Шафарик упућује Вука да трага у Студеници за старинама, да обрати пажњу на фреске краљева и бојара „које би требало копирати", па Вук онако сакат за Шафарика пола дана са муком преписује натпис са зида у Студеници. Шафарик је управо Вука поносно обавестио да штампа четири легенде или биографије, међу њима и Житије св. Симеона од Стефана Првовенчаног, Душанов законик и „кратке српске летописе". Од Вука Врчевића Вук добија препис хрисовуље Стефана Првовенчаног, у којем се говори о манастирима, црквама и селима у Боки Которској, из којега се види да тада у Боки није било „Латина". На крају овог преписа, Вук дописује, и то погрешно, године смрти Стефана Немање и светог Саве. Овоме треба додати и писма Димитрија Фрушића и Платона Атанацковића и то би било све када је реч о обимној Вуковој преписци.

Увид у Вуков корпус усмене/народне књижевности такође на први поглед делује поразно када је реч о Вуковом односу према српској историји средњега века. О светом Сави он је забележио и објавио само две песме (једна са варијантом) и две шаљиве приче из круга „ђаво и његов шегрт". Протумачио је шта у српским здравицама значи фраза: „Свети Сава руку наслонио". А показало се да је приповедака, легенди и веровања о овом светитељу било много у народу пре, за време и после Вука. Значи ли то да је Вук свесно био глув за великог српског светитеља и књижевника, за светосавље?

Питање какав је Вуков однос према српском средњем веку важно је зато што време у којем је стварао означавамо „Вуковим добом", добом када је заснивана нова српска држава, а он био њен идеолог. Није без значаја да ли је и како Вук размишљао, откривао и тумачио нашу прошлост. Овим се отвара и питање континуитета светосавља, целовитост епске вертикале нашег народа, реконструкције основних координата српске духовности. Поразно је било и широко засновано тестирање стручњака, било да је реч о лингвистима, било о историчарима, као и људи „од књиге". Мали је број оних који нису гласно прихватили закључак настао на основу површног прегледа Вукових дела, на основу предметних индекса појединих књига који одиста пружају негативну слику. Зато је било нужно „читање" Вукових дела из другог угла, како би се утврдило у којој мери је држао до духовних корена наших. Истовремено, био је то пут да се открију основе и континуитет његовог националног програма.

Почео сам од *Пјеснарице* из 1814. Вук већ тада наговештава своју дубоку загледаност у давну српску прошлост. Образлажући зашто објављује „Пјесме мужеске које се уз гусле пјевају", на крају *Предисловија* вели: „А мени се чини, да су оваке пјесне садржале, и сад у народу простом садржавају, негдашње битије Сербско, и име". Прва песма је о Милошу Обилићу који за кнеза Лазара купи хараче у Латинима и са њима се надмудрује. У њој је за Вука био преважан каталог српских цркава и манастира, средњовековних задужбина, почев од Хиландара. Ево шта поручује Латинима:

> *Да видите чудо невиђено;*
> *Бел Хилиндар у сред Горе Свете*
> *Задужбину Саве светитеља*
> *И његова оца Симеона...*

Друга је песма о мукама и неправдама које доживљава турски вазал Марко Краљевић. Ову песму пропратио је широм белешком о „Сербском Херкулесу" у којој су наведени малобројни историјски подаци и готово све важније легенде које прате Марка од рођења до смрти, до веровања да у некаквој пећини „и сад живи". Следе песме о трагичној судбини Тодора од Сталаћа, о последњим српским деспотима. Две песме с назнаком да су од „Сербаља мухамеданског закона" показују да је Вук већ тада имао концепцију о обједињавању српског народа и сагледавања усмене традиције Срба сва три закона као целине. Последња песма је прва верзија *Боја на Мишару*.

У *Пјеснарицу* од 1815. Вук уноси двоструко више епских песама (мужеске песме које се уз гусле певају и „различите мужеске", тј. оне које нису историјске, али су епске). Том приликом није унео песму о Милошу Обилићу да би на други начин, лепше и ефикасније, изразио основне линије српске прошлости (прва песма је о женидби Душановој, следе три о Косовској бици, три о Марку Краљевићу, па неколике хајдучке и ускочке, а на крају четири о Устанку); унео је и две слепачке песме о свецима у којима се, такође, говори о нашој прошлости. У песми о светом Николи, светац помаже да три стотине калуђера срећно на лађи стигну до Свете Горе и однесу прилог „жутог воска и бела тамјана".

Када је у питању епска народна песма и национални програм, за Вука су били незаобилазни стихови Филипа Вишњића, певача којег издваја у „рачуну о певачима". Они су се срећно срели не само зато што у песмама слепог гуслара о Устанку одјекују одломци косовских песама. Они су обојица упрли поглед у наш почетак, у Хиландар, у оно што је одолело вековима. За нашег Хомера, Света Гора била је чудесни, митски, свети предео, наш Олимп. И зато он манастир Немањића и у песми о светом Сави и у оној о смрти Марка Краљевића назива Вилиндаром.

Тврде (Светозр Матић, Ненад Љубинковић) да је у свести народа српска црква развијала идеју о опредељењу за царство небеско, да су песме тог усмерења настајале и неговале се око манастира. Али, веза Хиландара са вилом, са вилинским простором, као да говори да је и народ имао своју, другачију свест о том опредељењу, да је гласовити манастир, „бели Вилиндар", у тој свести већ био у неком другом, оностраном вилинском простору. Зато Вишњић и Марка Краљевића везује за Хиландар. Мртвом Марку усуђује се да приђе једино игуман Светогорац Васо. Он Марково тело односи лађом на Свету Гору и сахрањује „насред б'јеле цркве Вилиндара." И у Вишњићевој песми *Свети Саво и Хасан паша* јавља се исти лик: проигуман Васо. У његовим рукама светац потрепти и покори пашу са великом силом тако да га натера да се закуне да ће давати харач цркви Милешевци „док кољена тече". У овој песми се у свести певача чудо са моштима светога Саве везује за Вилиндар управо у тренутку када се наглашава да је калуђер намерник проигуман. Јер, у Хиландару нема игумана. Игуманија овог манастира јесте Богородица. Управо ће она, као старешина Вилиндара, заменити вилу гласоношу у уводној песми косовског циклуса: кнез Лазар од Богородице добија књигу у којој му се оставља да бира којем ће се приволети царству.

Следећа преважна Вукова књига у којој се најбоље може утврдити какав је његов однос према српском средњем веку, јесте *Српски рјечник* (1818). Познато је да је Вук, у жељи да покаже какве су изражајне могућности народног језика, тумачио поједине речи тако што је из њих саопштавао легенде, шаљиве приче и анегдоте, описивао обичаје, писао историјске и географске белешке као и биографије значајних људи, све то богато илуструјући стиховима народних песама. Ови записи јесу крупни кораци ка утврђивању стожерних појмова наше духовности, можда још већи када је реч о заснивању српске прозе на народном језику, намицању проповедања на патријархалну основу (поближавање патријархалном свету). Вук управо у *Рјечнику* гради народни књижевни језик, изналази начине како да, као да то народ приповеда, саопшти читаоцима легенду о настанку неког места, о неком јунаку, како да свакодневни говор да у живом облику, поготову онај утврђен, као што је случај са свакидашњим, свакодневним поздрављањима уз речи: *освануши, помози Бог, поранити, поштен, простити*... Али, *Рјечник* није само то.

Вук је свој словар замислио и као националну читанку којом ће, издвајајући појмове најважније за српски народ, повезати све Србе, без обзира где живе, и то језиком којим народ говори и којим је говорио, како вели у предговору, и пре пет стотина година као и данас. У таквом речнику одиста нема одреднице: *свети Сава*, али у њему има много о светом Сави, о Светој гори и Хиландару. Само, у она времена када је изнова стварана српска држава, када су Србе саплитали „Латини" као и данас, Вук је на мудар и промишљен начин указивао свом народу на његове основе у прошлости, на континуитет духовности и државности, на све оно што је Србе обдржавало и поред свих невоља и робовања у више царстава. Следе речи: *Светогорац, светогорски, Вилиндар, Вилиндарци*; легенде о манастиру Савинцу у Далмацији; стихови о краљу Вукашину (*жура*); десетине речи са стиховима народних песама о Марку Краљевићу и његовом Шарцу. Уз реч *Дечани* Вук казује легенду о Стефану Дечанском и илуструје је стихом који као да призива народ: „Да видите високе

Дечане." Иза речи *застава* навешће стих о Милошу Обилићу: „У заставу војводу Милоша", уз објашњење да то значи да је неко раван ономе који седи у челу трпезе. Вук набраја многе задужбине Немањића *(задужбина)*; бележи легенду о коњушници Милоша Обилића *(двориште)*. Колико је Вуку било важно да су Срби имали краљеве и цареве најбоље говори стих којим тумачи реч *Србљанин:* „Ајде сада царе Србљанине." Вук пише и о старим средњовековним саборима *(збор; собет)* који су се одржавали у гласовитим манастирима, илуструјући их познатим стиховима „Збор зборила...". Иза речи *испросни* објашњава како су Срби добили првог патријарха, како се српска црква захваљујући светом Сави осамосталила. Има ли у Вуковом *Рјечнику* светог Саве? Има. На пример, уз реч *начетити*:

Сви се Турци ондје начетили,
Те гледају светитеља Саву.

Посебно пада у очи Вукова систематичност у представљању прошлости када је реч о Косовској бици. Готово у потпуности у *Рјечнику* је реконструисао косовску легенду, на њој постављајући темеље националног буђења и загледаности у будућност стварања нове српске државе. Уз реч *земаљски* наводи стихове:

Или волиш царству небескоме,
Или волиш царству земаљскоме.

Вук објављује стихове косовске здравице *(старјешство)*, косовске заклетве Милоша Обилића *(затећисе)* и њеног испуњења *(дотући)*. На веома луцидан начин он прониче у судбину српског народа после пораза на Косову, указујући на трагику сеоба. Уз реч *несретњићи* наводи стихове:

Југовићи Божји несретњићи!
/Што/ царево благо затомише
И у црну земљу закопаше.

Следе прича о „Силном Стевану цару" и легенда о Обилићу *(обил)*, као и стихови из песме о Косовки девојци *(ограшје и разбој)*. Иза речи *скровит* Вук помиње престоницу кнеза Лазара Крушевац. У овом контексту не могу се заобићи ни речи: *Ситница, слуга* (стихови о Голубану), *стремен, табор, Топлица*. Косово поље у својеврсној речничкој укрштеници приказано је као разбој, разбојиште, тамни вилајет; уз реч *Видовдан* Вук бележи: „Кад су Србљи изгубили на Косову". Он чак не пропушта да укаже и на значајну другу Косовску битку *(сибињски)*:

> Да *ти* да Бог, Сибињски војводо!
> Да добијеш цара на Косову.

У којој мери је у питању систем, разумевање, схватање упоришног националног простора, најбоље говоре предлози *на*, *с* и *са*, иза којих Вук наводи изреке: „На Косову", „Са Косова".

Вукова систематичност није ништа мања ни када је реч о његовом времену. Тумачења појединих речи готово да су позиви на отпор. Он наводи пркосне стихове о орању друмова Марка Краљевића *(орање)*, као и полетне Вишњићеве стихове: „Нит' су ради Турци изјелице" *(изјелица)*; „Јер је крвца из земље проврела" *(проврети)*; „Па попали Турске карауле, / И обори Турске тефериче" *(теферич)*; „Исјекоше Турке јањичаре" *(јањичари)*; „Кад је Ђорђе Србијом завлад'о / и Србију крилом закрилио" *(закрилити)*. Ето Вуковог виђења настанка нове српске државе у *Рјечнику* 1818. године.

Док су прве Вукове пјесмарице и три књиге лајпцишког издања *Српских народних пјесама* (1823–1824) само скренуле пажњу ученој Европи на српски народ, тек захваљујући забавнику *Даница* (издавао га од 1826. до 1829. и за 1834. годину), својеврсној националној читанки, Вук је упознао Европу са српским народом и увео Србе у заједницу европских народа.

Прво годиште *Данице* почиње одељком „Године знатнији догађаја". Међу шеснаест најзначајнијих догађаја од настанка света нашао се и датум „од како су Срби изгубили царство на Косову." У календару у којем је дао народна имена светаца, црвеним словима је означен дан „Саве архиеп/ /ископа/ Српск/ог/", а 15. јуни као празник Амоса и кнеза Лазара. Нимало случајно први је прилог „Почетак описанија српски намастира". Вук истиче да се само подробним испитивањем наших манастира „ђе је који, и на каку мјесту", „ко га је зидао, и шта се о њему зна, или приповиједа", као и „шта има у њему од стари књига, или други каки натписа", може „засвијетлити у тамом покривеној историји народа нашега". И наставља да би описивање „ови драгоцени остатака наше старине и једини чувара и стубова нашег закона и досадашњега књижества било важно и полезно не само за нас Србље, него и за остале све народе Славенске". Када је реч о манастирима Овчара и Каблара посебно га занимају писарнице „ђе су књиге писате", легенде о пећинама и водама око манастира, маргиналије у богослужбеним књигама, србуље. У белешци о манастиру Преображењу описује извор који народ зове Савина вода, а у опису манастира Ваведење истиче кубе и појас око цркве „по чему ђекоји распознају царске задужбине" и саопштава легенду по којој су манастир градили свети Сава и његов отац Симеон. Слично кубе Вук налази и на манастиру Савинац, додајући да је уз манастир св. Сава „чудотворном штаком из камена извео" живи извор Савинац, а бележи и легенду о стопама св. Саве које се и „данданас распознају".

У прилогу *Географическо-статистическо описаније Србије* (*Даница* за 1827), Вук такође доноси легенде: о Милошевој коњушници која се зове и „Двориште" и „Милошевој кули", о остацима Дебрца (код Шапца), „столици бившег краља Драгутина", о зидинама Дежеве код Новог Пазара, „старим дворовима Немањића".

Други део прилога о Србији, *Описаније народа,* Вук почиње *Прегледом старе историје.* То је основа плана како треба писати нову историју српског народа, о чему има сведочанстава и у Вуковим историјским списима. Иако недовољно стручан за средњовековне историјске списе и реконструкцију средњовековне прошлости, он већ у *Даници* има јасну представу историје овог периода, зна најбитније чињенице које потврђују Србе као историјски народ: долазак на Балкан, распрострањеност „по свему старом Илирику" (Србија, Босна, Херцеговина, Црна Гора, Бока Которска, Далмација, Рватска и Славонија), краљевско племе Немањића са „осам самодржавни краљева и два цара", Косовска битка и кнез Лазар, „српско деспотство под турским кесимом", сеобе. Дакако да детаљније писање овог дела историје Вук препушта позванијима, и да је далеко опширније и супериорније описивао период турског господства над Србима и Устанак.

У наставку описанија Србије, у поглављу о „закону/вјери", попут епских певача Вук набраја највеће српске манастире. Посебно га погађају опустели и по ко зна који пут закључује: „Намастири су ови, или саме зидине њиове, једини остаци и споменици старе Српске силе и господства." Сматра битним да је цар Стефан Душан средином XIV века „поставио српског митрополита патријархом". Детаљно пише о отпору Грчке цркве и државе, континуитету самосталности Српске цркве, све до времена после сеоба, набраја седишта те самосталности, као и митрополије. Управо овај део описанија сведочи да је Вук итекако схватио значај српске светосавске цркве за очување национа и духовности.

У историјским списима Вук прати активности светогорских калуђера по Србији, преписује записе у којима се помиње Хиландар. Странице о цару Душану, који је „имао сву Маћедонију осим Солуна", краљу Стефану Урошу, Маричкој и Косовској бици итд. безмало су преглед српске историје.

Најважније за разумевање Вуковог односа према средњовековној српској прошлости јесу *Биљеже за улазак у српску историју нашега времена*. Оне нису само нацрти за поједина поглавља. У њима се јасно исказује национални програм и истичу континуитети; оне одражавају високо разумевање суштине српске историје. Довољно је навести само први запис: „Ми говоримо да је Српско царство пропало на Косову, али видимо, да су Србљи и послије Косова царовали: Српски се деспоти од царева женили, војску држали, градове зидали, новце ковали итд. Зато се мени чини, да би особито нужно било, да се напише Српска историја од Силнога Стевана до наши времена, тј. да се живо опише, како је народ од онолике силе и величине, мало по мало пропадајући, до данашњега стања дошао".

Све ово показује да се Вук, када је у питању историја српског народа у средњем веку, није ослањао само на народну песму. Он је добро знао и друге путеве да се проникне у суштину националне историје, да су немањићки период и Косово упоришта без којих се не може стварати нова држава, била то Кнежевина Србија, била то данашња Србија, поготову у овим за нас невременима.

СЛОВАР КОСОВСКЕ БИТКЕ
КОСОВО ПОЉЕ

Косово је стожерни појам најзначајнијег семантичког пута нашег песништва на којем се преплићу митско и херојско; оно сабире у себи многа значења од *Марсовог поља* до *тамног вилајета* и *вилинског забрањеног простора, вилинског игралишта*. Управо чињеница да Косово поље налази значајно место и у кругу песама о забрањеном вилинском простору уз живу воду и тамну, црну гору, какве су у усменој традицији Романија и Голеш, и о данку који вилама плаћају јунаци ископаним очима, одсеченом руком или животом, показује у којој су мери слојеви митског захватили највећу нашу легенду, национално разбојиште.

Док историја новим сазнањима све више круни и сиромаши легенду о Косовској бици (број учесника, исход, значај), наше „најдраже памћење" вековима се богати оним другим значењима, која су изнад историје и времена. Роје се песнички знаци и слике, отварају се нови рукавци асоцијација, надграђује се алем-симбол српског песништва и у усменој и у писменој књижевности.

Стожерни појам нашег песничког језика завређује посебну пажњу, којом би се ближе објаснила значења свих оних гора и битака *чајних* и *нечајаних,* и „поља јадиковог" из тужбалица у којима се кука „до Видова дана", и Пустопоља у знаку Косовске битке из басми и везе коју још Вук Караџић успоставља између Косовог поља и тамног вилајета. Овај траг следе сви српски песници до наших дана: Венцловић у *Молитви за миран пут у вечни вилајет;* Његош певајући у *Горском вијенцу* о „светом гробу бесмртног живота" и „витешкој, торжественој гробници" – „прибежишту српскијех јунака"; Бранко Радичевић о „красном гробу"; Змај о Косову што свеопшти је гроб и колевка; Милош Црњански о звезданој „пустињи црној"; Миодраг Павловић о „јами векова"; Стерија, Ракић и Васко Попа о пољу коса, птице са овога и онога света; Ранко Маринковић о урвини, са дубоком свешћу значења префикса *ур (ūра)*; Милена Јововић о мудрости коју пружају значења овога поља: „Отвори ми камена Сово//Косово". Толика отворена значења која остављају својствен траг у српском песништву могао је да начини само сржни национални мит, мит који је дејствовао и дејствује као целина једног прастарог система, као генетски интеграл српског песништва.

Један приступ утврђивању значења појма Косово поље подразумевао би утицај култа бога Марса, поред Јупитера најзначајнијег италског и римског божанства рата, као и веровања да и планета Марс, „мали злокобник", влада животом и смрћу. Најстарије средиште Марсовог култа у Риму било је Марсово поље, на коме је, према предању, већ Нума посветио Марсу жртвеник. Посвећивање оружја приликом велике церемоније очишћења (lustrum), посебно симболика копља, штита и коња (жртвовање коња на дан ида, чиме и отпочиње циклус празника у октобру), може се довести у везу са симболичном сликом мртвих Југовића, више којих су уз побођена копља привезани коњи, жртвовани као стража мртвих јунака.

Одјеци култа бога Марса трају у средњовековним записима о Косовској бици, у песмама о Косову испеваним римским размером, у поезији преромантизма и псеудокласицизма, у песмама многих наших романтичара све до наших дана. Певања о Косову пољу као свеопштој гробници не могу се разумети без познавања утицаја немачког „пиетизма", барока, штурмундранга – онога што оваква европска песничка струјања уводе у српску поезију. „Гробљанска" тематика и суморне инспирације поводом пролазности живота и смрти уклопиле су се у трдицију српског песништва о Косовској бици, још од средњовековних времена одређену стиховима о „колу среће" и о пролазности „Златног доба".

Отуда се утврђена значења гроба као пута у вечни живот у нашој поезији везују за Лазарев избор царства небеског (косовски завет), а код песника Стеријина кова налазимо акценте дубљих романтичарских схватања оностраног живота и метафизичког спајања раја и земље, бола и вечности, туге и бескрајних простора. Много је песама о Косовској бици у којима се медитира о животу и смрти, о бесмртности, о трагичној судбини човека, о ефемерности његовог живота и среће, о илузорности живота који је само сан, о правом животу тек после смрти, који је једина стварност и суштина – гроб као прибежиште, о животу – пустињи, о животу – живом гробу.

Оно што је омогућило дуговеко трајање система певања о Косовској бици (косовски циклус као епопеја), допринело да то буде одиста најдуже памћење нашег народа, јесте свакако архетипски систем, прихваћен и делатан у колективној свести далеко пре Косовске битке. Значења појма Косовог поља, у садејству са Голеш планином (синонимом Плеш) и рекама (Лаб и Ситница) кључ су за отварање праисконског система.

Елисејске пољане из грчке митологије, којима одговарају Поља лалоуа и Поља трске код Египћана, код других народа поља хране или других приноса, у случају повољног исхода психостазије, повољног суда бога после нечије смрти (вагање душе), биће то поља на којима ће душе умрлих кушати божанске радости вечног живота.

Земаљско је за малена царство,
а небеско увек и довека.

Поља, пољане у митологији готово свих народа у основи су антитезе подземљу и, у крајњој линији, симбол су раја, где после смрти стижу праведници (долина краљева, рајска долина, вечита ловишта). Долина у суфизму значи духовни пут, прелаз, али је као симбол најближа таоистима. Долина је празна и отворена према горе, према небу, налази се између неба и земље, управо како и географски стоји Косово. Та празнина, таштина, оно Стеријино „ништа из ништа" и „ништа је све" јесте простор на којем се зачиње ембрион бесмртности. Дух живота се управо црпи из долине, из дубоке долине, из сабиралишта, из празнине у исти мах. Дубока долина је пролаз, чији је чувар Yin Xi и кроз који је Lao Zi дошао у исконско духовно средиште. У древној Кини долине су биле и крајеви света, и исток и запад, место из којега излази и место у које залази сунце (границе његове видљиве путање). У овом систему дејствује праисконска бинарна опозиција *горе – доле, поље – гора*. Долина, поље, допуњава се гором, планином, као што је *уп* допуна *упги*. И заветни ковчег је Мојсију откривен најпре на брду (гори), а затим у долини, где му је чудесна порука, небеска порука, тек постала обична и блиска. После контемплативног узвишења долази – Богојављење. И поруку Богородице кнез Лазар прима на Косову. Управо у тој поруци постављена је пред кнеза дилема о избору царства земаљског или небеског.

Из овакве основе у усменом стваралаштву многих народа настала је тријада *гора – долина – вода*, у нас најделатније уграђена у систем певања о Косовској бици. То је основни разлог што је Косовска битка тако брзо, готово већ од тренутка смираја сукоба на разбојишту, прелазила у легенду и везивала се за мит. Косово поље било је митски простор и пре Косовске битке, а народ много тога и није „поборавио" после косовског пораза како Вук вели. Запамтио је суштину и обогатио је Косовску битку као предање управо оним што је чинило срж његове душе. Нешто од тога је и сам Вук наслутио.

У *Новинама србским*[1] Вук објављује легенду о настанку реке Нечаје и Пустопоља, везану за прве вести о поразу на Косовом пољу:

> *Што не чајеш, Милошева мајко!*
> *Одби овце у то пусто поље,*
> *Милош ти је јуче погинуо.*

Већ тада се Косовска битка, легенда, осмишљава уз упомоћ метафора заснованих на магијским значењима: *овце-звезде--душе; Пустопоље-Косово поље-небо* (тамно небо на које одлазе душе мртвих као звезде).

О Косовској бици као о бици *нечајаној* пева и Гаврило Ковачевић у спеву *Стражење страшно и грозно међу Србљима и Турцима на Пољу Косову*.

Поред основних значења глагола *чајати* (тражити, искати, желети, чекати), у *Рјечнику ЈАЗУ* указано је и на особито магијско значење речи *чајан* и *чајање,* сачувано само у загонеткама: „Седи чајна на чајноме граду, чека мртвих с оног света" и „Чајна лежи на чајноме пању, чека мртве док изво-

---

[1] 1. децембар 1817, стр. 775.

де живе" (у оба случаја одгонетка је *квочка на јајима*, поновљена у бајаличком смислу више пута у басмама), као и у једној народној песми из *Пјеваније* Симе Милутиновића Сарајлије: „Вино пије Новак и Грујица, / а у чајној гори Романији". *Црна, чајна планина* („Чај горо чарна"), коју у запису песме о смрти војводе Момчила са почетка XVIII века[2] не може прелетети Момчилов коњ спаљених крила, директно је у вези са значењем Косовог поља, са конкретизацијом *тамног вилајета*. Ради објашњења значења тамног вилајета, Вук је у запису *Тамни вилајет или само тама* навео стихове у којима се помиње Косовска битка:

> Па се носе по Косову равном,
> Док на таму починуло сунце.

Готово век и по после најстаријег записа песме о смрти војводе Момчила, у *Даници* за 1861. годину објављена је мохолска песма *Марко Краљевић добија Шарца*[3]. У њој је сачувана веома стара легенда о томе како је Марко савладао див-јунака и, за узврат, добио од њега волшебног крилатог коња. Овом се песмом открива значење *страшљиве, црне, чајне горе* (помиње се лет на коњу у јату „кроз страшљиву гору Новакову"). У Скоковом речнику издвојено је и име *очај* за „биљку која се зове страва, страшник и страшно зеље". Инфинитив *чајети* и скраћени инхоатив *чајет*, који потичу од прасловенског корена *ча* и *че*, Скок везује за значење *чамити, нестајати*. И старији глаголски облици инфинитива *ткати* (радња којом се у бајалицама нешто поништава) јесу *чем, чеш, че, чемо, чете, чу*. У басмама, међу алама, ветровима и другим злим силама и појавама, значајно место заузима *Страшник* (јавља се и у множини: *страшници, стра'ови*), *Страшан човек* са страшним очима и већама, који стрелама стреља, и кога народ у басмама везује за *Страшну гору*.

Када је у питању теза о Косовом пољу као обнављању архетипског система бајалица, као конкретизацији на вишем нивоу, митског и магијског у епском певању о Косовској би-

---

[2] М. Матицки, *Епска народна песма о војводи Момчилу и паши Асан-аги из Тефтера манастира Грабовца (1735–1737)*, Прилози за књижевност, језик, историју и фолклор, 1980, књ. XLVI, св. 1–4, стр. 67–78.

[3] Даница, 1861, II, 4, стр. 58–59.

ци, важно је показати да се Косово поље потврђује и у другачијим и другим усменим творевинама као митско и магијско поље. Већ у песмама о другом Косовском боју, који су водили Угри и Турци 1448, Косово поље се опева као вилински забрањени простор. У песми *Женидба Сибињанин Јанка с вилом*, вила *нагоркиња* (гора!) опомиње Сибињанин Јанка:

> *Зар си свео у Косово војску,*
> *Код Ситнице попео чадоре?* (вода!)

Следи вилина претња да ће му ослепити војску, осакатити јуначке коње (жртва коња) и „напуштити" на њега „љуте Турке". Вили ће доскочити дете Секула на начин како то чини трећи брат из бајки или сестрић. И поред вилиних преображања, захваљујући соколима задобиће „крила и окриље" и тако ће избавити војску са Косова. У песми *Отрагља се Сибињанин Јанко*, вила се прецизније везује за Голеш планину („вила Голешкиња"). Забрањен вилински простор је Голеш планина, а Косово Поље је простор тамног вилајета, кроз који Секула пролази, трагајући за вилом:

> *За три дана, за три ноћи тавне,*
> *Нигда никог чути ни видети.*

Секула пролази управо оним простором из басми где пси не лају, где коњи не вришту, где звона на звоне, где је све слепо, немо и глуво, преко простора у који бајалице, на крају сваке басме, терају зла. У обе песме вила се склања у *језеро* (вода; прибежиште и исходиште крилатих коња; место на којем се у бајкама преображањем доводи у везу коњ са рибом). У другој, поред крила, Секула вили одузима очи (вађење очију као казнени чин вила чуварица вода), вади јој зубе, односно чини све оне радње које се у опису бајања против неких болести или зла помињу у басмама. Загонетка са краја песме коју Бановић Секула поставља ујаку, сродна је моделу загонетке из приче о тамном вилајету (Ако узмеш, кајаћеш се...):

> *Па на лепо немој омилити,*
> *а на ружно немој омрзнути.*

Загонетка се односи на судбоносну грешку коју чини Сибињанин Јанко стрељајући змију уместо сокола, у коју се преобратио његов сестрић. Поред архетипског бајаличког приступа Турцима као персонификацији зла против којега се баје, стрељање сестрића води и у веома дубока значења аванкулата (сестра жртвује сина за брата). Сестра Сибињанин Јанка ће, на крају песме, поновити:

> *Јесам ли ти говорила лепо,*
> *Не води ми Бановић Секулу,*
> *Да ћ' Секулу устрелити виле.*

Вила у контексту *забрањене воде* (137)[4], *вилинског кола* (из чега мотивски произилази цео круг песама о смрти Николе у колу; нагазивање на коло – 137, 138, 368, 497), *наопаког „одврнутог"* (124) и *прекинутог кола* (364), *виовилских виришта* (502), *кола које окружује поље* (586), припада породици злокобника у басмама. Против вила *самовила* (372), *виљењака* (429) и *вилиних коња* (426) баје се као и против осталих *ала, белих* и *црних ветрова* (односно јужних и северних) и *ветровитих коња* (502), *страшника, Устрела, Усова, Ускоба*, које бајалице називају и *почудишта, рашчудишта* (564; 565), додајући им најчешће атрибуте *аловит, ветровит, страовит, самовилски* (438), *виловит, каменит* (439) или их негацијом директно одређују као негативне демонске силе које нарушавају утврђени поредак ствари: „немитници, недојеници, / невенчаници, / виле, ветрови" (428). Најчешће се набраја „свака ала од седам бољке" (367): „Сретале га алине, ветрови, / самовиле, урочљивци, / потчудљивци, страшници, / вештице. / Свака ала од седам бољке". (367). Некада се у басмама ове силе и директно називају *анатемници* (428) и *доњоземци* (408), а постоји и тенденција њиховог везивања за конкретније ликове: *црни човек из црне горе* (201), *Црни Аури* (362) који, такође, долазе са црне горе, *Арапи* (365), при чему Марко Краљевић добија у басмама улогу сузбијача зла, из чега произилази читав круг песама о Марку Краљевићу и црним Арапима. Најзад, у више басама, јављају се *Турци*, као персонификације једног од многих аловитих зала против којих се баје: „ласи – таласи и Турци џамбаси"; „Дођоше Турци

---

[4] Бројеви означавају басме из антологије Љубинка Раденковића *Народне басме и бајања,* Ниш, 1982.

прекоморци, / са коњима га изгазише, на копитама га разнесоше, / и преко Црно море пренесоше."

Зле демоне басме везују за *чарну, црну гору* (92, 129, 201, 322, 436), *гору гаралију* (606), у којој је све *црно, тамно, глуво* (92). Зависно од краја у којем је басма настала, постоји више десетина другачијих назива за чарну гору, али се сви они етимолошки своде на исто и смештени су у опозицију са *пољем, долином*.

Те горе су горе *лелека, леда* и *чемера*: *Лелек гора* (94), *Лелеј горе* (130) *Лелејска гора* (204) или *Витош* (80); *глувоће*: *Глува планина* (275); *проклетства*: *Калај гора* (кала арапски – проклета; калај – турски – 205), *Калилеј гора* (467), *Калевска гора* (134), *Калалеска гора* (128), *Калалејска гора* (402); *чудне*; *чудна гора* (561) и *пусте*: *планина пустелија* (608), у косовском циклусу – *Голеш*. Зла и чуда се бајањем терају у гору (212, 586), у гору се „прате" (430); зло из такве горе долази „одзгор" (592); у басмама се прецизно вели: „але и виле / у гору биле" (131). Најчешћи узвик са краја басми којим се тера зло у гору јесте: Уст!; Усту! Уступите, анатемници! (428), што такође значи *горе* (üst – [уст] турски).

Демонским силама у басмама супротставља се бајањем које редовно препоручује, „преписује", *Богородица*, личност која под хришћанским утицајем у басмама замењује *Велику Мајку*, покровитељицу жена и женске делатности, у шта спада и бајање. У басмама је, ипак, сачувана успомена на Велику Мајку и њену везу са земљом, па се уместо Богородице помиње и *горска мајка* (411, 412), *горска мајка – богородица* („горо, горска мајко – богородице" – 506), *материна мајка* (414) и мајка *земља* („Црна земљице по богу мајчице!" – 583). Отуда нимало случајно кнезу Лазару Богородица шаље поруку и саветује га како да се супротстави Турцима као злој сили и како да поступи ако жели царство небеско (градња цркве, причешћивање војске итд.), а главни бојовници постају девет делија – девет Југовића. Поред бајања у басмама се јављају и делије, добри ветрови, који директним чином, саможртвујући се, поништавају зло. Број *девет* није само стајаћи број у басмама, бројни комплекс који сачињава принцип тријаде, својствен индоевропској бајаличкој традицији. Девет делија басме везују за свет мртвих и отуда се *девет Југовића* морају посматрати и са тог становишта. „Свети деветери" (571) од „деветера рода" (574), „девет умора, / девет сјекавица, / девет зазора" (423), девет браће из басми (299) преузимају по један од атрибута особитих сила (један ћорав, један сакат, један нем, један глув... – 299). Тиме они као целина у потпуности поништавају зло из глуве и тамне горе: „у тебе девет браће, / свих девет нестаде; / сад је ред на тебе" (272).

Девет делија на девет коња спасавају од бољке (29), заносе зло у море (вода), одлазе у велике висине („у планине, у гору, у воду"), у тамни вилајет („где певац не пева, где куче не лаје, где коњ не вришти..."). Њима се поништава зло као што се с девет коса покоси, с девет српа пожње, с девет коња оврши, с девет воденица самеље (122). У басмама се уз њих везују и девет црних кучака (76), девет снаха и девет синова (186), девет младих невести (244), као у песми о смрти мајке Југовића. Девет куд прође вода се „препије", гора „посуши", камен „разбије". Њихове подвиге прате глаголи поништавања слични глаголима из описа Косовског боја чак и у истом облику: *разметоше, одринуше, разлизаше, одметоше, откопаше... (крдисаше, наћоњаше, потезаше* – песма *Јуришић Јанко)*, посебно они глаголи којима су утврђена општа бајаличка места и описи Косовског боја, а произилазе из чина магије, као што је *разношење на оружју* („Разнели га момци на калпаци, / невесте на сива перја" – 172); *парање ножем* са црном дршком, ножем „црнокорцем" (Милошев подвиг) (419); *клање без ножа,* као што то чини и Бановић Страхиња силном Влах-Алији („без бритве заклати" – 181). Кад у басми зло (Усов) крене на војску, сусретну га и уставе девет младих момака (161); њих деветорица крећу на војску против демона (320) и гину један за другим (систем поништавања бројањем уназад, од девет осам, од осам седам... – 164, 183, 208, 320, 423). У басми под бр. 378 девет делија кесеџија саопштава Устреловој мајци да су јој убили сина Устрела с девет пушака, погазили с девет коња, расекли с девет сабаља, разнели с девет ножева.

У опису Косовске битке *(Пропаст царства српскога)* сваки од девет Југовића води за собом девет хиљада војске. Нимало случајно они побеђују седам паша („седам паша бише и убише") пре но што сви изгину заједно са својом војском. У басмама налазимо исти однос. Често се помињу але „од седам бољке" (367):

> *Седам ласи – власи, деветина браће* (320)
>
> *ласи – таласи и Турци џамбаси* (126)
>
> *Власи, власи – средомаси!*
> *Ви сте бели, па сте црноглавасти* (318).

Као што у једној басми (126) налазимо одгонетку:

> *Ми нисмо ласи – таласи*
> *и Турци џамбаси,*
> *већ смо сви осам ветрова,*

тако се и „девет вила ветра" (117) који поништавају седам зала (седам паша бише и убише) одгонетају као Југовићи:

> *Девет ветра, девет Југовића,*
> *девет намерника, девет потајника!*

Девет делија, девет Југовића, директно се везују за поље, за тамни вилајет, за Косово поље. У басмама је огроман распон значења којима се утврђује оно из чега израста симбол Косовог поља: *Пустопоље* (429, 436), *пуста земља* (429, 436), *пустиња* (191), *пусто село* (453), при чему треба указати на пандане – *пуста гора* (442) и *планина пустелија* (608); *бело поље* (241, 519) са низом одговарајућих пратећих слика – *бели ртови* (410, 532), *беле кобиле* (510), *беле погаче* (424), *бел' пелин* (572), *бела црква* (413), *бела врба* (544), *бела лоза* (стр. 422), *бело млеко* (519); *неврат поље* (94); *неврат* (292, 158), при чему треба указати и на назив пловила која су Турци у XVI веку отискивали низ воду попут сплавова и која су се звала *неврат*, као и на пандан – *неврат гора* (222); *недођ поље, недођија* (500); *незнан* (573); *непомен* (158); *нигдина* (319); *Никопоље*, које налазимо у песмама о смрти Николе у колу, настало из значења неодређеног магијског лика: *Нико, Никола* или *Ника девојка* (стр. 402) – поље „где нигде никога нема" (115). Роје се ту и сродни појмови: *чудна ливада* (560), *царева ливада* (287), *Поље Устубеч* (270) – поље на којем се ограђује (беч – утврда), зауставља и поништава зло што долази одгоре (турски üst – горњи). Од овог значења највероватније потичу и топоними *Устипоље* (горње поље) и *Устипрача*. На таквом широком пољу „уз" или „низ" идући („уз поље низ поље" – 130, 181, 186, 211), зависно од тога да ли се креће демонска сила или сила магијског поништавања (бели или црни ветрови), чин спречавања зла да дође у поље („недај у поље" – 587) покривањем поља пеленом или пеленама (602) као магијским чином – описује се у басмама сликама и радњама које у развијенијем виду и конкретизоване епском реалношћу налазимо у косовском циклусу.

Поређење система косовског циклуса и основног система басми, показало је да оно што је било срж предисторијске усмене старине дејствује и у историји и у поезији и да ће се, како то мит налаже, његово дејство продужити све до будућих времена, када ће престати међувреме историје и настати идеално златно митско будуће доба, у којем ће се заједно наћи сви мртви и живи заједно, на истом пољу, на Пољу Косову.

ЕПСКА НАРОДНА ПЕСМА О ВОЈВОДИ МОМЧИЛУ И ПАШИ АСАН-АГИ ИЗ ТЕФТЕРА МАНАСТИРА ГРАБОВЦА (1735–1737)

Епска народна песма о смрти војводе Момчила била је веома распрострањена на Балкану и преносила се дуго, најмање две стотине година. Судећи по сачуваним записима, живела је у великом броју варијаната, али је као објављен текст ушла у историју литературе тек пошто је Вук Караџић 1833. године унео у своју збирку песму *Женидба краља Вукашина*.[1] Поводом ове варијанте, најбоље од свих осталих, забележене 1820. године у Брусници од Стојана Хајдука, Вук у рачуну о певачима напомиње: „Ову последњу песму (о смрти војводе Момчила и о женидби краља Вукашина) имао сам још од петорице, од свакога мало друкчије, преписану, тј. једну од мога оца, једну од старца Рашка, једну од једнога човека из Нахије Рудничке, једну ми послао кнез Васа Поповић, а једну г. Ђука Марковић, член Магистрата шабачког и капетан посавски; но од свију ми се ова Стојанова (с којом се и Рашкова доста слагала) најбоља учинила".[2]

Песму под насловом *Момчила смрт* забележио је Сима Милутиновић Сарајлија од Петра Мркаића 1830, а објавио је у *Пјеванији* 1837. године[3]. За време Вуковог живота забележене су и македонске варијанте о Момчиловој смрти: Станка Враза из 1845, коју је објавио Харалампије Поленаковић[4]

---

[1] *Српске народне пјесме*, књ. II, Београд, 1958, песма бр. 24.

[2] *Исто*, књ. IV, стр. XVI.

[3] *Пјеванија церногорска и херцеговачка сабрана Чубром Чојковићем Церногорцем*, Лајпциг, 1837, песма бр. 147.

[4] *Неколики новопронајдени македонски народни песни во заоставштината на Станко Враз*, Трудови, орган на Катедрата за историјата на книжевностите на народите на ФНРЈ, 1960, год. I, бр. 1–2, стр. 106–107.

и Браће Миладиноваца[5]. Остали записи на српскохрватском, македонском и бугарском језику познијег су датума. Последњи записи начињени су приликом теренских изучавања усменог епског стваралаштва између два рата.

За песму из тефтера манастира Грабовца (1735–1737) *Војвода Момчило и паша Асан-ага* од посебног су значаја записи из XVIII века. До сада су сачувана и позната два записа настала пре Вукових бележења. Старији, по Владану Недићу и најстарији запис ове песме, објавио је Валтазар Богишић по приморском рукопису осамнаестог века, под насловом *Од Нијемаца бан и жена Момчила војводе*[6]. Према подацима које ми је саопштио Мирослав Пантић, ова се песма налази (под бр. 67) у тзв. Рукопису Мале браће (Попијевке словинске), који је сада у Националној и свеучилишној библиотеци у Загребу под сигн. R. 4091. Тај рукопис је 1758. године начинио дубровачки ерудита, исусовац Иван Марија Матијашевић, али мањим делом сам преписујући песме, а већим делом повезујући уједно разне старије записе непознатих сакупљача. Ова песма писана је руком која припада првој половини XVIII века, а за коју није утврђено чија је[7]. Из овога се намеће закључак да је песма извесно забележена пре 1758. године.

Други запис, старији од Вукових, под насловом *Историја војводе Момчила*, настао је око 1780. године у Новом Саду и налази се у рукописном зборнику Аврама Милетића. Песму је објавио Владан Недић 1964. године[8].

Песма о смрти војводе Момчила трајала је пуна два века у усменом предању, налазила је место у репертоарима певача готово из свих крајева Балканског полуострва, од источне Македоније, Бугарске и Приморја све до Будима. Разлози дугога века и велике распрострањености ове песме више-

---

[5] *Бѫлгарски народни пѣсни*, собрани од братья Миладиновци, вь Загребъ, 1861, бр. 105.

[6] *Вукови певачи*, Нови Сад, 1981, стр. 56.

[7] О томе и у књизи: Мирослав Пантић, *Народне песме у записима XV–XVIII века*, Београд, 1964, стр. 168–269.

[8] У прилогу: *Епске народне песме у зборнику Аврама Милетића*, Зборник Матице српске за књижевност и језик, 1964, књ. XII, св. 1, стр. 68–70.

струки су. Пре свега, крајем XVIII века ова се песма везала за Мрњавчевиће, посебно за Марка Краљевића, у њој су сачувани многи историјски детаљи из времена на које се односи песма и, што је можда и важније, ову песму је ушчувао и легендарни епски слој (легенде о граду Пирлитору, о крилатом коњу, о сабљи са очима). Овом песмом потврђује се и претпоставка да трајање епске песме зависи у великој мери и од мотива, од тога који мотив из песме у одређеном тренутку постаје доминантан, тако да се у том делу песма проширује (ово је, свакако, и један од узрока увођења у песму посебних епизода). У песми о Момчиловој смрти, поред основног мотива љубе невернице, срећемо и низ других мотива, карактеристичних за време ренесансе (дилема јунака да ли да побегне са мегдана или часно погине) или преузетих из даље старине (саветовање побеђеног непријатељу да се ожени његовом рођаком – преузет из *Александриде*). У варијанти из *Пјеваније* посебно је наглашена улога љубе невернице, па се и песма завршава одговарајућим наравоученијем:

> *Бог убио свакога јунака,*
> *Ко ће жени у свем вјероваши.*

Оправдану тврдњу Владана Недића „да је тек негде после 1750. године догађај песме пренет са Јегејског мора на Дурмитор и Момчило добио Вукашина за противника"[9], можда треба сагледати у контексту и других песама из тог времена у којима је наглашено издајство и притворство српских војвода, чак и оних у којима се пораз на Косову правда неслогом и издајом. У том времену и у писаном (Венцловић) и у усменом стваралаштву јаче су наглашени мотиви издајства, притворства и неслоге, у усменој епици најчешће изражени појединим епским ликовима (Мрњавчевићи, Бранковићи, Мусић Стеван итд.)

Ослањајући се на претходна истраживања Стојана Новаковића, Константина Јиречека, Драгутина Костића и других, Светозар Матић у коментару песме из Вукове збрике вели: „Наши летописи бележе под годином 1361. смрт 'храброг', 'снажног витеза', 'периторског војводе' Момчила. Он је био

---

[9] *Исшо*, стр. 62.

'хајдучки старешина' како га зове Јиречек, живео је у Родопи; погинуо је од Турака, савезника у тој прилици Јована Кантакузена, код приморског града Периторија. Жена га је надживела. – Тај догађај који је учинио тако јак утисак на наше старе летописце изазвао је и приче и песме, које су, преношене усменим предањем, донеле име Момчилово до XIX века, захваљујући имену Пирлитора на Дурмитору, за који се везала прича о погибији код Периторија (Перитвар, у песми из XVIII века, у збирци Богишићевој), као и преведеном код нас талијанском витешком роману (Бово од Антоне је наслов тог романа; у нашој књижевности имамо га у XVI веку), из кога су узете појединости о лукавствима Момчилове жене"[10].

По Радосаву Меденици „чињеница да је Кантакузен дозволио Момчиловој жени да се слободно врати у свој завичај сигурно је био први подстрек да из опште епске материје о невери жене израсте и легенда о издаји Момчилове љубе. Песничком инвенцијом придодат је и мотив пожртвоване сестре као антипод неверној љуби"[11]. Убеђен да је сиже о смрти војводе Момчила поникао на терену источне Македоније, у крајевима који су били под Момчиловом управом („источно од Сера, Струме и Драме"), Меденица је размотрио десетак „македонских односно западнобугарских" варијаната овога сижеа[12], да би, у књизи *Наша народна епика и њени творци,* закључио да „варијанте у првом делу, у 'мотивацији', уколико се овде о некој мотивацији може уопште и да говори, знатно одступају једна од друге и доследно поклапају у оном што представља основни мотив који и даје повода за настајање песме: у поступцима љубе и јунакове сестре. На динарском епском терену, где је дошло до њеног процвата, Момчилова легенда је даљом песничком инвенцијом везана, уместо за анонимног краља из македонских варијаната, за краља Вукашина, 'у народној хроници описаног као грабљивца и лукавца', да би се његовом женидбом са сестром једног таквог јунака објаснила смена и веза легендарног јунака, према познатом епском правилу:

---

[10] Вук, књ. II, стр. 663.
[11] *Наша народна епика и њени творци,* Цетиње, 1975, стр. 89.
[12] *Бановић Страхиња и тема о невери жене у јужнословенској народној епици,* Београд, 1965.

> *А Марко се ūури на ујака,*
> *на ујака војводу Мочила...*

И то најпре сретамо у Стојановој песми"[13].

Поред основне замерке да је Меденица своја изучавања претерано подређивао тези о црногорско-херцеговачкој планинској области као епицентру усменог епа, неке од његових тврдњи у вези са песмом о Момчилу, које консеквентно произилазе из основне тезе, нису одрживе. По Меденици, везивање Момчила за Марка догодило се први пут у песми Стојана Хајдука, певача из „херцеговачко-црногорске планинске области", како то сам вели на почетку текста посвећеног хајдуку Стојану Ломовићу[14]. Међутим, већ на основу варијанте из рукописног зборника Аврама Милетића, може се закључити да је крајем XVIII века завршен процес увођења Мрњавчевића у песму о смрти војводе Момчила. Поред развијеног уводног дела, у којем лукави Вукашин наговара Момчилову љубу на издају, као и већ довршене хуморне сцене у којој Вукашин преузима Момчилово оружје и одело, већ је развијен и завршетак песме у којем се опева Марко Краљевић као Момчилов сестрић. Уз Марка том приликом се помиње и Марков брат Андреја:

> *Андреја се врже на родиūеља,*
> *а Марко се врже на ујака.*
> *Ујак је био јунак од мејдана,*
> *а Марко је јунак од друмова...*

Треба напоменути, такође, да је песма из Милетићевог рукописног зборника забележена у Новом Саду, а песма о којој је овде реч, у манастиру Грабовцу (између Баје и Будима).

Суочени смо, значи, са аутентичном народном песмом из преткосовског циклуса чији развој, захваљујући сачуваним записима многих варијаната, можемо да пратимо, почев од средине XVIII века, све до краја XIX века, па чак и даље, до записа начињених између два рата. Баш зато се не могу заобићи и остале песме о војводи Момчилу.

О Момчилу као епском јунаку велики број варијаната забележен је само у случају још једне песме. То су варијанте

---
[13] Стр. 89.
[14] Стр. 88.

епске народне песме о Марку Краљевићу и Филипу Маџарину, у којима је сачуван спомен на Момчила као Марковог блиског пријатеља или побратима. Судећи по варијантама, процес развоја ове песме прилично је одмакао већ почетком XVIII века. У песми са почетним стихом „Вино пије млад краљу будимски" из *Ерлангеног рукописа*[15], војвода Момчило се јавља само као епизодна личност која упозорава Марка на опасност и претњу Филипа Драгиловића. Ипак, и ове варијанте потврђују претпоставку да је војвода Момчило интензивно живео у усменом предању као епски лик који је био, судећи према варијантама две веома дуговеке и распрострањене песме, тесно повезан са Марком Краљевићем. Овом приликом само бих указао на сличност војводе Момчила и џина из песме *Женидба Поповић Стојана*[16]. У овој песми, забележеној од Тешана Подруговића, може се наслутити давно напуштени мотив, чудом сачуван, о стицању јунаштва победом над јунаком-полубогом и задобијањем његовог одела и оружја. Исти мотив налазимо и у варијантама песме о смрти војводе Момчила. У Подруговићевој песми Марко Краљевић, иако епизодна личност, побеђује џина и задобија његово „чудно одело" („вас у срми и у чистом злату") и оружје (тешку топузину, копље убојито и сабљу оковану)[17]. Момчило је џиновског стаса и јунак особите снаге, јаше крилатог коња, снага му је у сабљи са очима и, попут џина, близак је вилама (лови крај зачараног језера), а у варијанти из Тефтера манастира Грабовца, забележеној у периоду од 1735. до 1737. године, јаше коња Шарца („Давор Шарац, давор добар коњиц!"). Овом приликом довољно је остати само на претпоставци да се сусрет војводе Момчила и Марка Краљевића догодио веома давно у епској поезији и да су судбине ових надјунака веома испреплетане.

---

[15] Песма бр. 124. Сличну варијанту забележио је и Вук Караџић (*Српске народне пјесме из необјављених рукописа Вука Стеф. Караџића*, књ. II, Београд, 1974, песма бр. 57: *Марко Краљевић и Филип Шокчић*).

[16] Вук, књ. II, песма бр. 86.

[17] О томе више у прилогу: Миодраг Матицки, *Марко Краљевић Старца Милије*, Књижевна историја, Београд, 1979, XI, 44, стр. 606––607.

Најстарији датирани запис епске народне песме о војводи Момчилу и паши Асан-аги из Тефтера Манастира Грабовца за 1735, 1736. и 1737. годину, који сам открио и саопштио у Прилозима за књижевност, језик, историју и фолклор 1980. године[18] драгоцен је вишеструко, али, пре свега, као праоблик песме која у усменом предању траје две стотине година.

Када су у питању рукописни зборници ретко је могућно, као у случају Тефтера манастира Грабовца, прецизно утврдити време њихова настанка. На а. страни предњег заштитног листа стоји: „Сиј тефтер монастира Грабовца 1735. лета месјаца декевриа 12 ден." На левој страни, полеђини предњих корица, стоји: „Сеј тефтер Николе Лазаровића да има сваки брат видити прово [право] писмо да има веровати." Према честим назнакама година јасно се може закључити да су у Тефтеру бележени издаци и подаци из свакодневног манастирског живота, током 1735, 1736. и 1737. године. Иако се у Тефтеру може разликовати неколико рукописа, основни рукопис јесте онај којим је исписано име Николе Лазаровића, са почетка Тефтера. Истом руком и истим мастилом, на крају Тефтера, обрнуто од тефтера писано, забележена су и два драгоцена текста: *Житије кнеза Лазара* и епска народна песма о војводи Момчилу и паши Асан-аги[19]. Песма се налази одмах после *Житија* које се завршава на б. страни четвртог листа. Песма без наслова бележена је као проза, од самог почетка а. стране петог листа, до средине б. стране петог листа. Само на први поглед стиче се утисак да запис није потпун, јер се песма прекида речју *ц[рне]*.

---

[18] Књ. XLVI, св. 1–4, стр. 67–78. Тефтер је откупио Архив САНУ.

[19] И овом приликом скренуо бих пажњу на то да у рукописним зборницима из XVIII и првих деценија XIX века, готово по правилу, налазимо уз епске песме и причу о Косовском боју или житије кнеза Лазара, понекад и у стиху и у прози. Такав је случај и са рукописом зборника Аврама Милетића, у којем се, поред епске песме о војводи Момчилу, налазе и песме о Косовској бици, Мусићу Стевану и о боју Срба граничара код Донаверта. С једне стране, то показује за које су се песме интересовали власници рукописних зборника тога времена, али се оправдано може поставити и питање постојања неког писаног извора као узрока настајања одређених епских песама и обликовања легендарних прича, попут оне о Косовском боју.

Казивач и записивач, по свему судећи, нису били из истог краја. Док за Николу Лазаровића, записивача песме, знамо да је био калуђер манастира Грабовца, можда и старешина, будући да је имао увид у пословање манастира („Сеј тевтер Николе Лазаровића"), за казивача можемо само наслућивати да је био певач. Прескочени стихови или поједине изостављене речи у песми резултат су певања, немогућности певача да олако прекида своје казивање и враћа се на поједине стихове, иако је нужно био принуђен да своје казивање прилагоди записивачу и да понегде скраћује песму како би олакшао бележење. На основу сличних речи и других одлика јужног наречја, које одударају од већег дела Лазаровићевог записа *(виђео, ђетић)* и доводе записивача до језичких и ортографских дилема, можемо да тврдимо да је *Житије кнеза Лазара* и песму о Момчилу Лазаровићу казивала иста личност. Лазаровићеви записи носе одлике говора Срба досељеника и староседелаца у Мађарској који су у ортографији и говору сачували и оно што се у постојбини давно изгубило *(баоча – балчак; којег; којаник; полак; паке).* Ту и тамо, показује се да Лазаровићу десетерац и није био посве близак метар, тако да у песми налазимо и стихове са више слогова (11, 12), а почетни стих јесте лирски десетерац у који он, накнадно, убацује двосложну реч. Да је Лазаровић песму бележио на брзину, слушајући певача или казивача, уверава нас и честа употреба бројева *(2 сива сокола; 300 Турака; 3 господства; 3 дочекати; 3 којаника; 3 планине),* колебање око употребе аориста *(повикну и повикне)* и спајање појединих речи *(ученему; окодесне),* тако да је, понегде, било и отежано транскрибовање текста *(неосмое* – него с моје; *ерере* – јере). На помисао о певачу наводе нас грешке које се, често, находе у запису, изостављање појединих стихова (казивање Момчиловог сна и тумачење сна; казивање коња), као и, по правилу, изостављање речи када је у питању епско понављање („Досад си ми, коњиц, прискочио, [прискочио] до треће планине"; „Давор Шарац, [давор] добар коњиц") или када се изостављена реч подразумева („Даћу њему три господства [своја]"; „Једно копје у десницу [руку]"). Подразумевање свега тога допринело је да понуђено транскрибовање текста буде веома блиско оригиналном казивању.

Чудан самъ санакъ коницу ночєсъ[1] сниш
ѡдлетише[2] 2 сива сокола
ѡдлетише смога висока чардака
Пакє ѡдоше у гору зелену
Пакє скочи Момчила войвода
Пакє узıаши на Шарца добра кона
На нега су Турци ударили
Када вићє Момъчиа войвода
Цикну юнакъ како люта змиıа
Пакє тржє саблу димищкию
Било е 300 Турака
Пред нима паша Асан ага
Момчило е полакъ исєкаш
Несрєча є нему прискочила
Пуче нему сабла димищкиє
ѡд башчє и код дєснє рукє
Пак є юнакъ натрагъ узбэгаш
Момчило се врло препануш
єрєрє нейма свєтлога ѡружйа
И шно би мало исєкаш
Пакє повикну[3] паша Асан ага
Тако вамъ бога Турци ıаничари
Кои чє сє мєћу вами наћи
Да доведе Момчила войводу
ıа нега ıа негову главу
Дачу нему 3 госпоства
Сви су Турци земли погледали
Изаћоше до три копıаника
Кадє вићє Момчила войвода
Мили бжє на свєму ти хвала
Велика є срамота бежати
Жао ми є садє погинути
Да би с кога неосмоє любє
Два би копıа ласно дочекаш
Али 3 не могу дочекати
Едно копє у десницу
а друго би у лиеву руку

---

[1] Реч *ночєсъ* унета је накнадно изнад стиха.
[2] У запису и *е* и *је* означено је истим знаком *е*.
[3] Изнад у записивач је накнадно унео *е*.

Али не могу 3 дочекати
єр че мене у серце ударити
Потекоше 3 коњаника
И побеже Момчила војвода
Близу су га Турци састигнули
Те говори Момчила војвода
Даворъ Шарацъ добаръ коницъ
Досад ми си ми коницъ приночйш
До 3 планине
Саде не можешъ преко горе ц

Војвода Момчило и паша Асан-ага

Чудан сам санак, коњицу, снио:
Одлетише два сива сокола,
Одлетише с ( )[1] висока чардака,
Пак( ) одоше у гору зелену.
Паке скочи Момчило војвода
Пак( ) узјаши Шарца добра коња.
На њега су Турци ударили.
Када виђе Момчило војвода,
Цикну јунак како љута змија,
Паке трже сабљу димишкију.
Било је[сте] три стотин' Турака
Пред њима [је] паша Асан-ага.
Момчило је полак исекао.
Несрећа је њему прискочила
Пуче њему сабља димискија
Од баоче и код десне руке,
Пак је јунак натраг узбегао,
Момчило се врло препануо,
Јере не( )ма светлога оружја,
И оно би мало исекао.
Пак( ) повикне паша Асан-ага:
– Так'( ) вам бога, Турци јаничари,
Који ће се међу вама[2] наћи
Да доведе Момчила војводу,

---

[1] ( ) – знак да је изостављена реч или слово.
[2] У запису: *вами*.

> Ја[ли] њега, ја[л'] његову главу,
> Даћу њему три господства [своја].
> Сви су Турци земљи погледали
> Изађоше до три копјаника.
> Када виђе Момчило војвода:
> – Мили боже, на свему ти хвала,
> Велика је срамота бежати,
> Жао ми је саде погинути,
> Да би с кога, него с моје љубе.
> Два би копја ласно дочекао,
> Ал' не могу треће дочекати:[3]
> Једно копје у десницу [руку],
> А друго би у лијеву руку,
> Ал' не могу треће дочекати,
> Јер ће мене у срце уд'( )рити. –
> Потекоше [до] три копјаника
> И побеже Момчило војвода.
> Близу су га Турци сустигнули,[4]
> Те говори Момчило војвода:
> – Давор Шарац, [давор] добар коњиц,
> Досад си ми, коњиц, прискочио,[5]
> [Прискочио] до треће планине,
> Сад не можеш преко горе ц[рне].

Током две стотине година живота песме о смрти војводе Момчила, око поводне језгре груписао се цео низ мотива и устаљених места: Момчилов сан и тумачење сна, књиге које размењују Момчилов противник и Момчилова љуба, издаја Момчилове љубе и са њене стране онеспособљавање Момчиловог коња и оружја, лов у којем Момчило наилази на заседу, мегдан на којем Момчило изгуби целу пратњу (посебно се у песми држи део о „девет браће, девет братучета"), Момчилов разговор са коњем, из којега сазнаје о невери љубе, напуштање бојишта, затицање затворене капије града, пожртвовање Момчилове сестре, поновна издаја Момчилове љубе, смрт Момчилова, освајање и харање града, хуморна сцена у којој Момчилов противник проба одело и оружје и

---

[3] Ред речи усклађен је према 38. стиху.
[4] У запису: *сасшигнули*.
[5] У запису: *йриночйш*.

на тај начин сазнаје да је погубио великог јунака, пугубљење Момчилове љубе и, најзад, епилог у којем певачи доводе у директну везу Момчила и Марка Краљевића, најчешће односом ујака и сестрића.

Многа од ових општих места нашла су се у песми накнадно, већина од њих опстојавала је у епици као опште место и других песама, нарочито оних у којима је Марко Краљевић главни јунак. Запис из Тефтера манастира Грабовца занимљив је као праоблик песме управо због оних делова које налазимо у каснијим варијантама, а посебно због детаља који касније нестају.

Песма *Војвода Момчило и паша Асан-ага* разликује се од свих варијаната по томе што је противник епског Момчила Асан-ага, савременик историјског хајдучког старешине из Перитеорија. Изгледа да је песма у том делу ближа свом првобитном извору и, свакако, историјским чињеницама, јер је потврђено да је Момчило погинуо од Турака, у тој прилици савезника Јована Кантакузена. Тиме се може објаснити што у овој песми још није развијено место о преписци Момчиловог противника и Момчилове љубе и што је улога Момчилове љубе сведена на најмању могућу меру: Момчило свој сан казује коњу, а не љуби, издајство љубе помиње се само у једном стиху („Да би с кога, него с моје љубе").

Према обиму грабовачког записа (47 стихова), веома је развијено место о копљаницима због којих Момчило бежи са бојишта. Три копљаника јављају се само у овој песми. Момчило се пред њима, као пред неком вишом силом, повлачи, правдајући се да није у стању да сачека три копља одједном:

> *Два би копја ласно дочекао,*
> *Ал' не могу треће дочекати:*
> *Једно копје у десницу руку,*
> *А друго би у лијеву руку,*
> *Ал' не могу треће дочекати,*
> *Јер ће мене у срце уд'рити.*
> *Потекоше до три копјаника*
> *И побеже Момчило војвода.*

Само у варијанти из рукописног зборника Аврама Милетића налазимо одјек ових стихова:

> *А код краља седе до три његове слуге,*
> *унапредак код Момчила била,*
> *те су вешти боју Момчилову;*
> *једно рече Грчићу Манојло,*
> *друго рече Пијаница Ђура,*
> *а треће је Љутица Богдане,*
> *који може сећи за тридесет јунака.*
> *А кад види Момчило војвода,*
> *он ми даде плећа бежати граду Бириштору.*

На крају песме, када Момчило падне са зидина непријатељима у руке, њега погађају *троја копља*: „троја су га копља ударила". Три копља, три копљаника, имају, свакако, и неко дубље, митско значење[20]. Једно од тих значења у вези је са бајкама о ђаволу и његовом шегрту.

У варијанти из Богишићевог зборника помињу се три слуге због којих војвода Момчило не сме да удари на бана, иако се три пута пробија мачем чак до његовог шатора:

> *Ал' на бана удрит' не смијаше,*
> *Јер код бана до три слуге бјеху,*
> *Које но су Момчила двориле,*
> *Момчило их сабљом сјећ' научио,*
> *Пак побиже билу двору свому.*

---

[20] У том смислу требало би наставити истраживања Веселина Чајкановића (*Мит и религија у Срба,* Београд, 1973, стр. 357–368) и детаљније испитати везе хтоничког троглавог бога, словенског Триглава и нашег Тројана, са троглавим јунацима наше епике: Балачком војводом и троглавим Арапином и у том кругу одредити место које заузимају војвода Момчило, Марко Краљевић и Момчилове слуге. Е. Ј. Цветић у прилогу *Војвода Момчило и традиција у Меглену* (Прилози за књижевност, језик, историју и фолклор, 1924, IV, 1–2, стр. 265–266), напомиње да је 1917. године Драг. Ст. Гужвић чуо у Меглену, у Македонији, причу о погибији војводе Момчила, у којој се као Момчилов противник јавља војсковођа Арапин. Ово је потврдио и Радован Тунгуз-Перовић у прилогу *Деспот Момчило* (Гласник Земаљског музеја у Босни и Херцеговини, 1935, XLVII, 35–47). За Ђуру Големовића Чајкановић је утврдио да је митолошка личност (стр. 557), а указао је и да се Љутица Богдан помиње у народној песми *(Милош Обилић змајски син)* у каталогу јунака змајева (стр.37), уз Змај Огњеног Вука, Бановић Страхињу, Бановић Секулу, Милоша Обилића и Марка Краљевића.

И у варијанти забележеној у Милетићевом рукописном зборнику помињу се три јунака пред којима Момчило устукне. У оба случаја јунаци од којих се препада див-јунак, војвода Момчило, некада су били у његовој служби и од њега су се научили јуначким вештинама. Ово опште место у великој мери подсећа на мотив из бајки о ђаволу и његовом шегрту, у којем је тежишно место тренутак када шегрт постаје бољи од мајстора. Налазимо га и у каснијим варијантама песме о Момчилу, мада се све више удаљава од праизвора. Док се у Вуковој варијанти већ сасвим изгубио, у варијанти из *Пјеваније* очувано је у потпуности: Момчилова љуба саветује Вукашина да са собом поведе две слуге „што су пријед Момчила двориле", слуге прихватају Момчиловог „виленог" коња и повређују му кришом крила. Певач је, у овој варијанти, изменио број слугу, очигледно не разумевајући значај броја три и слугама је поверио улогу онеспособљавања виловног коња, која у другим варијантама припада Момчиловој љуби.

На митском плану назире се веома сложена повезаност војводе Момчила и Марка Краљевића. Међу слугама, које у Момчиловој служби постају јунаци већи од самог Момчила, поименце се помињу и неки јунаци из песама о Марку, пред којима и Марко устукне (Љутица Богдан, Големовић Ђура). Поред овога, могу се издвојити и друге сличности та два див-јунака балканског усменог епа.

У варијанти из Богишићевог зборника, Момчилов противник, попут Марка из двобоја са Мусом Кесеџијом, распори Момчила, налази у њему „два срца јуначка" и каје се што је погубио бољега од себе. И овом приликом је напуштен број *три*:

> *Једно му се срце уморило,*
> *А друго се иштом разиграло.*
> *Кад то виђе од Н'јемаца бане,*
> *То је њему врло жао било,*
> *Јер он смаче голема јунака.*

У песми *Војвода Момчило и паша Асан-ага* посебно је наглашена улога коња. Певач песму започиње Момчиловим обраћањем коњу; коњу се Момчило обраћа и у завршним стиховима, чиме се епско казивање заокружује у целину. Доминантна улога коња у овој песми подсећа, такође, на бајке у којима јунак и коњ другују, договарају се о томе како ће савладати препреке, од коња зависе успеси у борбама са аждајама и змајевима.

Момчилов коњ је у већини варијаната особит: *крилат, вилован,* способан да „потлачи" ногама више непријатеља но што је Момчило у стању да исече сабљом. Поред тога што се у песми из Тефтера манастира Грабовца Момчилов коњ назива, на више места, Шарац, сличности Момчиловог и Марковог коња огледају се још у по нечему. Према легендама које је забележио Вук Караџић, у народу се сачувало и веровање да је Марку Шарца поклонила некаква вила. У песми из Вукове збирке *Марко Краљевић и вила,* Марков Шарац је *видовит,* способан да сустигне вилу тако што по неколико копаља скаче у висину и „унапредак". Момчилов виловити коњ из грабовачке варијанте није крилат, али је у стању да, као и Марков Шарац или коњи из бајке, прискочи „до треће планине".

У запису песме из 1735–1737. о војводи Момчилу и паши Асан-аги још у већој мери је потврђена веза између војводе Момчила и Марка Краљевића. Захваљујући овој песми, као и њеним каснијим варијантама из XVIII и XIX века, може се претпоставити да је овим див-јунацима усменог балканског епа настављен живот неком митском богу, да извориште песама о њима треба тражити не само у „прапесмама", већ и у бајкама, легендама и другим облицима испољавања „младићства народног генија".

МИТСКИ СЛОЈЕВИ МОХОЛСКЕ ПЕСМЕ О МАРКУ КРАЉЕВИЋУ

Познато је да су се за лик Марка Краљевића вековима лако везивале интернационалне теме (борбе са натприродним бићима, са јунацима са три срца, са јунацима окамењеним до појаса, са црним ратницима, са вилама, теме о женидби), али да је упорно трајао и онај слој усмене епике у којем се потврђује бар нешто од његова историјска лика – вазалство пре свега, како у песмама предвуковског периода (наглашеније), тако и у песмама слепих певача, редактора професионалаца, посебно у песмама забележеним од слепе Живане. Одиста је дуг пут обликовања овога лика, од лика из романси и балада XVII и XVIII века, који брани част своје љубе, до лика заштитника сиротиње и браниоца правде.

Двадесетак песама дугога и краткога стиха, колико их је о Марку Краљевићу прибележено до 1815. године, доказ су да лик нашег највећег епског јунака још није био до краја уобличен. Већ у њима Марков лик садржао је низ оних карактеристичних црта које трају стотинама година: седиште му је Прилеп, он јаше голема Шарца, редовно пије вино *изобила,* када спава нико се не усуђује да га пробуди. Уз Марка се помињу војвода Момчило и Јевросима, а Турци се плаше тог снажног вазала и, како би га одобровољили, часте га вином. У једној песми он ће, невичан орању, *изорати* мајци дукате, а у варијанти Подруговићеве песме *Марко Краљевић и Филип Маџарин,* биће већ тада наглашена његова чудновата ћуд: „Ал га нико терати не смије / јер је Марко чудновате ћуди". Вуков певач Тешан Подруговић је, у десетак песама које је испевао о Марку, до краја рељефно уобличио Марков лик.[1] У моно-

---

[1] На основу Вукових записа и истраживања која су објавили Светозар Матић (*Нови огледи о нашем народном епу,* Н. Сад, 1972,

графији о Подруговићу, Владан Недић је уочио да Подруговићев Марко брани незаштићене, бије се с насилницима, дотерује „цара до дувара", говори правду, поштује родитеље, диже задужбине, дели мегдан ради мегдана, суров је у оноликој мери у којој је насликан више као хајдук, а мање као средњовековни витез. Наша представа о Марку Краљевићу већим је делом Подруговићева визија нашег највећег јунака.

Издвајање свеукупне епске усмене традиције о Марку Краљевићу предвуковског периода и довођење у исту раван, а потом само песама једног певача, изразитог појединца, неминовно доводи до мешања критеријума у тумачењу овога лика. С једне стране, узимају се песме из разних тренутака и забележене у разним, често веома удаљеним, крајевима и доводе у везу као плод колективитета, а с друге, у песмама о Марку из Вукове збирке, пренаглашава се значај индивидуалног доприноса певача.

Одмах треба рећи да је овај лик постојао и мењао се по слојевима и да се доста јасно може разликовати Марко Краљевић витешког круга песама од Марка из песама о хајдучији и ускочким временима, у којима се очитује особит вид супротстављања освајачу, или пак од Марковог лика који припада устаничкој епици, о чему нам најбоље сведоче варијанте. Мислим да се, ипак, може говорити о лику Марка из епике предвуковског периода на основу сачуваних песама и варијанти не само са становишта социологије и културе, већ и са становишта модерне теорије изучавања поетике епа, упркос поставки Алберта Лорда и његових следбеника, Џона Милетића, Светозара Петровића, Светозара Кољевића и других, који подразумевају да се народне песме, иако живе кроз варијанте, остварују у варијантама као текстовима за се-

---

117–127) и Владан Недић (*Тешан Подруговић*, Ковчежић, Прилози и грађа о Доситеју и Вуку, Београд, 1960. књ. III, стр. 5–17) Вук је од Тешана Подруговића забележио следеће песме о Марку Краљевићу: *Марко Краљевић и Љутица Богдан* (*Српске народне пјесме*, Београд, 1958, књ. II, бр. 38): *Марко Краљевић и Вуча Ценерал*, бр. 41: *Женидба Марка Краљевића*, бр. 55: *Марко Краљевић познаје очину сабљу*, 56: *Марко Краљевић и Вилип Маџарин*, 58: *Марко Краљевић и кћи краља арапскога*, бр. 63: *Марко Краљевић и Арапин*, 65: *Марко Краљевић и Муса Кесеџија*, 66: *Марко Краљевић и Ђемо Брђанин*, 67 и *Женидба Поповић Стојана*, 86.

бе, независним од *инваријан̄ѿе, ӣраӣесме*. Међутим, варијанте нису интересантне само за изучавање типа културе одређеног временског периода, оне су и генератор традиције, а сваку од њих, као песму за себе учитавамо са свешћу о усменом стилу, који је чак и у нама изражен у формулама и који подразумева перформансу, преношење као суштину усменог, као битни квалитет усмене традиције. Тек ослањајући се на понављање уходаних целина већ „разрађеног традиционалног стила", певач песму пева или казује; понављањем нечега што је у ушима слушалаца, ствара увек изнова ново усмено дело, нову песму. Само тако редовна употреба групе речи под одређеним метричким условима, како у суштини Пери и Лорд одређују *формулу*, чини основу тог „разрађеног стила" усменог песничког језика, а формула постаје потенцијал понављања усменог песничког језика.

И поред разних руку записивача и редактора, простора где су песме о Марку бележене у различитом тренутку записивања, понављање усмених елемената и варијанте омогућују нам да корпус песама о Марку сагледамо издвојено као усмену целину, тим пре што је велика сличност у записима песама из Богишићеве збирке[2], настале на југу, и песама из *Ерланђенског рукоӣиса*[3], насталом у пределу Војне границе, да поменем само ова два највреднија зборника песама предвуковске епске традиције.

Низ стајаћих слика и општих места, па и песама о Марку Краљевићу, преузела је епска усмена традиција XIX века из претходних векова, потврђујући, на тај начин, њихову природу усмености и припадања традиционалном стилу. У питању су, значи, целине усмено потврђене, преношене и широко распрострањене, јер их налазимо у зборницима старијим од Вукових збирки и можемо их пратити током читавог XIX века, посебно у Вуковим збиркама и *Пјеванији* Симе Милутиновића Сарајлије. Свако од тих места, када смо суочени са старијим записима, води порекло из синкретичнијих усмених слојева. Указивање на неке детаље или општа места као на

---

[2] *Народне ӣјесме из сѿаријих, највише ӣриморских заӣиса*, књ. I, Београд, 1878, песма бр. 5, 86, 87, 89, 91 и 97.

[3] Герхард Геземан, *Ерланђенски рукоӣис сѿарих срӣскохрваѿских народних ӣесама*, Ср. Карловци, 1925, песма бр. 87, 92, 105, 124, 139, 140, 151, 176 и 181.

нешто што припада свету бајки, на пример, неће значити и тврдњу да су у питању директне позајмице из бајки, већ пре из неке комплексније форме, из које је касније изведен исказ или је готова прича упесмована традиционалним десетерцем. Оно што ће из песама о Марку далеко делатније да живи у бајкама, али ће, у измењеном облику, продужити своје трајање и током XIX века, јесте особина надљудског у Марковом лику, припадање Марка свету полубожанства, оних јунака из бајки који имају своје слабије стране скривене и особености које их издвајају од обичних људи. Необичност Марковог оружја и коња није пуки украс у опису овога лика. У више песама из *Ерланѓенскоѓ рукойиса* и Богишићеве збирке пева се о његовој сабљи толико оштрој да је нико живи (обични) не може пасати, или је пак не може извадити из корица, већ се „сама вади". Таква сабља сама сече и Марко је нерадо потеже, јер се она, потом, ничијом вољом не може зауставити[4]. Исти је случај и са тешким буздованом од шеснаест ока, којега обични људи не могу носити. У песми забележеној од Тешана Подруговића *Женидба Пойовић Сйојана* као да је сачувано предање о томе како је Марко стекао оружје, које прати мотив о стицању јунаштва победом над јунаком полубогом, задобијањем његовог одела и оружја. Марко се, као девер уз девојку, суочава са чудним јунаком, у песми названом цин, који пресреће сватове у планини и отима им дарове и девојку. Изузев Марка, сви му, ритуално, приносе свадбене дарове као обавезну жртву. Опис цина, за разлику од описа Балачка војводе из *Женидбе Душанове*, ближи је митским ратницима, посебним преображајима бога Вида. Његово „чудно одијело" јесте „вас у срми и у чистом злату", златна боја и сунчева светлост присутни су у читавом опису:

> *Сјају му се йоке кроз бркове,*
> *као јарко кроз ѓорицу сунце,*
> *жуйе му се ноѓе до кољена,*
> *йобрайиме у чисйоме злайу.*

---

[4] Поводом стиха „У Момчила сабља са очима" из песме *Женидба краља Вукашина* (Вук, књ. II, песма бр. 24) Вук напомиње: „Ја не знам шта значи сабља *са очима*, а ни пјевач ми није знао казати. Да није на њој гдје била каква шара, као очи?"

Цина, као какво божанство, вином служи „из горице вила": „десном руком и чашом од злата". Неке детаље из описа цина налазимо у осталим Тешановим песмама о Марку Краљевићу: *Чудне брквове* („нешто му се црни преко зуба / колик јагње од пола године"), *топузину, копље убојито, сабљу оковану*. Као да је, победом над божанским јунаком, ове особине Марко Краљевић преузео на себе:

> *Па он цину одсијече главу,*
> *скиде с њега ђузел одјело.*

Голема топузина је, можда баш у овој песми, постала главно Марково оружје, детаљ неодвојив од његовог епског лика.

Посебно је загонетно питање порекла Марковог коња, Шарца. Шарац се помиње уз Марка у песмама из *Ерлангенског рукописа* и Богишићевог зборника као големи коњ, пуст коњ, коњ који се напија вином, али више као субституцијом крви, коњ за којега би Марко пре дао руке до лаката. У којој мери је легенда о Шарцу значајна за ближе одређивање Марковог лика најбоље говори веза која се у песмама преко овога коња остварује између ликова Марка и војводе Момчила.

У најстаријој забележеној варијанти песме о смрти војводе Момчила из *Тефтера манастира Грабовца* (1735–1737) Момчило јаше крилатог коња Шарца, чиме се потврђује да је веза ова два епска лика много чвршћа и старија од везе установљене на детаљу да се победник жени Момчиловом сестром и да с њом добија сина – Марка Краљевића. Тај детаљ је могао доћи и касније у песму, као покушај певача да Марка пореклом веже за полубога, див-јунака.

Коњи у бајкама имају посебну чаробну снагу. Значајна је улога коња у бајци *Ђаво и његов шегрт*, или пак крилатих коња које господари слушају као да су им слуге и без којих не могу победити надљудског противника. Крилата су сва три змајева коња са чардака ни на небу ни на земљи; најмлађи царев син из бајке о златној јабуци и девет пауница савладаће змаја тек када прибави коња који потиче од исте кобиле као и змајев коњ, коња којем нико не може утећи. Задобијање губавог коња из бајке *Златна јабука и девет пауница* (пандан у легенди о Марковом Шарцу као губавом ждребету) скопчано је са препрекама (опака служба код бабе, чуварице коња, залагање сопствене главе у случају да се не сачувају кобила и ждребе који беже у воду и преобраћају се најпре у рибу). Преобраћање коња у рибу морамо довести у везу са легендом о крилатом коњу војводе Момчила, у којој се приповеда, како Вук вели у напомени уз песму, да је „негде у неквом језеру био *крилат коњ*, па излазио ноћу те пасао Момчилове кобиле".

У песми из *Тефтера манастира Грабовца*, војвода Момчило се обраћа свом крилатом коњу, коме су крила попаљена:

> *Давор Шарац, давор добар коњиц,*
> *Досад си ми, коњиц, прискочио,*
> *Прискочио до треће планине,*
> *Сад не можеш преко горе црне.*

Готово век и по касније, објављен је у *Даници* за 1816. запис песме *Марко Краљевић добија Шарца* од певача Јове Радонића из Мохола[5]. Иако доста измењења, у овој песми је чудом сачувана веома стара легенда о томе како је Марко савладао див-јунака и, за узврат, добио од њега волшебног крилатог коња. Преобучен у неко „чудно" Туре, Марко се напија вином из купе од дванаест ока, док сваку трећу купу даје свом дорату. У песми је упамћен и детаљ утврђен још у епици XVIII века стихом „попи купу, а не згрози брка". У разговору са коњем Марко помиње лет у јату „кроз страшљиву гору Новакову". Легенда је уграђена накнадно у песму, у познији слој који чине амбијент хајдучке епске песме и структура уобичајеног каталога хајдучких бусија, које Марку постављају Старина Новак, дете Грујица, Дели-Татомир и Дели-Радивоје. Марко ће прећи све бусије и, на крају, надбиће тешким шестоперцем и силнога Старину Новака. Као у бајци *Међедовић* што бива, ишчупаће јелу из корена на коју се старина из страха попела. Новак спасава своју главу тако што Марку за узврат поклања шареног коња, „шаренога, па и крилатога".

> *Не ударај, Краљевићу Марко,*
> *Даћу теби коња шаренога,*
> *Шаренога, па и крилатога,*
> *Који може гору прелетити,*
> *Некамоли, Марко, прејездити.*

---

[5] *Краљевић Марко добија Шарца*, Даница, 1816, II, 4, стр. 58–59.

КАРАЂОРЂЕ У УСМЕНОЈ НАРОДНОЈ ИСТОРИЈИ

У епској народној песми уочљиво је више слојева уобличавања лика Карађорђа. Пре свега, лик Карађорђев подлеже правилу да су славне историјске личности, војсковође, у епу приказане средствима која воде ка уопштавању. Тако се Стојан Чупић, Змај од Ноћаја, о којем је Филип Вишњић испевао понајвише стихова, помиње и у оним песмама у којима је његова улога безначајна („Сам је Чупић на свадбу дошао"). Карађорђе је у епским народним песмама „од Србије глава", „муња од Ђетиње". Турци му у песмама о пропасти устанка „преотимају" земљу коју су задобили на Косову „на часном мегдану" и коју им је Карађорђе, такође у часној борби, преотео. За Карађорђа, особит епски и историјски симбол, везује се устанак као прекретница српске историје. Време устанка именује се Карађорђевим временом; управо ту је настало усмено, из предања проистекло правило одређивања временског тежишта једном личношћу. Певач вели: „његово време". У скали епских вредности певач Карађорђа, чак у више наврата, приближава Богу (Бог па он). Када се у песмама и описује неки Карађорђев подвиг, прате га чудни јунаци, „крвави шијаци".

Слој уобличавања лика Карађорђа у сагласју је са општим местима старије епске традиције, како оне о витешким мегданима, тако и оне о Косовској бици. Карађорђе на двобој са црним Арапином шаље Лазара Мутапа као свог заточника, који се понаша слично Милошу Војиновићу (особит коњ, разговор мегданџија, сам ток мегдана). Када се у песми о почетку буне против дахија описује спаљивање ханова и градова и убијање насилника, Карађорђу певач додељује улогу уопштене силе народног устанка. Он готово да сам све посече, све покрсти; он на митски начин насилницима одрубљује главе. У песме, епске хронике, певач због Карађорђа уводи вилу; она се у неким песмама јавља и више пута, било да опомене Турке на страшног Карађорђа, било да се огласи двапут како би нешто потврдила (особита композициона епска шема), на начин како је то у Вишњићевој песми *Смрт Марка Краљевића*. Из косовског циклуса преузета су општа места: напијање прве чаше уочи боја, наздрављање највећим јунацима устанка *(Хвала Чупићева)* и заклињање устаника да сложно устану на Турке, као што и кнез Лазар на косовској вечери наздравља (косовска здравица) и заклиње (косовска клетва). Треба истаћи и она места широко уобличена у усменој народној историји, која се као предање казују вековима, али их најбоље сачувана можемо пратити тек из времана када је уобличавана усмена историја српског устанка. Ту су, пре свега, општа места срочена према моделу хајдучких песама: хајдучка бусија са краја песме о почетку буне против дахија, претње Турака да ће Карађорђа живог цару оправити или да ће га одрати и тако, само његову кожу, као трофеј, послати у Цариград, што се и збило с његовом главом 1817. године. Чудна војска која прати Карађорђа носи хајдучка копља, опшивена вуком. Управо на овом плану, додуше овлашно, Карађорђев лик се приближава епском лику Марка Краљевића (даље и Старине Новака), јунаку блиском хајдуцима. У том кључу треба поредити клетве које се упућују овим јунацима, објаснити зашто певачи и Марка и Карађорђа везују за крајину (они се „закраине"), поредити сцену Марковог бирања Шарца са сценом бирања коња за Карађорђевог заточника (од 700 коња бира се најбољи, ноћу, при свећама). Ово везивање Карађорђа за Марка Краљевића није случајно, као ни везивање за косовски циклус. Епски певач, тако, прати епску вертикалу нашег народа.

Ово што се уочава у устаничкој епици, на посебан начин и још у већој мери изражено је у усменој народној историји Првог српског устанка. Држећи се окоснице епске вертикале нашег народа, певачи су у каталозима имена јунака збирали значајне историјске личности минулих векова. У устаничку епику може се уклопити Марко Краљевић из песама насталих у време цветања устаничке епике. Такав Марко губи вазалске црте из ранијих песама или из песама Вукових певача који дуже памте епску традицију (песме о Марку Слепе Живане) и приближава се лику хајдука. Тако се сличности Карађорђевог лика и лика Марка Краљевића могу тумачити и као последица певачевих придржавања епске националне вертикале, али и захваљујући новом, боље рећи битно измењеном сензибилитету коришћења исторoдног епског модела, преузетог из хајдучких епских песама. И епски Карађорђе и епски Марко Краљевић, опевани у деценијама обележеним бунама, Устанком, настали су на принципима епике отпора, бунтовности, они постају симбол супротстављања ропству и Турцима. Карађорђеву преку и наопаку ћуд казивачи усмене народне историје најбоље представљају речима којима Карађорђе покушава да избегне именовање за вожда, као и описима његовог хајдуковања, оцеубиства и братоубиства.

Свест о епској вертикали певача и казивача, степен у којем је она била уграђена у свест народа, разлог су што и у устаничкој епици одјекују косовски одломци, али и што у усменој народној историји Првог српског устанка, ту и тамо, казивачи успостављају непосредну везу са косовском легендом, чак и са усменим предањем насталим на посредном утицају хагиографске средњовековне књижевности, што се најбоље уочава у приповедању Јанићија Ђурића, једног од најбољих казивача историје Првог српског устака.

Ипак, ако се устаничкој прози тражи предложак у епској песми, претежу општа места и мотиви хајдучких песама, све до деобе плена капама („Добили новаца па не броје него све фесовима деле"), а казивачи често користе принцип стварања Карађорђевог лика по којем је настао и устанички лик Марка Краљевића, а тај принцип почива у основи на моделима хајдучких песама. Уместо епске песме као предлошка, они се пре окрећу приповеци, легенди, чак и бајци, оним облицима усмене прозе који су битно допринели да и Марков лик буде толико жив кроз столећа и општеприхваћен на веома широком простору.

Ако оставимо по страни историју и мемоарску прозу о Устанку, мада и у њој, па и код Вука, често срећемо делове у којима је препричано народно предање или су у прозу преточени стихови народних песама, веома важно место заузимају сећања на Устанак Јанићија Ђурића, Гаје Пантелића, Петра Јокића и Антонија Протића, о којима ће, касније у књизи, бити више речи.

Како се у њиховим сећањима, готово на исти начин, описују многи догађаји из Устанка, ова казивања нам омогућују да се реконструише добар део усменог предања о најзначајнијим годинама новије историје српског народа, поготову живот и прикљученија Карађорђева.

Треба нагласити да казивања о Устанку живо трају чак и до наших дана. У засеоку ка Сјеници, у околини Кушића, 1994. године екипа младих истраживача забележила је готово целовито предање о животу Карађорђевом, почев од легенде о његовом рођењу. Посебно је занимљиво предање о његовом гуњу који је закопан у кући некога Вука испод корита, на месту „где су жене платно ткале", у време када је Вожд стигао са војском у тај крај и када се затекао опкољен од Турака у Вуковој кући. Када је, много касније, по предању Вук рекао Карађорђу да му је гуњ сачуван, али да није смео да га откопа и донесе му га, овај му је одговорио као неки лик из бајке: „Гуњ остави, ваљаће тебе то некад у животу". И начин како се Карађорђе из те опсаде спасао, подсећа на причу о Одисеју и Полифему. Вожд је наредио да пусте овце и тако, гурајући се међу њих огрнут овчијим крзном извукао је живу главу. Везивање овог казивања за каснију историју (један казивач наставља приповедање до краља Петра Првог Карађорђевића), показује колико је предање о Првом српском устанку, као део окоснице епске вертикале, живо и данас.

За разлику од Вука и Проте Матије, казивачи из прве половине XIX века мање су склони пословицама, изрекама, анегдотама, легендама; тешко их, непреобликоване, уклапају у наративни ток. Они ређе посежу за готовим десетерцима и општим местима епске народне песме, невешто их уклапају у својеврсну историјску усмену прозу коју карактерише „епска истина". У њиховим казивањима може се пратити првобитна фаза у којој се, на самој међи усменог и писаног, устанком пробуђен епски дух почиње да сели из епске песме у прозу.

Први услов стварања лика на основу епских принципа који функционишу у слоју хајдучких песама јесте издвајање подухвата у којима се истиче надљудска снага епског јунака. Гаја Пантелић чак на томе инсистира: „Од Г. Ђорђа није било већег ни вишег човека, ни дужи ногу ни руку..."; „У раду нико није могао с њим радити нит га је ко могао надкачити". Приликом сукоба са Турцима Карађорђе се није устручавао да удари и на четворицу (сцена у којој брани капетана Радича).

У овим казивањима Карађорђева предустаничка јунаштва изразито су описана као хајдучки подвизи: убијање на препад Турака јабанаца (странаца), отимање њихових коња, одела и оружја; упади Карађорђеви у Србију на по 10 до 15 дана из „Немачке", где је служио као шумар у Крушедолу, са којих се враћао „с пуном торбом"; двогодишње хајдуковање са церовачким спахијом Вазлијом, са којим на пола дели плен, (овај му се, кад су се растали после многих пљачки и убијања Турака јабанаца, поверио да је пореклом хришћанин, и да му је име било Василије). У којој мери казивачи инсистирају на хајдучкој страни Вождовог лика показују понављане сцене у којима Турци, већ на његову појаву, сумњају да је хајдук. Још у раној Карађорђевој младости Турци говоре његовој мајци: „Море, млада, овај твој син прави је ајдук!"

Карађорђева мајка, коју су звали у народу и катана (коњаник), такође је описана као непомирљива према Туцима. По својим поступцима веома је блиска лику мајки из бајки о дивовима, а у више наврата приказана је као жена свадљиве преке нарави, са којом се и Карађорђе сукобљавао (набијање кошнице мајци на главу). Она заклетвом подстиче Карађорђа да убије оца („Сине Ђорђе, саплела те моја рана ако га не убијеш!; „Ђорђе, арам ти млеко моје које си ти подојио из ове сисе, ако онога пса не убијеш..."), она учествује у Карађорђевој хајдучији. Преживелог Турчина убија тучком за со; заједно са Карађорђем сече побијене Турке на комаде, помаже му да их закопа и наложи изнад њих ритуалну ватру.

Убиства Турака која чини Карађорђе хајдук слична су Марковим убиствима Турака намерника *(Турци у Марка на слави; Орање Марка Краљевића)*. Наиме, Турци у посети Карађорђевој кући или у сусрету са њим и несвесно изговарају оно што вређа хајдука. Истовремено у казивању остаје јасно да би и Карађорђе, као и Марко, Турке свакако побио, али да чека, сходно законима усмене приче и епске песме, вербалну кривицу (неопходан је вербални мотив за убиство).

У овим казивањима једно од стајаћих места јесу описи покушаја Турака да убију Карађорђа. Казивачи ту лутају од модела бајки до модела преузетих из народних песама о Марку Краљевићу. И Карађорђе има побратима Турчина, Ибраима Ужичанина, коме прашта. На почетку устанка, када устаницима прилазе хајдуци, Карађорђе се са њима братими на хајдучки начин. Харамбаша Теодосије из Орашца скида капу и изговара: „По Богу и по светом Јовану, Ђорђе, да будемо браћа нерођена баш као и рођена, оћу се проћи ајдуковања, од данас никад до века у ајдуке нећу." И Ђорђе ће „примити" овакво братимљење, па ће се пољубити и побратимити према утврђеном ритуалу. Тако се и остали одричу хајдуковања, „Станимир из Рабровца и Стека из Ратара и сви њиови момци оставише се ајдуковања".

Делови казивања структуирани су према моделу песме о Марку Краљевићу и Мини од Костура, који такође припада хајдучком епском слоју. Турци окупљени у кави хвале се јунаштвом и чикају се међусобно ко је толико храбар да оде и доведе везаног Карађорђа. Авдија Аџи-Марић се на епски начин заклиње да ће извршити тај подвиг: „Вала, ако га ја не свежем и не чиним од њега што ми драго трипут и не дотерам њега везана, нек нисам Авдија но каурин." Ова епизода одвија се по моделу епске песме. Карађорђе савлада Турчина и „ребра му добро намекша" и пребије пратљачом тако да му ребра састави са рптеницом. Кад се Авдија, осрамоћен, бос, и без оружја и без коња, врати, Турци га дочекају десетерачком епском ругалицом: „О, Авдија, весела ти мајка, камо тебе дорат и оружје?"

Посредно се Карађорђе везује за Марка и преко своје митски надошле снаге, тако да казивачи посежу за мотивом „жура Вукашине", имајући на уму песму о Марковом ујаку војводи Момчилу. Чакшире које су заостале после Карађорђеве смрти добија да носи његов свињар „који кад је обукао премашиле су му и уватиле чак до сиса, а доле премашиле, и он ујми отуд и одовуд док иј није удесио".

Идући овом линијом настајања Карађорђевог лика као натчовека, полубога, казивачи усмене историје о устанку, често, слободније посежу за системом сликања ликова у бајкама и за другим општим местима бајки. Као момчић од 16 до 17 година, Карађорђе на кулуку понесе 70 ока сена. Кад Труци затраже у чуду да виде тог јунака, Срби крију Карађорђа и тако га штите од могућег турског гнева. Слично се збива и када се Карађорђе надмеће са Турцима у бацању камена с рамена. У овој епизоди казивач користи неке елементе из сличних сцена у епским песмама о Марку: јунак упорно одбија да се надмеће са Турцима, све док га силом на то ови не натерају, и тада их убедљиво побеђује („кад рину, претури њине белеге на корак и стопу").

Док с једне стране казивачи теже да што верније прикажу Карађорђа, понављајући често и узречице по којима је овај био препознатљив савременицима (којекуде; по души те), они истовремено не презају да његов лик сместе у чисту ситуацију бајке. Карађорђе тражи на једном месту да му, као што и дивови чине у бајкама, простру у хладу да легне и посади секретара Јанићија „више главе да га биште док заспи". Предање о томе како је Карађорђе добио надимак Црни у Јокићевом казивању објашњава се причом блиском бајци: зла баба са котловима крај воде (лик из бајке – баба чуварица вода) назваће Карађорђа Црним, а овај ће је због тога казнити онако како се то чини и у бајкама да би се поништило зло; и главу и котлове разбиће камењем и потом ће утећи („па утече") као да бежи од нечистих сила. Из бајки Јокић преузима и ону везу између епизода којом се отклања немотивисаност. То су оне изненадне радње, кретње јунака „тек тако", чиме се оживљава акција бајке и наставља приповедање о новим препрекама на које јунак наилази. Те везе између епизода и чине бајку отвореним жанром, а свакако су одредница жанра који називамо *казивање историје*. Устаници се фразом бајке заваравају да их на новом разбојишту очекује велики шићар: „Оружја, барута, кремења, руха, коња и свега на свету".

Структура усмених модела, по којима је изграђен лик Карађорђа у усменој народној историји Првог српског устанка, разликује се од структуре епике устанка. Док је у епским хроникама устаничких бојева против Турака Карађорђев лик, „од Србије главе", дат уопштено, а тек је наговештено приближавање моделима хајдучког циклуса и песама о Марку Краљевићу, о Марку какав је опеван у време устанка, у „Карађорђево време", у народној усменој историји слој хајдучких песама и песама о Марку долази до већег изражаја, а певачи се, истовремено, удаљавају од модела епске песме и приближавају моделима усмених прозних жанрова: предања, легенде, бајке.

У том смислу казивања, сећања људи из народа на Карађорђа и његове подвиге, разликују се и од писане историје прве половине XIX века, историјске прозе и мемоарске литературе о Устанку, односно од писане књижевности која је далеко ближа епској народној песми.

КАТАЛОГ
КАРАЂОРЂЕВИХ ВОЈВОДА

По законима усменог стваралаштва, после значајног историјског догађаја, упоредо са настајањем легенде гради се и сводни каталог јунака. То је случај са Косовском битком, а и са најзначајнијим бојевима у Првом устанку: ослобођење Београдске вароши и велика победа на Мишару 1806. којима кулминира хероика прве три године војевања против Турака, посебна епска целина у којој се наслућује језгро епа саздано по моделу епа о Косовском боју. Ови процеси теку паралелно и у међусобној су вези и зависности.

У песми *Бој на Чокешини*, браћа Недићи, див јунаци опевани као један лик, Дамјан Кутишанац и Панто Дамјановић, подсећају на три косовска витеза побратима, на Милоша Обилића, Ивана Косанчића и Милана Топлицу: „једног раста, а једног погледа, / једне ћуди, а једне помисли;/ на њима је рухо једнолико, / чиста свила до земље спуштена, / а кадифа у краћем скројена; / све оружје у злато облито... на глави им капе кадифлије, / златне ките бију по појасу – / једној мајци, сви т(р)и су једнаци!" Они и гину на начин како гину и косовски јунаци, борећи се без узмака до последњег даха. Ипак, нашли су се само у тој песми; изостали су из каталога Карађорђевих војвода, нису били достојни српског хериоческог Пантеона. Кнез Иван Кнежевић, са особитим чојством и племенитошћу (откупљује од Турака робље), такође остаје „заробљен" само у једној песми. Друга три устаника издвајају се из устаничке војске у песми *Милош Стоићевић и Мехо Оругџић*: Милош Поцерац, Стојан Чупић и Анта Богићевић. За ове јунаке певач наглашава да су војводе и јунаци „срца слободнога" (јуначкога), да ударају на „двадесет хиљада" и да, као косовски јунаци, „збијају Турке у буљуке". За разлику од јунака из песме о боју на Чокешини они хитају да сами, пре свих, ударе на турску силу и доприносе победи. Можда је то разлог што постају трајни део каталога имена Карађорђевих војвода.

Обимни каталог српских кнежева из песме *Почетак буне против дахија*, који се два пута понавља у различитим контекстима, први пут је сведен на језгро каталога у песми *Бој на Мишару*, у контексту исказа каде Кулинове која очекује победоносни поход и остварење претњи и мука, „дарова" које је Кулин наменио српским војводама као весник више божанске силе:

> *Је ли Ђорђа цару оправио,*
> *Је л' Јакова на колац набио,*
> *Је ли Луку жива огулио,*
> *Је л' Поцерца на ватри испеко,*
> *Је л' Чупића сабљом посјекао,*
> *Је л' Милоша с коњ'ма истргао –*
> *Је л' Србију земљу умирио?*

Када на крају песме ка́да Кулинова од гаврана сазна трагичан исход битке, она набраја знамените турске јунаке који су погинули. Овде каталог има функцију тужбаличког набрајања. Док гаврани казују онај део тужбалице који садржи кратке описе њихове погибије, кадуна издваја њихове битне одлике: Осроч-капетан се није стидео ни цара ни ћесара, Синан-паша је знао Босну „сјетовати", Мемед-капетан био је десно крило „ц'јеле Босне и њене крајине", итд.

Да је овај каталог у епици устанка, не само код Вишњића, већ у овој песми добро утврђен, спреман као целина за усмено преношење, сведочи његово понављање у песми *Бој на Лозници*. Певач га скраћује и прилагођава историјском догађају, а у завршним стиховима делимично мења; у бити он остаје исти, садржи само језгро каталога војвода:

> *Јакова ћу на колац набити,*
> *А Луку ћу жива одерати,*
> *Милоша ћу с коњ'ма истргати,*
> *Чупића ћу бритком сабљом посјећ,*
> *Цинцара ћу на ватри спалити;*
> *Кучку курву Богићевић-Анту,*

> *Који ми је Јадар посвојио*
> *И под своје крило привапио,*
> *Хоћу њега на коло врћнути*

Овим смо зашли у процес перформансе, принципа усмености, поступка којим певач остварује садејство са слушаоцем. Четири стиха посвећена Анти Богићевићу јесу сасвим нова и чине везни блок којим се опште место конкретизује и сраста са осталом епском целином. С друге стране, битно је да у старијем запису песме о боју на Мишару, из Вукове *Пјеснарице* (1814), нема овог каталога војвода. Кулинова кáда уопштено, уместо мука које је Кулин наменио војводама, само прижељкује:

> *Јел' већ скоро Србље покорио*
> *И сву њину земљу освојио?*
> *Је ли много робље заробио?*
> *И велики плиен задобио?*
> *Оће л' скоро бјелу двору доћи...*

За процес усмености важан је пређени пут у епици устанка од непостојања каталога у песми о најзначајнијој победи која чини хероическо финале прве три године војевања против Турака и, на неки начин, поништава Косовску битку, до утврђеног каталога, спремног да постане део српског херојског Пантеона.

У којој мери је за епику устанка значајно утврђивање каталога војвода као општег места, као „комада косовскијех пјесама", најбољи пример је Вишњићева песма *Хвала Чупићева*. Како би уверио Карађорђа да ће добро чувати поверени му део Србије, у другом делу песме Чупић набраја двадесетак устаничких војвода, али ниједно име из њега неће ући у „стајаћи" каталог. Зато је у првом делу песме, у општем месту слања „књига", уграђено само језгро каталога војвода устаничког епа. Карађорђе шаље „књиге" Луки Лазаревићу, Анти Богићевићу, Милошу Поцерцу и Стојану Чупићу.

У песми *Лазар Мутап и Арапин* из групе Вишњићевих песама о догађајима из устанка после 1806. године, у којима су, у основи, опевани појединачни мегдани, на трагичан начин наводи се каталог војвода који су још преживели. На издисају буне, Карађорђе се узда још само у Вељка харамбашу, посинка Милоша и Лазара Мутапа. У песми *Растанак Карађорђа са Србијом* анонимни певач из Рудничке нахије понавља сличан каталог, сведен само на преживеле војводе:

> *Док је мене на Тимоку Вељка,*
> *И док ми је на Равњу Милоша,*
> *И док ми је Лазара Мутапа*
> *На тврдоме шанцу Делиграду,*
> *Не бојим се цара ни везира.*

Но то је сад нешто сасвим друго, то је каталог преживелих и његова судбина је сасвим другачија. Он се одваја од процеса настајања легенде и мита о Првом српском устанку, више је у функцији усмене верзије историје.

Епске песме о Косовској бици и Устанку само су део стиховане усмене верзије историје о овим догађајима. Не смеју се занемарити кратке лирске песме са историјском основом, које на најбољи начин показују оно што је у епици захваћено легендом и митом. Оне су до скора неоправдано заобилажене, тумачене су као уводни, непотпуни „комади песама", иако су судећи по заокруженом напеву, итекако целовите. Певане у одређеним приликама у потпуности су замењивале епску песму. У њима је посебно занимљива судбина језгра каталога имена Карађорђевих војвода.

У песми *Гружанке ките српске јунаке* (забележио је Милан Ђ. Милићевић) преузета је, на први поглед, матрица из епских песама, боље рећи из песме о косовској вечери, о напијању прве чаше по јунаштву, старештву, лепоти итд. Девојке ките војводе:

> *По старјештву*
> *Карађорђа млада,*
> *Ој Мораво!*
>
> *По јунаштву*
> *Ајдук-Вељка млада,*
> *Ој Мораво!*

По господству
    Младена везира
        Ој Мораво!

По лепоти
    Богићевић Анту
        Ој Мораво!

Лирске народне песме о Устанку део су усмене верзије историје о овим догађајима. Постоје посебне лирске песме о сваком јунаку из овог ужег каталошког језгра. У њима се најчешће помиње Карађорђе; забележено је више варијанти у којима се пева о Анти Богићевићу као о војводи који неустрашиво чува Лозницу; о Милошу Поцерцу певале су се чак и поскочице; у више песама опевани су неустрашиви подвизи и херојске погибије Хајдук-Вељка и Васе Чарапића.[1]

Када је реч о Јакову Ненадовићу, није занемарљива чињеница да његово име опстаје и у каталошком језгру лир-

---

[1] Лирски одјеци слома буне сачувани су у кратким, огољеним песмама које, очито, нису дуго преношене и чуване захваљујући напеву. За ову прилику довољно је издвојити две:

КАРА-АБЕР

Кара-Ђорђу кара-абер дође:
Попа Луку на колима вуку,
А Јакова умуасерили,
А Чупића жива ухватили.

(*Српске народне пјесме из необјављених рукописа Вука Стеф. Караџића*, књ. I, Београд, 1973, песма бр. 382; умуасерити – опколити.)

Закукала сиња кукавица,
На Торлаку према Раковици,
Усред зиме, кад јој време није.
То не била сиња кукавица,
Веће мајка Чарапића Васе.

(Милан Ђ. Милићевић, *Кнежевина Србија*, Београд, 1876, стр. 119. Ова песма из београдског округа, „из Аваљине околине", по Милићевићу јесте „само почетак једне јуначке песме... о јуначкој смрти Чарапићевој", али, нажалост, није могао „ни од кога дознати је целу". Како и сам сведочи да не зна јуначких песама „којима би место постања био београдски округ", биће да су и ових пет стихова лирска целина која се певала „на глас", тим пре што је њима заокружена и редукована словенска антитеза.)

ских народних песама, у којем се, поред имена утврђених епском песмом, јављају и имена двојице јунака ближих усменој лирици но епу: Хајдук Вељка и Васе Чарапића.

О постојању митских значења војвода у усменој лирици сведоче песме о кћери Карађорђевице, Вукова *Молитва Карађорђевице* и посебно песма објављена у *Годишњаку* Данила Медаковића („Бога моли Карађорђевица"), у којој се нашло само језгро каталога Карађорђевих војвода:

Зетимићу Јакова јунака –
Окумићу Чарапића Васу,
Старог свата Чупића Стојана,
А девера војводу Милоша.

У првом делу песме, који је веома сличан у обема варијантама, Карађорђевица моли Бога да добије ћерку којој би од злата „сковала колевку" и златним је повојем повијала („Нека злато /и/ у злату расти"), а кад одрасте, од злата би јој и ђерђев сковала („Нека злато и на злату везе"). Ову златну небеску девојку, кад буде дорасла до удаје, могу да окруже само небески сватови. У оба случаја Карађорђевица за кума прижељкује Васу Чарапића.

Небеске сватове налазимо у двема Вуковим лирским, „особито митологичким" песмама о женидби „сјајнога мјесеца". У питању су две варијанте у којима, и поред тога што је Месец извучен у наслову, доминирају небески сватови звезде Данице. У овим песмама Даница се удаје за „сјајнога мјесеца", а сватови су јој свеци који добијају оне сватовске дарове по којима су и постали део легенди о свецима: „Бог једини" као кум добија „небеске висине", свети Пантелија, први сват – „три сјајне свијеће", свети Илија, сватовски кочијаш – „муње и стријеле", док свети Никола као стари сват – „на води слободу".

Ако се посебно узму у обзир небески дарови, каталог сватова звезде Данице постаје посебно занимљив када се пореди са језгром каталога Карађорђевих војвода. Ово је битно с обзиром на чињеницу да су устаници на своје заставе везли звезду Даницу, а да Вук на крају *Новог завета*, како би што јасније објаснио Христову мисију весника нове слободе и образложио његову жртву, поистовећује Христа са звездом Даницом: „Ја, Исус, послах свога анђела да вам посведочи ово за цркве. Ја сам изданак из корена и род Давидов, сјајна звезда Даница." Овим се отвара питање какве су везе изабраних Карађорђевих војвода са небеском свадбом, да ли се иза светаца, уведених накнадно у песму захваљујући процесу христијанизације, крију старији митски, змајевити соларни јунаци који припадају светој војсци врховног српског бога. Овој војсци припадали би и свети ратници, како тврди Ненад Љубинковић у свом прилогу о змају у усменој трдицији, објављеном у *Даници* за 1996. годину. Они бране народ и веру, имају „крљуштасте оклопе", који се на грудима затварају у сунчани златни круг, и белеге попут змајева; осликани су златом, бојом сунца и ватре.

Према народној песми и предању, колу змајевитих јунака, бораца против нечистих хтонских сила, у које спадају и Турци, припадају Милош Обилић, Марко Краљевић, Страхинић Бан, Љутица Богдан, Јован Косовац, Змај-Огњени Вук, Рељa Бошњанин, Бановић Секула, Стеван Лазаревић. За ове, како Чајкановић вели, „епонимне херосе змајског порекла", соларне хероје нашег епа, верује се да имају „змајеву биљегу" (Вучју шапу, бич вучје длаке, змајево коло под пазухом, орлово перо). Змај као припадник „чистих сила" доноси добру кишу за разлику од але, која је узрочник градоносних облака. Народна веровања их везују за воду; у бајкама царевићи управо и убијају аждаје, але у води: вода јесте особит елемент вечитог поприштa „чистих" и „нечистих" сила.

Као што је народни певач и светом Илији и Карађорђу поклонио муње, посредно им дајући улогу вожда, свата који води сватове, као што је, идући за веровањем да је змај огњевит јунак, „од којега у лећењу огањ одскаче и свијетли", деверима, светом Петру и Милошу Поцерцу даровао „Љетне врућине", „петровске врућине", а несрећног кума Васу Чарапића везао за Бога и даровао му „небеске висине", тако и светом Николи и Стојану Чупићу, који имају улогу старога свата, дарује најважнији змајски дар, јунаштво на води: „на води слободу". Стојан Чупић, за кога певач у више наврата вели да је „срца слободнога" – јуначкога, није нимало случајно назван Змајем од Ноћаја у крвавим сватовима Првог српског устанка. Поред њега, у устаничком епу змајевима се називају још војводе као целина („Ми се Турци маћи не смијемо / од влашкијех љутијех змајева") и, једном, Карађорђе, када храбро сачека Турке у свом конаку („Тко ће љута змаја преварити"). Народно веровање да су змајеви чувари појединих предела, да њихову улогу преузимају устаничке војводе, најбоље исказују стихови лирске песме, објављене у *Пештанско-будимском скоротечи* 1843. године:

> *Од како је заратио Ђорђе*
> *И Србију крилом закрилио:*
> *Чудни змаји кроз Србију лете...*

III

КА ИСТОРИЈСКОМ РОМАНУ

ХРОНИКА УСТАНКА

Значајнији догађаји из првих година српске буне покренули су народ да, приликом покушаја да историјске догађаје преточи у усмене хронике, од самог почетка, издвоји детаље који у себи носе знамења легенди, да отпочне са стварањем неке више историјске истине. Том приликом, утврђивана су и уобличавана општа места која на најбољи начин говоре о устаничкој храбрости, упорности и жељи за победом. Велики догађаји покренули су, и овом приликом, механизам настајања усмене хронике. Настајале су хронике у стиху, али и у прози. Поједине фразе, усмене формуле, преносе се дословно, као када се причају детаљи о смрти покојника, без измена, безброј пута, све у страху да се неком променом исказа или изостављањем неког детаља не наруши магијска снага казивања.

Гласови о устанку стичу се у Земуну „камо вси гласове стицајутсја приходјашчи из Сербији", како вели Лукијан Мушицки.[1] Те вести, путујући „штафетама", трговачким путевима, преносећи се од војвода до старешина мањих јединица, кристализују се, при чему се меша оно што је чињеница са оним што људи приповедају. У писму од 7. фебруара 1806. године, Константин Јовановић износи више прецизних података о стању српске војске, али, и податак исказан тоном усмене хронике: „Мачва говори да се оћеду Турком предати, али јоште није се ниједан предао."[2] У писму од 23. фебруара 1806, изречена мисао фиксирана је, захваљујући и ситуацији на ратишту, као устаљена фраза усмене хронике: „И Мачва

---
[1] Писмо упућено Григорију Трлајићу 7. аугуста 1805, *Први српски устанак акта и писма на српском језику*, књ. I, 1804–1808, у редакцији Радослава Перовића, Београд, 1977, стр. 133.
[2] Исто, стр. 159.

се веће сва Турцима предала."³ У писмима се јасно наглашава како се долази до истине у то време. Поред новина, ретко присутних у Србији, упознавање са историјским догађајима било је могуће путем писама или се до веродостојније слике о неком догађају долазило упоређивањем више различитих гласова. Оно исто што је више гласника пренело, поготову изражено истим речима, остајало је да живи у народу. То би био први слој настајања усмених хроника.

У преписци из устанка, мемоарској и историјској прози о устанку, могу се препознати трагови тог слоја усмених хроника, чак и делови који су били саставни део оне исте усмене грађе од које су настајале и народне песме. Процес настајања усмених хроника иде и у обратном смеру. Кореспонденти, писци мемоара и историчари своја казивања поткрепљују стиховима преузетим из епских народних песама, илуструју их анегдотама, што је већ доказано на примеру Вукове устаничке историјске прозе и *Мемоара* проте Матије Ненадовића, у којима је посебно наглашен тон усменог приповедања.

У најранијој преписци из Првог српског устанка, 1804. године, устаничке вође приказују се веома неодређено, за разлику од писама насталих касније, у којима Карађорђе и остале српске војводе попримају чак и легендарно значење: „Једну, тј. главну [колону], води неки Церни Ђорђе који има код себе до 800 људи, а другу прота из Вербице, старац који пред људима један крст у руци, а други о врату носећи ходи и бога једнако о победи моли, трећу колону води неки кнез Дима, а четврту Главаш неки који је био с Лазом харамбашом у банди и после овај исти и Лазу убио је."⁴

У преписци налазимо низ заједничких одлика са епским песмама, посебно са оним које је Вишњић спевао, пре свега цео низ стихова или синтагми: војска се *обшиче*⁵; „и под вашим крилом сакрилите"⁶; „Турке јесам верло забунио"⁷; „Јагодину јесмо попалили"⁸; „Хаман, хаман, ако бога знате!"⁹; „по горици

---
³ Исто, стр. 163.
⁴ *Први српски устанак...*, стр. 55.
⁵ Исто, стр. 63.
⁶ Стр. 63.
⁷ Стр. 67.
⁸ Стр. 67.
⁹ Стр. 131.

и трави зеленој"[10]; „А ви, браћо, у слоги будите, / пак слободно Турке дочекујте"[11]; „пушке гарабиље"[12]. У *Мемоарима* Матије Ненадовића: „Ово дуго њима бити неће"[13]; „Браћо моја, српски соколови!"[14]; „да се (са) Срби(ма) умирит(и) не могу"[15]...

У писму Миленка Стојковића исказане су мисли које се, често, налазе у Вишњићевим песмама: „Ми се сас Турци не бијемо заради царства нити краљевине... но се отимамо заради вере и закона и свакојака зулума и невоље... Ако бог дао те њи [дахије] протерамо онда ће сва земља бити мирна."[16] У преписци устаника помиње се у народу од Косова утврђена и упамћена фраза: „За часни крст војевати".[17] Косовско предање је оживело у устанку, захваљујући и утицају цркве. Неки прота из Врбице, „старац који пред људима један крст у руци, а други о врату носећи ходи и бога једнако о победи моли", призивао је косовске јунаке исто као и владика Јован Јовановић у посланици[18] којом позива у борбу против Турака. Он помиње „светог цара и кнеза Лазара, који је имао царицу Милицу Југовичку себи супружницу", помиње „девет браћах књазовах Југовићах који на Косову пољу своју крв пролише за своје отечество"; подсећа их на Марка Краљевића „великаго нашего јунака". И у овој посланици наслућујемо косовске одломке, налазимо део Лазареве клетве: „Тако не осанула ваша рука", а циљ борбе изражен је на начин како то чине и устаници: „војевати за веру, отечество, за чест, и славу сербскаго рода". Владика има у подсвести народну епику. Помињући Сибињанин Јанка и његова нећака Секулу, он очигледно парафразира постојећу народну песму: „...кад [Секула] Турчина сабљом удари по полак га засече, њега и његова коња, и јошт му сабљом земљу засече".

Када капетан Радич Петровић постави за буљукбашу Радослава Марковића, он га упућује да диже народ на устанак

---

[10] Стр. 114.
[11] Стр. 167.
[12] Стр. 248.
[13] *Мемоари*, стр. 60.
[14] Исто, стр. 111.
[15] Исто, стр. 101.
[16] *Први срйски усшанак...*, стр. 66.
[17] Исто. стр 92.
[18] Стр. 114.

у свом крају следећим речима: „Сви устаните за веру и за закон хришћански мало и велико који има пушку, а који нема нека узме секиру, и у име бога устајте"[19] Значи, исту фразу срећемо на разним нивоима, од попа до владике, од капетана до Карађорђа, па и у песми, само изражено на поетски начин: „Кад устане кука и мотика..." Капетан Радич Петровић ће у писму, упућеном једном другом устаничком војсковођи (Раки Левајцу), поменути и косовске јунаке: „...нека буду витезови како и њиови стари, и ништа се не бојте".[20]

Обраћајући се црногорском владици Петру I, Карађорђе и Правитељствујушчи совјет веле: „...зато молимо и заклињемо вас кровију сербском, која кров кроз ваше и ваши витезова жиле тече, а знамо да је у многих благородних сердцах у данашњем времену прекрасно веће и ускипела, да нам се с војском что се скорије може на помоћ нађете и такије с лећа отуда на Босну ударите, да дижемо све шо се честитим крестом крсти, да устане и Босна и Херцеговина на обчеје свију Сербља избављеније".[21] Овај проглас понављан усмено устаницима, забележен у више наврата у првим годинама буне, неминовно налази свој одјек у Вишњићевим стиховима:

*Јер је крвца из земље проврела,
Земан дошо, ваља војевати
За крст часни крвцу прољевати,
Сваки своје да покаје старе.*

Овом приликом, треба поменути да је и Гаврило Ковачевић, поред спева о устанку, 1805. године објавио и спев о Косовској бици: *Сраженије страшно и грозно между Србљима и Турцима на Пољу Косову*,[22] у који уноси исте оне елементе из усмене епике о Косовској бици које и Вишњић преузима. Значи, као и у усменом стваралаштву, предање о Косовској бици испреплетено је са певањем о Првом српском устанку и у уметничкој поезији.

---

[19] Стр. 160.
[20] Стр. 165.
[21] Стр. 176.
[22] Будим, 1805.

Нека писма из Првог српског устанка готово у целости бивају написана у десетерцима; епско херојско време и епски дух то намећу. Писмо Григорија Трлајића Доситеју од 1. априла 1805,[23] после уводног дела, прелази у десетерачку песму:

> *Ја би пошао к мојој сладкој мајки*
> *Да ју браним од напасти туђе,*
> *Да ју раним плодом мога труда,*
> *И да позна радосната мајка*
> *Да је синак за њу рад умрети*
> *Баш да имам хиљаду живота...*

Исти је случај и са писмима Јакова Ненадовића, који је сам испевао песме о бојевима око Шапца и Ужица итд.

У писму Константина Јовановића, за које се неоправдано мислило да је Доситејево, упућено Јакову и Матији Ненадовићу и Божи Грујевићу, вели се: „Кажите Божидару када описује житија тамошња нек не пише по начину песме, но по начину простога слога, како што се и друга повест пише, и као историја, а не као песма."[24] Значи, усмено и писано се стихује о устанку; у писаном облику се преноси оно што „се прича", што постаје анегдота, легенда, песма. У тренутку док Јанко Катић болује, у писмима се фиксира, као анегдота, Карађорђева заједљива примедба упућена Катићу: „Ниси никад ни ваљао; зелену тикву први мраз убије."[25] Карађорђев начин обраћања Турцима пред борбу, поновљен у преписци у више наврата, заметак је будуће епске формуле: „Турци, ако сте дошли бити се, ја с добре воље с вами се побити; ако ли ћете ту стати, а ви стојте."[26] И сам Карађорђе, или његов секретар, у два писма упућена различитим особама, описују најзначајније тренутке боја истим речима. У писму упућеном Јакову Ненадовићу[27] поручује се да је „Мула само са десет Турака у Видин на једној влашкој кобили живот свој сачувао", док су остали утекли „с голом душом". Гушанца опкољеног устаници бију тако да ће га ускоро „жива из рупе

---

[23] *Први српски устанак...*, стр. 119.
[24] Исто, стр. 134.
[25] Стр. 205.
[26] Стр. 255.
[27] Стр. 268.

извући". Када се о томе опширније пише Петру Новаковићу Чардаклији и Авраму Лукићу,[28] понавља се да „Мула са десет Турака на једној влашкој кобили једва умакне у Видин", а да ће опкољеног Гушанца, за два дана, устаници извући из рупе („да га извучемо из рупе"), док су остали Турци утекли „само с голом душом".

Таква места која су се преносила и памтила, дограђивала у усменом и писменом преношењу и уопштавала, постајала су грађа за евентуални епски усмени израз, било у стиху било у прози.

---

[28] Стр. 269.

КАЗИВАЊЕ ИСТОРИЈЕ

Сменом династије Обреновић 1842. године и довођењем Александра Карађорђевића за књаза, слободније се и отвореније ради на прикупљању грађе за писање новије српске историје. То је разлог што Сима Милутиновић Сарајлија у последњим годинама живота, од 1842. до 1847, пише и објављује житија устаника, што је највише сведочанства о Првом српском устанку забележено управо у петој деценији XIX века.[1] Ранији спорадични покушаји из времена владавине Милоша Обреновића, као што су бележења Исидора Стојановића о животу и прикљученију совјетника Луке Лазаревића, обављана су 1839. године у Шапцу крадом.[2]

Прво организовано прикупљање грађе о догађајима из времана Првог српског устанка потекло је од стране Руске академије наука 1841. године. Попечитељству унутрашњих дела наложено је да изиђе у сусрет молби Руске академије наука и омогући да службена лица испитају још преживеле учеснике у руском и српском рату са Турцима од 1806. до 1812. године. На предлог Јована Стејића, Друштво српске словесности 1847. покреће и званичну иницијативу за прикупљање грађе и писање новије српске историје, док држава обећава да ће сносити трошкове.[3] Почасни члан ДСС и члан

---

[1] *Томо Милиновић Морињанин* (Примјечаније са краја књиге: С. М. С., *Умотворине Томе Милиновића Морињанина бившега војводе при српској артиљерији у време српског вожда Карађорђа Петровића*, Београд, 1847), *Описаније г. Луке Лазаревића и његове породице* (Архив САНУ, Оставина С. М. С. 14161/89), *Житије Радосава Калабића јадранског кнеза из села Влашке Љешнице* (Архив САНУ, *Исто*, 14161/11) и *Житије Узун Мирка* (Архив САНУ, *Исто*, 14161/90).
[2] Архив САНУ, Историјска збирка, бр. 736.
[3] Гласник Друштва српске словесности, II, 1849.

владе Аврам Петронијевић изнео је пројекат у којем су биле предложене и теме, а и имена знатнијих људи које је требало испитати (анкетирати) како би се забележила њихова сећања. Том приликом предвиђено је и звање "историчара земаљског или народног", за шта је био предвиђен Исидор Стојановић, од 1839. године професор опште историје и филозофије на Лицеју, који је већ и раније намеравао да напише историју Карађорђева времена. Планове о томе како ваља обавити овај значајан посао приложили су, поред Аврама Петронијевића и Исидора Стојановића и Сима Милутиновић и Јанко Шафарик.

У скици Симе Милутиновића *Мој план,* која је објављена после његове смрти 1849[4], јасно је да је заједнички циљ био да се начини исцрпна и истинита српска историја новијег времена, "почевши је оданде, гди је Рајић престао".

Резултат овог пројекта ДСС били су записи сећања управо оних преживелих учесника у устанку који су поменути у пројекту Аврама Петронијевића и плановима осталих чланова ДСС: *Копија историје српске Јанићија Ђурића са Описанијем рода жизни Карађорђа Петровића од рођења до кончине смерти и погребенија његова; Казивања старца Гаје Пантелића; Причања Петра Јокића о српском устанку; Повестница од почетка времена Вожда србског Карађорђа Петровића написана од ... Антонија Протића.*[5] Као резултат ове организоване акције треба тумачити и *Мемоаре* проте Матије Ненадовића,[6] који је такође поменут у пројекту Аврама Петронијевића, као и Милутиновићева житија устаника.

---

[4] *Н. дело,* стр. 161–163.

[5] Ова дела приредила је Драгана Самарџић у посебној књизи: Јанићије Ђурић – Гаја Пантелић – Петар Јокић – Анта Протић, *Казивања о српском устанку 1804,* СКЗ, коло LXXIII, Београд 1980.

[6] *Меомоари* Матије Ненадовића, у редакцији његовог сина Љубомира Ненадовића, биће објављени тек 1867. године. Део *Мемоара* који се односи на рад Правитељствујушчег совјета, у великој мери различит од завршне верзије из 1867. године, штампан је за његова живота у календару Љубомира Ненадовића *Шумадинче.* После Протине смрти, његов син је у *Шумадинки* за 1855. објавио *Дневник проте Ненадовића посланика србског 1815. год. у Бечу,* а 1856. централни део *Мемоара* под насловом *Рукопис Проте Матије Ненадовића.*

Сећања Ј. Ђурића, Г. Пантелића, П. Јокића и А. Протића заузимају посебно место у српској историјској прози. Непосредно изазвана, претходно више пута понављана (приповедана), са утврђеним избором и редоследом појединости, пуна свежине народног приповедања, она нису писана, већ су другоме или себи *говорена* у перо. У казивањима ове четворице устаника Драгана Самарџић је уочила следеће: „Начин настанка њихових причања је другачији од онога у писаној и уметнички предодређеној књижевности. Ако у њима има уметности, она је у маштању док се прича и у начину како се прича а не како се пише. Због тога су казивања важан језички извор, и то не само због њиховог богатства речи, облика и синтаксичких могућности него и због суштинског значења тога језика и онога смисла који, њиме забележена, добија нека радња. Језик аутора казивања је онакав какав је био срединов XIX века, али у сваком случају не много удаљен од језика устаничке Србије. У питању су људи који нису свој говор могли знатније изменити, а који су, сећајући се устанка док су о њему причали, и свој језик прилагођавали времену које су оживљавали."[7]

Заједничко за ове казиваче јесте то да су, сем А. Протића, потицали из исте средине (околина Тополе), да су били приврженик Карађорђу и да су се у својим сећањима трудили да оставе пуни спомен о његовом животу и његовим подвизима. Њихова сећања, онако како су објављена у издању СКЗ 1980. године, нису проверавана и „загушена" накнадним подацима из литературе, већ су сачувала облик слободног епског казивања прошлости, у којем се осећа задовољство у самом чину приповедања. Уобличене анегдоте, дијалози (управни говор подобан управном говору народних прича), легенде (о Карађорђевом рођењу и сл.) и поједине сцене које се готово у потпуности поклапају код више казивача, омогућују нам да се њихова сећања издвоје као целовит и јединствен слој устаничке прозе, као казивања о устанку која су у већој мери подређена законима усмености. Њихова казивања прошлости, „предавање" историје колективу, битно одређује тон усме-

---

[7] Драгана Самарџић, *Предговор* књизи: *Ј. Ђурић – Г. Пантелић – П. Јокић – А. Протић, Казивања о српском устанку 1804*, стр. X–XI.

ног обраћања народу као највећем сведоку. Она могу да пруже одговор на питање какав је, средином XIX века, однос између „хибридне славеносрпске мешавине" и народног књижевног језика, између предвуковског књижевног језика и Вукове новоштокавске фолклорне коине.

У својој реформи књижевног језика Вук је, уместо свакидашњег „простонародног" говора, узео језик народне књижевности у који су уметане појединачне црте разговорног, при чему су важну улогу одиграли епска народна песма и десетерац. У преводу *Новог завета* и у полемикама из млађих дана Вук је помогао да се многи писци лише сувишних, излишних славенизама. Настављајући, делом, Доситејеву линију схватања народног језика, према славеносрпском није се односио као према „макаронском" језику, већ као према језику са смислом, у којем употреба славенизама није хаотична, већ се они находе тамо где су одиста потребни. Дуже бављење усменим стваралаштвом помогло му је да у својој историјској прози изнађе најподеснији облик народног језика у којем су славенизми одиста били сведени на најмању могућу меру, а у великом степену био је наглашен утицај народне песме, тако да у појединим деловима његове хронике устанка налазимо препричане народне песме или, можда и најпре, у великој мери изложену усмену народну историју, у којој је много шта, понављањем, преношењем и памћењем добило патину легенде и било утврђено принципима усмености.

Казивања о устанку четворице казивача са средине XIX века чине посебан слој народног језика који се налази између Вукове историјске прозе и прикљученија, мемоарских повести и успомена каква су *Сказаније најзнатнији прикљученија у провожденију живота мога* владике шабачког Герасима Георгијевића, понајдаљих од историје као предања.[8] Сличну разлику налазимо и када поредимо житија устаника Симе Милутиновића Сарајлије, поготову она која је бележио по казивању других у тренутку када су већ постала саставни део народног предања (*Житије Радосава Калабића*), са његовим *Животописанијем*.

За разлику од Вука и проте Матије, четири казивача са средине XIX века мање су склона пословицама, изрекама, ане-

---

[8] *Сказаније* је објављено у књизи Герасима Георгијевића: *Знаменитији догађаји новије србске историје*, Београд, 1838.

гдотама, легендама; тешко их, непреобликоване, уклапају у наративни ток. Они иређе посежу за готовим десетерцима и општим местима епске народне песме, невешто их преобликују у својеврсну историјску прозу коју карактерише „епска истина". У њиховим казивањима може се пратити првобитна фаза у којој се, на самој међи усменог и писаног, устанком пробуђен епски дух почиње да сели из епске песме у прозу.

Најстарије казивање јесте *Копија историје српске* Ј. Ђурића (око 1779–1850) о приликама пред почетак Устанка и о прве три године војевања, писано у Бесарабији пре 1823. године. Ђурић је био писар Карађорђев и његов приврженик. За време Милошеве владавине сам је „понешто бележио и тајно сокрањивао", а о Карађорђевом рођењу и животу сазнао је из приповедања Вождове мајке Марице и жене Јелене, а понешто и „од некојега старца Михаила Милошевића, 80. летнога старца из Тополе, који је 45 година друговао са Карађорђем неотлучно и знао сва дела Карађорђева од рођења..." Како је сећања двапут започињао, управо се на сачуваним верзијама стереотипних почетака може уочити како, у зависности од времена настанка, непотребни славенизми временом уступају место народним речима, док се фразе преобликују приближавајући се народном језику. Будући да је ово казивање настало још 1823. године, као и да се Јанићије Ђурић учио писмености у манастиру Благовештењу, у њему налазимо у већем степену трагове читања житија светих и многе примере утицаја црквенословенског и рускословенског језика. То се најбоље може уочити у Јанићијевом приповедању о томе како је Карађорђе уснио Св. Краља Студеничког и Архангела Гаврила. Историјску чињеницу да је Карађорђе 1788. године испратио мошти Св. Краља од Студенице до Срема он износи по угледу на хагиографску књижевност.

У уводу Ђурићеве *Копије историје српске,* сходно и свим другим сличним казивањима, превладава виши књишки стил особите синтаксе, са инверзијама именица и придева, са славенизмима, чак и оним руског порекла, па и русизмима (*жизни, что, ко* – предлог с адетивом) и књишким речима. У већем делу уводника, у коме се казивачи савремене историје у XIX веку обавезују на истину и образлажу разлоге свог труда, налазимо чак и преузете фразе из општих места историјске прозе, сведочења и мемоарске литературе XIX века. На почетку *Койије,* Ђурић обећава да ће његово казивање „о Карађорђевој жизни" и „описаније" догађаја, „теченија свију ондашњи прошествија", бити „достоверно описано". За њега, само у том делу казивања, јасно је изражена свест „списатеља" о „бележењу и приготовленију", који је био „по свим дејствијама неотлучно очевидац свију догађаја, важни јавни и тајни војеним и политическим делима". На крају увода он се у великој мери ослања на завршне фразе српских житија и животоописанија прве половине XIX века, наглашавајући да му је у првом плану Карађорђе „и јего дјејанија часна, домаћа, војена и политическа, јего поступања и опхожденија од рођења па до конца живота и погребенија."

После таквог увода који се готово насилно прекида, следе сећања исказана народним језиком, књижевно успела пре свега зато што се ослањају на усмену прозу и епску народну песму. Оно што ће, ту и тамо, одати писмена човека јесу књишки утицаји који се мешају са системом усменог казивања. Руски глагол *случити се* („случио се један Турчин на конаку") повући ће за собом књишку фразу особите синтаксе, са незаобилазним партиципом претерита: „онај Турчин, на његовому рођењу тревившему се, пророчествовао"; сан хагиографске провенијенције условиће и преузимање описа особитог типа: „два сјајностију велика лица и чудесна"; „чудесне сјајности и красоте"... „и у том сну опази и види Светога Краља Студеничкога и с њим Светога Архангела Гаврила, који је благовестио светој Богородици тајну божанствену". Књишки партиципи на крају фраза („и око њега седеће Турке"; „и око њега стојећи народ"), партиципи презента пасивни у адвербијалној употреби („а Турке отправисмо невредимо у Ужице"), глаголски прилози прошли („уплашивши се, возмути се и стане се готовити са оружијем у рукама"; „давши им вољу и власт да народ глобе") повлаче за собом и остале одлике вишег, књишког стила у којем, управо на таквим местима, срећемо славенизме (магновеније, прошествије, приготовленије), инверзије („почну се по Срему купити фрајкори серпски") и књишке речи („скочи нечајано сквативши оба своја пиштоља"). Но све је то, у односу на уводни део, спорадично и у мањем проценту изражено, у зависности од контекста у којем се казивач поводи за вишим, књишким стилом.

Казивач Гаја Пантелић (око 1774–1849) приповедао је сећања на Устанак и Карађорђа Исидору Стојановићу 1846. године. Био је близак Карађорђу и веран му до краја, иако се храбро борио и под Милошем Обреновићем кога помиње као „Новог српског Бранковића", оживљавајући тако на особит начин косовску легенду. Био је везан за Тополу и умро је као сељак. Његово лапидарно приповедање, оживљено успелим анегдотама, понегде и ширим и развијенијим причама, иронијом, добро нађеним речима, зналачки је забележио Исидор Стојановић, који је ваљано владао народним језиком и своје перо прилагођавао Пантелићевом казивању.

За разлику од Ђурића, Пантелић у много већој мери посеже за готовим шаблонима епске народне песме и народне приповетке, те је његово приповедање ближе народном књижевном језику вуковског типа. Управо се на примеру ова два казивача може уочити обрнута сразмера односа књишког, вишег стила, и нижег, усменог. Ако се код обојице изузму фразе пуне славенизама из наслова поглавља, које су вероватно унели приређивачи, у првом случају, или записивач (Исидор Стојановић), у другом, код Пантелића налазимо тек понеки славенизам („претчувствовање Карађорђево") и то пре онај општеприхваћен и на месту где је његова употреба у том тренутку била оправдана („описаније догађаја"). Пантелић ће радије употребити оне књишке речи и готове књишке синтагме које су већ биле одомаћене у књижевном језику („душевна својства"), речи градског аргоа („спрезали", „спрежника", „ортак") или изведене у духу народном („сви други неодмољени").

Кад се ова два казивача пореде по степену окренутости епској народној песми, усменој књижевности као основи народног књижевног језика вуковског типа, ствар стоји сасвим дугачије. Ако Ђурић посегне за пословицом, тада следи и читава прича која се, на крају, по Доситејевом моделу, развије у басну са наравоученијем. Ако се у основи неке фразе може наслутити десетерац епике устанка, онда је у питању темељито преобликовање, прозно проширивање уског калупа десетерца. Далеки одјек Вишњићевих стихова: „па попали турске карауле... / женско, мушко, све под мач удари" – код Ђурића прелази у обимну фразу у којој су унете прецизности сведока: „да све анове по селима попали, и све субаше анције Турке побије". Чак и тамо где казивачи радо посежу за епском формулом, као што је, на пример, гоњење разбијених Турака, паљење ханова или задобијање шићара, Ђурић радије прибегава књишком стилу: „Карађорђе напусти се с војском на леђа Турцима", „у сами заод сунца дође, ан запали", „једва чекају када ће се с Турцима ударити и шићар као и ми добити".

Пантелићу су десетерци далеко ближи, било да их преузима или да их незнатно дотерује, проширује или стапа (два или више) у нову прозну фразу: „и оставили своју земљу пусту", „камо тебе дорат и оружје", „коња ми одведе и оружје однесе; и по Богу брат да ми је од данас довека, нека ми оправи коња и оружије". У његовом казивању налазимо развијену епску формулу слања књига, топове Крњу и Зеленка, попале гавранове на разбојишту („па пали гаврани по њима"), асоцијацију на епског јунака који од множине непријатеља не би могао да се спасе чак ни да је птица („па не може да утече мањ да узлети"), клетве („Сине Ђорђе, сапрела те моја рана ако га не убијеш!"; „Да Бог да био старио, а нико онамо њега не слушао, па му нема веће клетве"), предање о рођењу Карађорђевом, легенду о Вуку Бранковићу. За изучавање трансформисања усмених форми посебно је интересантан дијалог изведен по угледу на обредни дијалог коринђања, као и опис принудних краљица на које Сали-ага, Руднички Бик, нагони жене и девојке док га дворе и описи кола које том приликом изводе. Пантелић је ближи казивању народног приповедача јер је много тога преузимао од других, потврђујући нам тако постојање усмене народне историје. У том смислу већи део његовог приповедања, посебно оне целине које налазимо и код осталих казивача, које су биле преношене, припада усменом стваралаштву.

Да казивања ове четворице о устанку нису јединствен слој историјске прозе, већ нијансе слоја који се налази на прагу између књишког и усмености, најбоље говоре сећања Петра Јокића и Анте Протића.

Петар Јокић (око 1779–1852), који такође потиче из Тополе и који је био Карађорђев пријатељ, сећања на прве три године буне казивао је у перо Милану Ђ. Милићевићу од новембра 1851. до 13. априла 1852. године. На иницијативу Руске академије наука, а по налогу српских власти, као члан суда Окружија ваљевског казивао је службеном лицу у Ваљеву, „о рату руском и српском с Турцима од 1806–13. године" још 1841. Иако започињу заузећем Београда 1806. године, овим казивањима обухваћени су догађаји од 1807. до 1813. године. Неспутавана туђим подацима, непроверавана, тако да често у њима налазимо и материјалне грешке, казивања из 1851. су развијенија тако да негде имају карактер широког и слободног приповедања.

Славенизми које Јокић користи оправдани су и уобичајени на местима на којима их и он уноси, условљени су „миниконтекстом": „почитовали" (зулумћари не почитују царске људе), „благодареније" (као црквени чин), устаници се „у име Божје сојузе", од Бога се тражи да буде у помоћи „противу крвника отечества". У говору проте приликом благосиљања устаника, у свечаном слову које је одржао окупљенима у Орашцу, чак се и о Косовском боју ламентира књишки, а не на епски начин, што је уобичајено за оваква казивања. Помена „светих олтара" повући ће за собом чешћу употребу славенизама прикладних проповедном тону („похотљивости на жертву морамо да приносимо", „нечувено тиранство", „боље умрети славно него у ропству живети довека срамно"). Прота ће подсетити будуће устанике да „нужна је верност и постојанство" према Карађорђу „руководитељу", кога треба слушати „као свог оца и ако Бог да избавитеља". Своје свечано слово-благослов он ће и завршити књишки, инверзијама преузетим из црквене реторике: „Ја вам са сузама благосиљам устанак ваш и новог поглавара вашег." Довољна је само помена речи која припада књишком стилу (официјелна или славенизам) па да уследи инверзија глагола на крају реченице („сви у паради останемо", „очајателан био").

У казивању Петра Јокића ретке су књишке речи, још је мање књишких фраза у приповедању догађаја („крвопилац", „При том будите отважни и неустрашиви", „безсамртни јунак Васа Чарапић") или општеприхваћених речи („званије" у наслову одломка, које је, можда, унео записивач), као и оних које припадају варошком аргоу („шпекулирати", „каштиговати"). Из књишког, додуше ретко, у Јокићевом казивању нашли су се и: партицип презента активни („јурити бегајуће Турке", „на једну мељућу воденицу") или партицип презента пасивни, комбинован са синтаксичком књишком одликом стављања глагола на крају („и с неустрашимом жестином повторително ударише"). Јокић не преза ни од сложеница изведених на основи славенизма („самовољника" – добровољаца), па ни од тога да славенизам унесе у епски десетерац („јер има Турака мноштво"). Из тих разлога је његово казивање интересантно када се пореди степен удела књишког са степеном ослањања на епско усмено стваралаштво.

Јокић се у великој мери подједнако ослања и на епску народну песму и на усмену прозу, а преузима и велики број општих места народне (усмене) историје Устанка. У односу на остале казиваче, његова сећања јесу најближа усменом приповедању. И код њега срећемо трагове десетерца: „Све по избор бољег од бољега", „Преносити мртве и рањене", „Јера има Турака мноштво", „И ту ћемо мегдан под(и)јелити". Када његово казивање одређује епска народна песма, онда најдубљи траг у њему оставља епика устанка и певање о Косовској бици. Јокић преобликује епски говор старца Фоче („Стари Фочо"): „Немојте ви у рају дирати", „Ви ћете једног, два, ил' три кнеза посећи, а други ће поутицати, па ће вам ови после и главе поскидати", „Него ви се подобрите рајн"; наглашава, као и Филип Вишњић, да је мотив раје да се бори важнији од мотива Турака („Турци се боре за господство, а ми за слободу"); заклињање устаника пред бој парафразира стиховима епске народне песме („Него треба да се опет закунете да ћете сложно ударити и да се нећете издати"). Приликом описа битке, ваздан има на уму ситуацаије из народних песама, понајвише Вишњићевих. Тако, најрадије посеже за деловима „стајаћих" описа бојева устаника с Турцима („Турци нападају као гладни вуци", „пешак не изиђе ни један да каже како је било", „жао за срамоту вратили", „неке ми и побисмо и погазисмо", „ко би млађи и бржи тај главу изнесе, а друго све исекоше", „поче куће турске палити") и за епским поштапалицама којима се привидно одређује временско трајање: „Мало постаја, почеше...", „Тако дуго време постаја", „Тако постаја неко време", „бију се сваки дан непрестано". И у његовом казивању бесни коњи, као у епској песми, наслањају главе на сапи других коња; силина удараца мачем исказује се тако што мач нешто расече и још што закачи („и од испод уха до јабучице расече кожу и меса закачи").

Одјек косовске легенде у Јокићевом делу преломљен је кроз призму епске песме. Он у својим казивањима подсећа на издајника Вука Бранковића али, за разлику од Пантелића, укључује и веома развијену варијанту *косовске клетве*: „Ко издао, издало га тело; пожелио али не мого поћи; нити му се старо ни младо у кући јављало. Од руке му се све скаменило, у тору му не блејала стока, у обору не рикала. Да Бог да да се у сињи камен створи да се други на њега угледају. Нити био срећан ни дуговечан нит лица Божија игде угледао." Повезивање легенде о Милошевој води, о „Бунару Милоша Обилића" са легендом о томе како је Милош Стојићевић, постајући војвода поцерски, израстао у особиту митску супституцију славног Обилића, довело је до призивања *косовске здравице* коју, овом приликом, изговара Карађорђе: „Господари и браћо! Ову чашу вина да пијемо за здравље младог јунака Милоша, одсадањег војводе поцерског, који заједно са именом наслеђује храброст и јунаштво свог имењака Обилића. Здрав си, Милошу, војводо поцерски!" Описујући мртве на бојном пољу, Јокић оживљава слику косовског разбојишта: „лежи коњ до коња, а Турчин до Турчина". У његовом казивању налазимо и одјеке општих места и других епских циклуса. Лик Хајдук-Вељка уобличен је епским симболима јунаштва: „Овде је Вељко добио његова Кушљу (коња) кога је волео него очи. Три је ствари најволео: пушку, Кушљу и Чучук Стану." Из хајдучких песама преузето је опште место деобе плена капама („Добили новаца па не броје него све фесовима деле").

У Јокићевом делу значајан удео има и усмена проза и то пре свега у стилу приповедања. Започињање какве целовите приче или анегдоте у духу је народне приповетке: „Ми се тако разговарамо, док ето ти једног човека оданде из Жабара...". У наставку следи усмена прича, почев од сусрета и поздрављања јунака па све до завршне поенте, у којој се ни дијалог не разликује од дијалога народне приповетке. Чак и у опису мегдана Јокић уводи фразе усмене прозе: „Он то рече не рече, а калуђер звизну мачем да му главу осече..." Опис смрти Станка Арамбашића из Велика Села далеко је од епске песме, већ је пре настао по угледу на народну причу: „Не прође кратко време, а Турци кивни на Станка привребају једно вече, кад је он баш вечерати хтео, и кроз пенџер убију га." Предање о томе како је Карађорђе добио надимак Црни у Јокићевом казивању објашњава се причом блиском бајци: Зла баба са котловима крај воде (лик из бајки – баба чуварица вода) назваће Карађорђа Црним, а овај ће је због тога казнити онако како се то чини и у бајкама да би се поништило зло: и главу и котлове разбиће јој камењем и потом ће утећи („па утече") као од мрачних сила. Из бајки Јокић преузима и ону везу између епизода којом се превазилази немотивисаност. То су оне изненадне радње, кретање јунака „тек тако", чиме се оживљава акција бајке и наставља приповедање о новим препрекама на које јунак наилази. Те везе између епизода и чине бајку отвореним жанром. Устаници после завршеног неког боја или после заузећа неког села или вароши, крећу даље у нове подвиге „тек тако", без дубљег образложења казивача и мотивисаности јунака, у овом случају Карађорђа, за кога се зна да се, док је буна трајала, изненадно појављивао по Србији, тамо где су га Турци најмање очекивали: „Ујутру рече Карађорђе: 'Да идем ја у Штипље (близу Јагодине), да видим има л' крџалија...'" итд. Када вође устаника желе да мотивишу устанике да пешице стигну до Београда и придруже се Васи Чарапићу који је разбио Турке, они их фразом бајке заваравају да их тамо очекује велики шићар: „Оружија, барута, кремења, руха, коња и *свега на свету*."

Из усмене (народне) историје Устанка Јокић радо преузима општа места о Карађорђу: предање о његовом рођењу, прихватање за Вожда, одбијање да због личне сигурности напусти Мишарски шанац, његово „бљување једа" кад се изнервира, скидање чизама пред окршај на Засавици или када се креће у препад, опис напуштања Србије 1813. године. Прича о томе како је Јевта Воденичаревић потегао оритак да убије анџију Ибраима који му је отео жену и још га изазивао, називајући га „међедом", по начину приповедања припада кругу народних прича о згодама Ере са Турцима. Јокићево казивање народне историје Устанка завршава се књишки, али тек једном реченицом. Преузета из сасвим другачијег приповедног система, туђа и невешто накалемљена, она нас врати из усменог у свет писаног: „И ту је био конац страданија."

Анта Протић (1787–1854) је сам бележио своја сећања почетком четрдесетих година XIX века, на захтев власти, које су се одазвале молби Руске академије наука да помогну у сакупљању сведочанстава о руско-српској сарадњи у рату од 1807.

до 1812. године. На наговор Јована Гавриловића, он је своја казивања проширио и на прве три године војевања, тако да је рукопис његове *Повеснице* у целини завршен 1853. Препис који је начинио Димитрије Васић, са аутобиографијом казивача, послат је ДСС-у почетком 1854. Протић је потписом потврдио да је ово дело „достоточно и верно од слова до слова".

Овај се казивач у много чему разликује од осталих, пре свега зато што није био близак Карађорђу и што му судбина Вожда није била у првом плану. Рођен у Смедереву као син проте смедеревског, школовао се и говорио је и турски и грчки, мада ипак није био довољно писмен да се у потпуности одвоји од усменог казивања историје. За време Устанка служио је код Стојана Чупића, а потом код Вујице Вулићевића, но иако је све знао о скончању Карађорђа, избегао је да опише како је убијен. За разлику од осталих казивача, приликом описивања догађаја из Устанка веома је прецизан у навођењу датума, имена и места. Умео је да уочи важне и занимљиве појединости, да своје приповедање зачини хумором. У његовом језику налазимо трагове утицаја руског, али они потичу из савременог руског говора, као и утицај влашког и турског. Његов се језик и стил разликују од осталих казивача и по многим одликама најближи су књишкој историјској прози, а најдаљи од усмене (народне) историје устанка.

Казивања Анте Протића су далеко од епске народне песме. Тек у траговима налазимо одјеке општих места усмене епике и десетерца (велика војска хвата две воде, за правог јунака свуд су броди где год дође води, „све ми је поредом казивао", побијенима „се ни броја не зна"), као и општих места бајки (опис Чамџије као човека але, који је са *сабљешином* спреман да удари на десеторицу; биштење господара док не заспи као у бајкама биштење џина). Изреке и пословице права су реткост („Јевта је само ћутао каоно курјак у жежељ"), а из усмене (народне) историје Устанка преузета су тек два општа места (предања о Аганлијиној глави и Карађорђевом „бљувању јада и сукрвице" у тренутку слома буне).

Већим делом, казивање Анте Протића вишег је стила. Од осталих казивача разликује се и по учесталости употребе оправданих славенизама и њиховој равномерној дистрибуцији: *внутреност, војен, досташочно, зашоченије, истеченије, кроме, набљудавати, нужнаја, опредјелити, освојеније*, *отечество, отечественици, предводитељ, притеснeније, причисмљен, прочи, растојаније, сажалeније, свјаштеник, слово* (реч), *случило, советовати, совршити, соотечество, сражeније, укрепити, хотео, чесни, число.* Официјелни славенизми из назива установа и титуле *(внутреним делима, президент Совјета, септемврија, финанц-попечитељ)*, књишке речи и изрази („знаменити бој", „породи распра"), војни термини (авангард, баталија, eгзерцир, оберштер), градски арго (контумац, тревити), књишке фразе са инверзијама („Сада се младићима као тебе поље отвара тециву"), често и са употребом глаголског прилога садашњег („све водећи коње"), партиципа презента активног („и онако за бежећим Петром рани га"), партиципа презента пасивног („бурдељ" зовоми), деминутивних глагола свршеног вида („поромињка кишица"), кованица („браниште"), барокне синтаксе коју срећемо у српској прози и првих деценија XIX века („И отпусти га на лађи Дунавом."), цитата одломака из *Јеванђеља* и завршних фраза које су незаобилазне на крају појединих поглавља и целине *Повестнице* („И тако се ова (18)12-та година совршила.") наводе на закључак да су сећања Анте Протића, казивана вишим стилом него ли што је то случај код осталих казивача, у високом степену приближена књишкој историјској прози из прве половине XIX века.

Казивања Ј. Ђурића, Г. Пантелића, П. Јокића и А. Протића особита су сведочења о српском Устанку (1804–1813), на граници писаног и усменог (народног) стваралаштва, настала у тренутку када се, Устанком пробуђен, епски дух сели из епске песме у историјску прозу. Више пута понављана, са утврђеним избором и редоследом појединости, ослоњена на народну песму (највише на устаничку епику и певање о Косовској бици) и усмену прозу (приповетку, легенду, бајку, анегдоту), као и на друге усмене форме (пословице, клетве, заклетве), веома су блиска усменом приповедању. По томе што се у њима, готово на исти начин, описују многи догађаји из Устанка, ова казивања омогућују да се реконструише добар део усменог предања о најзначајнијим годинама новије историје српског народа.

Сећања на године Устанка, казивана у перо највећим делом средином XIX века, показују и какав је био свакодневни језик тог времена, као и однос између „хибридне славеносрпске мешавине" и народног књижевног језика. Казивања четири казивача нису јединствен слој историјске прозе, већ су то нијансе слоја који се налази између књишког и усмености. У њима је у обрнутој сразмери однос књишког, вишег стила тог времена, који се одликује славенизмима, партиципима, инверзијама, књишким речима и фразама, градским аргоом и приповедним тоном, и нижег, усменог стила, окренутог у већој мери епској народној песми и предању. У односу на Ђурића, Пантелић је у својим казивањима ближи народном књижевном језику вуковског типа, Вуковој историјској прози, док Јокић чак парафразира устаничку епску песму. Насупрот њима, Протићево казивање већим делом припада вишем стилу, најближе је књишкој историјској прози, а најдаље од народне (усмене) историје устанка. Док код прва три казивача славенизме налазимоређе и, најчешће, на местима на којима су тада били у општој употреби, а у већем степену само у уводним и завршним деловима, у склопу преузете мемоарске и летописне фразеологије прве половине XIX века, код Протића су славенизми равномерно распоређени.

У целини гледано, казивања историје четири казивача подређена су у већој мери законима усмености. Обраћање народу као највећем сведоку чини их особитом формом усменог стваралаштва која је, у суштини, „предавање" историје колективу.

ЖИТИЈА УСТАНИКА СИМЕ МИЛУТИНОВИЋА САРАЈЛИЈЕ ПРЕМА СПЕВУ *СЕРБИЈАНКА*

У првој половини XIX века настало је у српској књижевности много мемоара, историјске прозе, успомена, разних описанија бојева, житија, животоописанија, биографија, аутобиографија, народних лирских и епских песама, десетерачких спевова „на народну" и десетерачких историјских драма – о српском Устанку. У основи свега тога стајало је усмено предање, усмено утврђена и утврђивана *народна историја*.

Оставити спомен о том херојском времену у којем је пробуђен епски дух нашег народа, кад и епска народна песма доживљава своје златно доба, наставити Рајићеву историју описом догађаја који су били пресудни за даљу судбину српског народа, био је стваралачки императив скоро свих писаца, почев од десетерачког спева Гаврила Ковачевића из 1804. године[1] и Вишњићевих песама из 1814,[2] све до касних аутобиографских сведочења Максима Евгеновића, објављених 1877. године.[3] Нису се том изазову отели ни прота Матија Ненадовић, ни Јован Хаџић, Стерија, Панта Срећковић, Димитрије Давидовић, ни многи други, па ни Сима Милутиновић Сарајлија. *Сербијанка*[4] у IV тома објављена још 1826. по својој структури јесте грандиозни покушај да се у целини опевају херојске године Устанка. *Сербијанку* настављају лирске Милутиновићеве песме о јадранском кнезу Радосаву, јадранском харамбаши Ђурчији, о јадранском буљубаши Теодору Бојиновићу, надгробно слово Томи Милиновићу Мо-

---

[1] *Песн о случајном возмушченији*, Будим, 1804.
[2] Вук Стефановић Караџић, *Мала простонародња славено-сербска пјеснарица*, Беч, 1814.
[3] *Животопис Максима Евгеновића*, Будимпешта, 1877.
[4] Липиска, 1826.

рињанину, о којима Милутиновић пева и у *Сербијанки,* али и пише у историјској прози, пре свега у житијима устаничких војвода.

У последњим годинама свог живота, од 1842. до 1847. године, Сима Милутиновић Сарајлија је начинио четири житија устаника: *Томо Милиновић Морињанин, Описаније г. Луке Лазаревића и његове породице, Житије Радосава Калабића јадранског кнеза из села Влашке Љешнице* и *Житије Узун Мирка*. Сем житија Тома Милиновића, објављеног 1847. године, сва остала житија су до данас остала у рукопису.[5]

Из скице Симе Милутиновића *Мој план,* која је објављена после његове смрти 1849, сазнајемо његова схватања о томе како би требало да се начини *српска историја* „понајлакше и понајискреније, но и понајисцрпније и понајистинитије, а почевши је оданде, гди је Рајић престао". Кључно место у писању српске народне историје по њему заузима анкета са учесницима у бојевима и старијим и виђенијим људима, „копирање народа српскога", које би се, потом, *преживотило* у „чисту народну историју" која ће бити неисцрпна грађа за историчаре, али и за језикословце и друге „љубопитце", па и извор *саме вештине* (уметности).

Језгра житија Луке Лазаревића и Узун-Мирка Апостоловића настала су на основу претходних интервјуа. Њих је Милутиновић одиста успео да преживоти. Житије Томе Милиновића он, са жаљењем, закључује следећим речима: „Камо среће да сам ја могао, како што сам желио, истога Тому живога наћи, па га сасвим од колијевке до гроба копирати, заиста би доста забавнога, поучителнога и важнога, мужу и Србину пристојнога имали читати, па и тиме ползовати се могли свакада."

Житије кнеза Радосава Калабића, који је набијен на колац још 1804. године, настало је, већим делом, на основу усмене приче, према казивањима из друге руке која су већ прелазила у легенду. Самим тим ближе је усменој хроници, усменој народној историји и у њему налазимо већу густину књижевних облика преузетих из предаје, па и из народних

---
[5] Житија кнеза Радосава Калабића, Тома Милиновића Марињанина и Узун-Мирка објавио је Милорад Радевић у зборнику у славу великог Вожда *Карађорђев устанак – настајање нове српске државе,* Велика Плана, 1998, стр. 9–22.

песама (обиље готових десетераца и епских формула), као и снажније изражен ауторитет колектива.

Ранија поређења историјске прозе о устанку[6] показала су да се и код Вука, проте Матије, Хаџића, Давидовића и других у основи казивања налази утврђена усмена хроника, усмено предање о Устанку, да је то један од разлога што и Хаџић, преузимајући таква места, пише чистим народним књижевним језиком, који, на појединим местима, наликује Вуковој устаничкој прози, поготову кад су у питању описи истих догађаја. Такође, показало се да је усмена, народна историја понајвише утврђена за догађаје из прве три године војевања против дахија и султанове војске, те да су се и писци историјске прозе задржавали највише на првим годинама буне. Тога су се придржавали Вук, прота Матија, па и Хаџић, који чак и у поднаслову своје књиге *Устанак српски под Црним Ђорђем*[7] наглашава: *Прве три године*. Вишњићев циклус песама о устанку такође обухвата бојеве вођене од 1804. до 1806. године (почетак буне против дахија, бој на Чокешини, узимање Ужица, бој на Мишару). У свим овим делима налазимо каталоге имена посечених кнежева, издвајање мудрог старца Фоче и одмереног и разложног дахије Аганлије, описе истовременог погубљења Хаџи-Рувима и Хаџи-Ђере у Београду и кнеза Алексе Ненадовића и Илије Бирчанина на Колубари, опис првог Карађорђевог окршаја са Турцима када се спасава сече кнежева и подиже буну, опис смрти кнеза Ранка, стрица Луке Лазаревића, издвајање јунака од чојства Бакала Милослава, поједине тренутке боја на Мишару (јуриши устаника уз помоћ прошћа, смрт Кулин-капетана, поређење глава искасапљених Турака са исеченим купусом или воћем којим су преродиле српске градине).

Прве три године устанка јесу период борбе са јаничарима, када се Срби још јавно не супротстављају Порти. Остале године буне, наредне битке (на Делиграду, на Дрини са Али-пашом о чему и Вишњић пева на гусларски начин, песму по

---

[6] Миодраг Матицки, *Усмена хроника о устанку као основа историјске прозе (Вук Караџић, Матија Ненадовић, Јован Хаџић)*, Зборник радова о Вуку Стефановићу Караџићу, Сарајево, 1987, стр. 561–568.

[7] Нови Сад, 1862.

песму), јачање те, потом, слом устанка, са свим оним сечама глава и набијањима на колац 1814. године, резултат су односа Порте и побуњене раје, у њима је исказана и опевана другачија хероика. Све то дозвољава претпоставку постојања јединствене прозе о устанку, јединствене усмене хронике, усменог прозног спева као предлошка свим делима која се односе на централни, сржни и хероически део војевања у Првом српском устанку. То може бити истовремено и аргумент више да је Вишњићево певање о устанку јединствено, са снажно израженим елементима епа.

У првом тому *Сербијанке* одбухваћено је управо време прве три године војевања на дахије. Други том почиње певањем о првом боју на Делиграду. У њему ће се, додуше, наћи опис догађаја како је Карађорђе успео да спасе главу током сече кнежева, али је то било нужно, јер то певање припада *вождијади* која се наставља у осталим томовима *Сербијанке* као њен неминовни уводни део. Највећи део певања из II и III тома припада управо *вождијади*, коју ће Милутиновић обрадити и у свом последњем делу, у *Трагедији српског господара и вожда Карађорђа*. У трећем тому налазимо описе догађаја које је Вук, насловљавајући Вишњићеве песме, означио као *Хвала Чупићева* и *Лазар Мутап и Арапин*. Наслови и других певања, свакако начини на који су грађени, подсећају на наслове Вукових песама о војевању за слободу што, посредно, доказује јединствен приступ савременика херојским годинама устанка (*Заузеће Ужица* и сл.).

У првом тому *Сербијанке* наћи ћемо и одјек чудесних небеских прилика („У по зиме..."), издвојену мудрост старца Фоче (цео његов говор дахијама пренеће се као казивање у трећем лицу), разуђену реконструкцију каталога српских кнежева, помен кнеза Ранка и позив устаницима на освету упућен са његова гроба. Централно место првог тома *Сербијанке* заузима опис боја на Мишару, са каталозима Срба и Турака, учесника у боју.

Описаније Луке Лазаревића јесте најобимније и најуспелије Милутиновићево житије устаника. Централно место *Описанија*, иако се у њему хронолошки приповеда о првим годинама војне на дахије, заузима главни лик, шабачки војвода Лука Лазаревић, односно приповеда се о оним догађајима у којима је он учествовао. Служећи се епизодама у којима допричава судбине појединих историјских личности, епилогом у којем укратко казује она збитија која су везана за главни лик а односе се на године после боја на Мишару, Милутиновић нам оставља заокружено и довршено прозно дело, а не комад народне историје. Каснији, мирни живот војводе Луке у Шапцу, о којем се говори у кратком епилогу, могао је бити занимљив за неко друго и другачије приповедање.

За разлику од житија кнеза Радосава Калабића, насталог по казивању других, десетераца у *Описанију* нема. Преобликована епска фразеологија, епизодичност, посезање у већој мери за лексиком других усмених жанрова (анегдотом, шаљивом причом и пословицама, у овом делу најчешће преточених у изреке по моделу мисли великих људи), посебно увођење пуних и веома развијених дијалога – одлике су писане прозе која се у великој мери отргла од епског функционалног стила. О томе нам најбоље сведочи опис погибије Кулин-капетана, опеван и описан у другим делима сасвим другачије, али увек као херојски мегдан на којем побеђује или Лука Лазаревић, или Карађорђе, или Милош Поцерац.

Јован Хаџић, који за време свог деветогодишњег бављења у Србији води дневник казивања о устанку и консултује документа и преписку – анкетира исте војводе које је анкетирао и Сима Милутиновић, баш Луку Лазаревића и Узун--Мирка, чак им руком као неверни Тома Христу, опипава задобијене ране – мегдан Луке Лазаревића и Кулин-капетана описује сасвим на други начин, не придајући му посебан значај. Иако и он издваја тренутак када је војвода Лука, после Кулинове погибије, утекао у честар, као и отимање Кулинове сабље, чак користи исту реч *самосам*, којом Милутиновић на најбољи начин наглашава храброст усамљеног Кулина на мегдану – о самој погибији Кулин-капетана вели само да га је убио Тодор од Каоне, један од момака које је војвода Лука поставио да сачекају Кулина у заседи. О заседи код Хаџића и других аутора нема ни помена.

Погибију Кулин-капетана Сима Милутиновић описује на јединствен начин, тако што гради свој тип епског исказа заснованог на описима мегдана из народних песама. Овај се опис издваја по истинитости (Кулин-капетан бива изазван на мегдан и убијен на превару), а још више по томе што је то најепскије описани мегдан у српској прози о Устанку.

Овим се отвара питање епске истине, степена епског у разним жанровима. Када је реч о Сими Милутиновићу, онда пре свега треба упоредити *Описаније* са стиховима у *Сербијанки,* нарочито када се описују исти догађаји, исте сцене. Описи мегдана Луке Лазаревића са Кулин-капетаном, иако се избором догађаја и изнетим чињеницама веома поклапају, не поклапају се по начину исказа и степену епског. Сведоци смо парадокса да је, не само у овом издвојеном примеру, проза одиста епскија од десетерачког спева, да описи догађаја из *Описанија* делују монолитније, да су драмски јединственији, док су казивања о истим догађајима у *Сербијанки* расута и временски и просторно.

И поред тога што Сима Милутиновић посеже за општим епским местима, већи део *Сербијанке* делује као вештачка творевина, али не у смислу епа „на народну", при чему подразумевамо дистихе (ових чак у *Сербијанки* и нема) и другачији тип десетерца, ближи Његошевом, већ по степену индивидуализације и по натегнутој бризи за реконструкцијом историје: инсистира се на именима, на данима (уторак, среда – епском систему одговара цветоносије, света недеља), детаљима. Читалац, потенцијални слушалац епских песама, стално је у судару са песником, са неочекиваним у десетерачком спеву. Нису у питању само славенизми, партиципи („сложним Сербљам поље закрилившим"), непримерени деминутиви (шарамповак), невеште комбинације сирових и романтичарских слика (поваљени око шанца Турци и њихови „силни хатови" постају стрвине којима се „пораскити поље" на којем се размиљавају румена крв и травица зелена), војени појмови, историографски оправдани, насилно унети у десетерац (неегзерциран; заузетје као ратна позиција – за разлику, на пример, од Вишњића који у своје песме вешто уклапа терминологију граничарске епике: *комендат, комендира, кумпанија*), замене устаљених епских појмова појмовима из сасвим другог система (*јунак* постаје *херој славни* – „Освјетили свог' хероја славна"). Невоља са *Сербијанком* је у изравном преузимању општих епских места и формула, у њиховој невештој и непримереној дистрибуцији. Синтагма „брат од заклетве" везује се за било којег преживелог Турчина, сложеница *вјернострелца* (множина) у *Описанију* ће бити замењена епскијом фразом: „с још неколико добра пушкара пошаље да засједну".

У *Описанију* нема „стајаћег" зазивања на мегдан:

Ти л' си главом, Кулин-капетане?
На мејдан ми ако ниси жена![8]

пошто сви учесници на мишарском пољу препознају силнога Кулина са хиљаду љутих хатлија. У *Сербијанки* је пак изостало нешто много значајније из *Описанија,* на шта се своде и епско зазивање на мегдан и мегдан речима. Јунацима је јасно да ће мегдана бити. Кулин се одваја од својих хатлија и креће ка српском војводи који му је први кренуо у сусрет, али је застао на линији скривене бусије. Кулин се у *Описанију* обраћа Луки кратко, долично јунаку на таквом гласу: „Ето ме морје Влахо!" У том обраћању налази се и претња и прихватање мегдана.

Сукобљена су два велика јунака и трагичност је у томе што је један од њих, Лука Лазаревић, принуђен да због успеха у боју, који је до тог тренутка неодлучан, прибегне превари на часном мегдану, што такво дело бива кажњено: они из бусије биће побијени, а израњављени војвода Лука ће, четвороношке, једва утећи у некакву гушту. У оваквом контексту, Тодор од Каоне, један од момака из бусије чији је метак погодио Кулина, уопште није битан.

У *Описанију* нема описа смрти Кулиновог кулата као у *Сербијанки*:

Док плануше у мах исти пушке,
И Кулине мртав о земљицу;
Хат му скокну јоште два-три пута,
Паке и он поред госе стрвом.[9]

У *Описанију* је преломни тренутак мегдана и саме битке сасвим другачије виђен. И јунак и коњ дати су исцела. Кад Лука сабљом да знак онима из бусије ови „сложе сваколика у један глас пушкама, те и Кулина и кулата му под њим добро погодивши ту усмрте. На то весело повичу Срби: 'Погибе Кулин капетан, погибе и он и хат му!'"

---

[8] *Сербијанка,* I, стр. 143.
[9] *Исто,* стр. 143.

Поређење описа многих других епских ситуација из *Сербијанке* и из житија устаника показује сличне разлике. Стиче се утисак да су се у првим деценијама XIX века историјски догађаји лакше казивали у стиху, десетерцу који налазимо чак и у преписци из времена буне, да је ауторе стих чак мање обавезивао но проза. А опет, поређења истих епских ситуација у разним жанровима показују да је постојао још један снажан процес – епско се сели у прозу. Отуда, нимало случајно, скоро сви изучаваоци Ненадовићевих *Мемоара* не пропуштају да нагласе да је у њима изражена тадања и потоња епска стварност Србије, да је прота Матија епичар Устанка, да осећање епског од мемоаристе гради песника.

Развијајући идеју о *епској истини*, Ђорђе Јовановић наглашава да у време настајања историјске прозе о Устанку нестају услови за наставак народног епоса, да гусларски десетерац није више уметнички жив, да епско налази нови израз баш у Протиним *Мемоарима*.[10] Отуда је важно сагледати све слојеве зачетака српске прозе, отуда су незаобилазна прозна дела Симе Милутиновића настала махом у последњим годинама његова живота, не само житија устаника, већ и његова историја Црне Горе и историја Устанка у периоду од 1813. до 1815. године, као и његов *Животопис* и путописни записи из Русије. То је пут да се доиста одгонетне епска истина и савремених наших романа, Андрића, Црњанског, Ћосића, да се утврди како колектив проговара у Ћосићевом *Открићу*, да се објасни „снажни епски замах" *Вазнесења* Војислава Лубарде, његова „епска сага", како веле Михиз и Килибарда. Ово питање је, очигледно, овим тек отворено, али је веома значајно за разумевање оне линије српске прозе која креће од Вукових првих историјских записа и Милутиновићевих житија устаника, до данашњих романа насталих као одговор на епско време у којем, шта се ту може, и данас живимо.

---

[10] Ђорђе Јовановић, *Епска истина проте Матеје Ненадовића*, СКГ, 1939, н. с., књ. LVIII, стр. 75–86. Као посебна књига оглед је објављен у Београду 1949.

Сима Милутиновић Сарајлија
БОЈ НА МИШАРУ
ИЗ *ОПИСАНИЈА Г. ЛУКЕ ЛАЗАРЕВИЋА И ЊЕГОВЕ ПОРОДИЦЕ**

Па на пролеће удари сва Босна и везир око Петрова дне, и продру у Шабац, и на њега ударајуће Турке добро изгрде и побију, и самога Кулина капетана ухитри Лука убити. Кад му га Прото безнамерно покаже да је оно на кулату он, пред својима сам поизмакши, још пијући розалију и земичку мезетећи са Протом, што му је жена из Аде провачке послала, те одма Лука Тодора Каонца, својега момка (с) још неколика добра пушкара пошаље да засједну, а он изиђе мало пред њи, па Кулин-капетана зазове на мејдан, који се ту са својима до 1 000 хатлија примакао се био, и чувао да српски коњик не удари турскоме пјешаку на ребар, те да они рахат бију и узму већ опкољени и напанути мишарски шанац српски.

Кулин не знавши за превару и бусију примицати се пође к њему говорећи:

– Ето ме морје Влахо!

А Лука, припитав Тодора: „Мож' ли сад!", чује да може, те махне руком и сабљом, а они сложе свеколика у један глас пушкама, те и Кулина и кулата му под њим добро погодивши ту осмрте.

На то весело повичу Срби:

– Погибе Кулин капетан, погибе и он и хат му!

Па кидишу неколицина да га и уграбе, али брже сва Кулинова булумента допадне, те га отму и однесу. Но, до мало

---

* *Описаније г. Луке Лазаревића и његове породице,* настало 1842. године у Шапцу приликом сусрета Симе Милутиновића Сарајлије са Луком Лазаревићем, остало је до данас необјављено (Архив САНУ, Оставина Симе Милутиновића Сарајлије 14161/89). Овај одломак штампао сам у *Даници* Вукове задужбине за 1994. годину (стр. 248–251).

послије у заклону од Србаља имавше још неколике хиљаде хатлије турскога, викну дову учити, а то чине свагда пред слијепи и очајни јуриш, како га одма и учине, него их амо тек Лукина момка неколика са Луком дочекају, и ту се одма онај Тодор Каонац и Тркић и Ђорђић изране, и тако би их ту и пофатали да их Лука и ваљевски Јерменин, мраор Јаковљев и Алија Плавић Циганин ужички не избаве, но и ова обадва најзад изранив се, сили толикој уступе, и утеку за свима осталима српским хатлијама, у којима је и сами Мутап Лазар, како и Јаков и прочији многи, био, а Лука запане у Турке самосам и ту неколико обори, док му не обране сабљом десну руку, и клоне му сабља и рука. Онда га Турчин и по глави мазне мало поврх обрва, и читаво му тјеме до тјенице и мозга као ћелепуш смахне, па уфате и коња под њим за узду, и он брже још док се може једног арбијом у нос, а на другога тргне ногу из узенгије, те га турне њом у прси, што је замахнуо да га још удари сабљом, тер ти овај тамо преко коња, а Лука овамо па пуж-пуж испод коња турски до у честак и гушту.

И Турци га тако већ ни смотрити не могавши, а толи гонити и уфатити, оставе га из руку им утећи, него и забавивши се радије о његовој пљачки. Но Карађорђе, опазивши да је сав хатлија турски ударио те тако под селом Корманом на Србе и узбио их, к томе вићевши да су и око његова шанца многи се поиспреметали Турци од плотуна и картача, те више него ми сва три дни дотле, повиче јуриш преко шанца и браника, те сви у поље, и одма Турци безобзирке нагну узмицати, а капетани их устављати, док не погину и њих четверица ту часком. Пак се узмакну сви Турци, те и своје топове једва одвуку, које су примакли били томе шанцу до на изручни добацак, тако измакну се и оне хатлије, за што само њиова громила остане изложена српским топовима, картачу, и карабиљским плотунима, па ништа већ никоме не могавши собом ни помоћи ни одмоћи, него сами јамачно изгинути, те за осталима својима к Шапцу под заштиту града и његовије зидина и топина.

Ово је у сриједу било први дан поста Свете Госпође 1806. и то је најглавније сражење од исте недеље почевши, те је три дни повторавано, јербо су још мислили Турци да нешто учинити могу, док се испушкарају и поизнуре Срби, који су и тако према њима малина и једва што били, али се данас увјере да им баш ништа више не могу, особито што им сад изгину млоге и најзначајније старјешине, какоти: Мехмед-ага Видајић, капетан семберски, Тузла капетан, и капетан јајачки и дубички. Сад се топрв и од Нијемаца постиде, што су им у недељу и прије говорили да их до сјутра притрпе, па ће виђети да ће каурско месо нипошто бити.

Карађорђе собом продријевши до под брдо, сад кад узбије и хатлију отале турскога, потражи туда по друму и шуми Луку и још кога од рањеније и погибшије Србаља, него никога ту не нађе, до један фесић, од кога је за прст ивице остало, а дна нигде ни од корова, док му ту на то дође и Јаков и остали, те му кажу да ће то бити Лукин фес, и кад га туда никако и нигде нема, то су га морали Турци уфатити жива и одвести.

На то им рекне Карађорђе:

— Како Луку знам ја, никако им се он жив у руке није дао, па ћете видети, а може бити да је у чести негди под кладу завро се као зец, и од рана умро.

Пак се отале врати опет у шанац јер је и вече већ, а кад ли тамо, ал ето ти му и Луке ту нашао га случајно у шуми самога, ђе иде полахко и још носи један пиштољ запет у Мишар, и познаду се и доведе га све испод руке Јован Ранковић Остружничанин, него брез тјемена, осим друге неке сабљене и пушчане ране, те му он брже хећима и чадор свој, и четири своја топа сваки по једном испали шенлука, што је жив умакао Лука, и његову ријеч и мисао сам о себи оправдао.

Ту пред чадором већ је донешен лежао и Тодор Каонац, зло рањен и тек у лијевој му још куршум стоји сиси, али позна свога Луку, и видивши га свега у крви, ка' и себе, замоли му се једва проговоривши:

— Реци господару да ми се ово зрно изреже, па да душом дахнем, оно ми душу извади.

Тек то рече Лука, једва и сам говорећи, часком му га изрежну, и он одма издахне, зар што уби Кулина, пак да га одма плати да му интерес не расте, а и на Божијем суду да су квит.

АУТОБИОГРАФСКО У ПРОЗИ СИМЕ МИЛУТИНОВИЋА САРАЈЛИЈЕ

У прози прве половине XIX века влада велика разуђеност и неискристалисаност прозних облика. Пут до моралистички-сентименталне приповетке (о искушаваној и награђеној врлини), романтичарске љубавне приче са елементима реалистичког приповедања и историјског романа водио је преко мноштва жанрова, махом наслеђених из 18. века: *народне приче и анегдоте, басне, разговори са мртвима на оном свету, поучне приче из класичне старине, савети у облику писама, алегоријске визије, сновиђења, идиле, параболе, песме у прози, необична збитија, путописи, анегдотски писане биографије значајних људи, историјска проза, легенде, скаске, новеле.*

Главне утоке српске оригиналне прозе, поред усмене/народне, биле су мемоарска, путописна и историјска проза. Оне се, најчешће, прожимају у истом делу, као у *Мемоарима* Проте Матије Ненадовића, из њих су проистекле најбоље странице Јакова Игњатовића. Тада настају многа дела у којима се прожима аутобиографско и путописно, бележи оно што је и за народ и појединца „вредно памћења". Како се „епска истина" сели из десетерачке песме у драму и историјску прозу, критеријум „вредно памћења" постаје први и основни.

Прозно Милутиновићево дело најбоља је потврда да је пред крај његовог живота епска песма изгубила негдашњи значај, да се епско сели из песме у прозу и драму, да долази време великих и аутентичних стваралаца, Богобоја Атанацковића, Јакова Игњатовића и других, који су имали на шта да се ослоне. За тај талас аутентичне прозе, за њену вредност, треба захвалити управо писању о виђеном, доживљеном, аутобиографском, укључивању и поистовећивању аутора са колективним прихватањем суштине друштвених и историјских збивања, онога што је „вредно памћења". Поређење Милутиновићеве прозе са прозом Проте Матије показује многе сличности: исти је однос према путопису, наглашена је потреба да се остави спомен о властитој породици ако је значајна за историју народа, да се искаже животопис, сачини лична биографија.

Понет начином усменог казивача, Милутиновић гради дужи Ђурчијин исказ којим се обраћа зворничком паши Видајићу, чак се и поистовећује са Ђурчијом. Кад Ђурчија, преко гласника Хаци-Усеина, добије „од паше поздравље", он наставља епски исказ: „... и ми Турке бијемо и ватром палимо, докле гођ даије, и зулум из земље не истјерамо нећемо се умирити". У том подужем Ђурчијином исказу нису случајни многи десетерци: „и већиле царске не признају"; „да не знали један за дугога"; „од једнога петерицу гради". Истовремено, Милутиновић утврђује опште прозно место о Ђурчији, понавља га и допуњује на начин варирања општих места епских песама: „Који је Дрину границом учинио, друмове засјекао и Шабац затворио, и који је тамошње Србе јако на оружје ослободио и упутио Турке бити."

Већ у прози о Томи Милиновићу Морињанину Милутиновић снажније наглашава своје присуство, своје *ја*, истичући неке аутобиографске моменте: „При концу ономлањске године писао ми је као брат брату, исти Томо из Акермана једно писмо...", „...јавља мени...", „...које ја му ништа не одговорим одма, надајући се наскоро и какогод собом отићи тамо и по њега, пак, у отечество га братски довести...", „Прошасте јесени враћавши се ја из Русије опета кроз Одесу, и отале, пут свој окренем на Акерман да посјетим барем покојнога Томе гроб..." О посети гробу Милутиновић пише и у путопису, само је у житију наглашеније епско. Наводећи како је Тому очајна мајка звала да се врати, убацује управни тужбалички говор с припевом: „Камо ми те, сине Томо...".

У време настанка Милутиновићеве устаничке прозе постоји тежња да се о добрим Турцима и њиховим делима лепо пише, дозвољена је могућност да сви Турци нису били зли и зулумћари. Милутиновић у више наврата издваја мудре Турке, махом старце седе браде, што може бити и дуг Видаковићевим романима, који се труде да чине добра дела Србима;

пише о пријатељствима и побратимствима Срба и Турака. Такав је пример Турчина богатог трговца који брине о Симином оцу и помаже му да трговачки ојача, такво је писање о томе како Лука Лазаревић узвраћа добро добрим Турцима. По правилу се на таквим местима згусну пословице: „Тко шта ради, све себи!", „Уза сухо и сирово гори", „Где год се чине велика јунаштва, ту су наблизу и голема опаштва".

Белешке о Карађорђу већ су у већој мери надограђене.[1] Оне су пример како и у овако скученим облицима, заснованим на анегдотама, Милутиновић истиче аутобиографско, како своју доктрину о водолечењу поткрепљује анегдотом о Карађорђу. Прва белешка о Карађорђу као праведном судији блиска је предању: „Карађорђу дође у Тополу из некога ближњега села један човек и потужи се..." Ова белешка писана је језиком наравоучитеоне приче из живота којом је Доситеј поткрепљивао басне, док у наравоученију које изговара Карађорђе наслућујемо одјек народне приче о цару Тројану и козјим ушима: „Твој живот опраштам ја сада и не теби, но твојој кући и овоме твом дјетету, које ми је твоју кућу издало, и то да добро упамтиш и свакоме казујеш да штогод се на земљи учини, на земљи се и објави, те свеколико и још прије, него си га и сакрио, ако ћеш га и у земљу закопати." У наставку белешке, писане с тезом, Милутиновић даје пример како је, насупрот Карађорђевом, суђење кнеза Милоша било у најмању руку неправедно. Због жеље да се омаловажи кнез Милош, казивање је огољено и спуштено на ниво оговарања; уместо оног неодређеног *неки човјек* и *из неког села* тачно се наводе имена учесника и место збивања: „Био је у Врбици неки кмет и газда и трговац, Андрија Јокић по имену, којега је за његову поштеност и совјесност сва нахија крагујевачка познавала и почитавала." Како би потврдио истинитост приче, Милутиновић се на крају позива на сведока Сараманду, од којега је кнез наручио да убије честитог Јокића.

Друга белешка је, насупрот претходној, уздигнута на ниво предања. Модел је прича о случајном намернику (у овом случају Карађорђе) у кући сиромашка. Милутиновић уводи

---

[1] Милорад Радевић, *О Карађорђу. Три прилога спознавања Карађорђа и његовог времена*, Карађорђеве војводе у историји, епу и драми, зборник радова, Велика Плана, 1997, стр. 81–86.

у причу библијски тон и налази срећне језичке конструкције у народном књижевном језику, готово исте какве и Вук налази у преводу *Новог завјета:* „Не куни, којекуде, то дијете, греота је; оно не зна друкчије да му је и цар у кућу дошао, него га развиј до нага, пак ходи за мном." Даље: „Сад га завиј, па носи у корито, ћутаће и заспати доиста." На крају се враћа стилу предања. Вожд се прекрсти, наздрави сиромаху „пак се дигне, и збогом отиде својим путем, а за општим послом да га нитко више у селу овда ни чу, ни виђе." Следи рекапитулација писца: „Овако је он понајвише из тија и без хуке и буке ходио свуда, и опета је свуда стизао, своје послове свршавао, па и надалеко се по такима врлинама јунаштвом и побједама чујао. И Бог да га прости!" У наставку приче у потпуности превладава аутобиографско. У питању је ауторова фантазија о води и водолечењу, њоме он поентира причу: „А да вода ватру гаси, како год што и сваку нечистоту спира и опире споља и изнутра стакла, но, и тјела човечија, зна и вјерује сватко разумни, ако је школом и не учен."

Цео путопис по Русији[2] обележен је, на пример, овом Милутиновићевом фантазијом. Он описује своје купање у Бугу, славенском Гангу, схватајући га као ритуал: „Заиста се остарославенисмо, и освештасмо на сав будући живот наш бистром водом славенскога Ганга." И у Москви преважно му је купање у истоименој реци, то је за њега начин да се „помоскови". Пролазећи преко древног моста у Новгороду њему падне на ум да се „не би могло у воду скакати с њега сад". „Највише завета ради" окупаће се и на невском купалишту у бистрој и хладној води. У том смислу треба тумачити славопојку царевом купатилу и изванредни романтичарски опис Дунава, четврте рајске реке, на повратку са путовања. Његов се путопис и завршава трактатом о *хладноводољеченију, хладноводију.* Последње путописно писмо датирано је 10. децембра 1847. и завршава се: „Et, et следује." А то је, у ствари, био крај живота Симе Милутиновића Сарајлије.

У путопису у већој мери долази до изражаја не само аутобиографско, већ спознавање себе сама, *самосама* како Милу-

---

[2] Десет путописних писама Сима Милутиновић је објавио у *Српским новинама* од 1. августа до 16. децембра 1847 (бр. 60–99), а једанаесто је штампано у *Вуковој преписци,* књ. III, Београд, 1909, стр. 638–640.

тиновић често понавља. Путопис је прошаран строфама, стиховима којима је исказивао своје особите доживљаје Русије. Такав је запис који је уписао у свеску Срезњевског, али и онај који доказије да је имао пуну свест о томе шта је 1847. година донела на плану националног освешћивања:

Себезнан се у Славјану ѝрену

То је већ друга тема која се односи на значај овога путописа као дела које је доприносило националном освешћивању српског народа, да се читаоци осете делом велике словенске породице. У том смислу издвајају се његова виђења храма Успенија Пресвете Богородице, свесловенске Лавре, Кијева као Новог Јерусалима; њему у Москви, „фениксу славенском", „плану са срца нова чувствовања".

У *Живоѝосѝису*[3] аутобиографско је у првом плану. Чак и у већем уводном делу, у којем прича о очевим трговачким путовањима, Сима Милутиновић пише као да је све то посматрао седећи иза очевих леђа добро опасан на седлу, из ког угла описује, касније, своју прву причест. То даје овим мемоарима драж модерног романа. Свака сцена, чак и она доживљена посредно, путем дединог или очевог приповедања, делује као субјективан доживљај.

Ово дело јесте модел комбиновања и жанрова и стилова. У њему, поред мемоара, у већем делу превладава путопис у којем се приповеда о трговцу који лута Балканом под Турцима, али залази и до Дубровника, Ријеке, у Славонију. Уз усмени свакодневни говор, Милутиновић негује и приповедни, са општим местима у којима је фиксирана прича, на пример, о пропасти царства српског, са асоцијацијама на епске ситуације (сцене из песама о Марку Краљевићу, Милошу Обилићу). То су управо оне сцене које ће, тада и касније, наћи одјека у ликовној уметности, на сликама заснованим на народној песми којима је сликарство пратило епску вертикалу. Уз то следи манир пословичарства, пословичарски говор у којем су пословице у функцији исказа као поенте, наравоученија или се управо оне објашњавају причом. Није редак случај да Милутиновић, по моделу усменог мудровања, из

---

[3] *Живоѝосѝис*. Приредио Милорад Радовић. Књижевна историја, Београд, 1976, год. IX, св. 33, стр. 157–181.

приче ствара нову пословицу, како би учинио занимљивијим неколике орације, махом стараца (Милутиновићев деда, добри сарајевски трговац Турчин који Симиног оца прихвата као сина). Милутиновић се и у овом делу огледа у библијском говору на начин како је то чинио и у другим прозним формама. Овде до израза долази изванредна мера одабира оних славенизама који се веома природно уклапају у народни књижевни језик.

Одлике аутобиографског у овом делу најбоље означава реч *себезнање*, којом Милутиновић одређује време најраније младости, прве године које памти. Може се закључити да у укупној Милутиновићевој прози доминира присуство писца, његово ја. Он чак и у наслову путописа мора да своје ја нагласи: *Како сам путовао ја по Русији 1846. године*. То је оно ново што је донела проза четрдесетих година 19. века, то је нови тон у дотадашњој безличној преведеној и посрбљеној прози – оглашавање писца у већој мери, његов дијалог са читаоцем. Основу те снажно изражене комуникације писац – читалац чине, поред народне приче, путописна, историјска и меомоарска проза.

Посебну пажну заслужује и аутобиографска прича *Двобој ученика и учитеља*, у којој описије свој двобој са младим Његошем, али тиме почиње и прича о аутентичном прозном писцу прве половине XIX века.

МЕМОАРИ ПРОТЕ МАТИЈЕ НЕНАДОВИЋА

Први прилози Проте Матије Ненадовића о Устанку објављени су у Голубици за 1843. и 1844. годину под насловом *Ратовање Срба са Турцима Бошњацима (од конца год. 1805. до августа 1806)*[1]. Васо Милинчевић у прилогу *Непознати одељак „Мемоара" Проте Матеје у „Шумадинчету" 1852*[2] указао је на још један део Мемоара објављен за Протина живота, а који се односи на рад Правитељствујушчег совјета. Милинчевић је указао и на знатне разлике овог одломка у односу на део *Мемоара – О правитељствујучем совјету. Како је совјет у Србији постао 1805. августа 15*, тако да је по њему одломак објављен у Шумадинчету готово други текст о истим догађајим и личностима.

После Протине смрти, 1854. године, Љубомир Ненадовић је у Шумадинки за 1855,[3] објавио *Дневник проте Ненадовића посланика србског 1815. год. у Бечу*, а 1856. је објавио оно што је у каснијим *Мемоарима* било срж, под насловом

---

[1] V, стр. 3–18.
[2] Гласник међуопштинског Историјског архива, Ваљево, 1975, бр. 10, стр. 43–56. Владимир Дедијер превиђа овај одељак *Мемоара*, објављен у Шумадинчету под насловом *О постанку и трајању првог совјета (Синода или Сената), у Књажеству Србији (1805. год.)*, мада разлике у њему, поготову места посвећена крвној освети, изостављена у *Мемоарима* из 1867. године, показују поступак цензуре Љубомира Ненадовића и у многоме могу да ревидирају поставке о *Мемоарима*, до којих је В. Дедијер дошао применом теорије дистанце (В. Дедијер, *Мемоари Проте Матије у светској и нашој књижевности*, предговор књизи: Прота Матија Ненадовић, *Мемоари*, Београд, 1980).
[3] 12, 15. и 19. април 1855.

Рукопис Проте Матије Ненадовића.[4] Међутим, *Мемоари Проте Матије Ненадовића*, као посебна и целовита књига у редакцији Љубомира Ненадовића, појавили су се тек 1867. године. Критичка издања Љубомира Ковачевића и Владимира Ћоровића објављена су 1893, односно 1928. године и, као што је познато, сва три издања се у нечему разликују, наиме, сваки приређивач је, према својим критеријумима, бирао из Протине заоставштине оно што је сматрао да је најбитније.[5] Најкомплетније издање било би оно које је приредио Владимир Дедијер 1980. године.

Оцењивачи *Мемоара*, почев од Ђорђа Јовановића, Љубомира Ковачевића, Владимира Ћоровића и Јована Скерлића, па све до оних који су се бавили овим делом у наше време, Миодрага Поповића, Радована Самарџића, Јована Деретића, Васе Милинчевића, Милисава Савића, Владимира Дедијера, Слободана Марковића и других, високо су оцењивали ово дело без премца међу књижевно-историјским делима те врсте код Срба. Истицано је да *Мемоари* садрже у себи замах Првог српског устанка и да је у њима изражена тадања и потоња епска стварност Србије, да су писани непосредно и изворно, да је Прота, иако не у Вишњићевом смислу, у основи епичар, вешт казивалац згода и мајстор живописних детаља и карактерисања личности уз помоћ њиховог властитог говора, да је његова проза богата разноликим говорним колоритом чије заметке налазимо у народном приповедању.

То су разлози да се прецизније утврди место и значај *Мемоара* за заснивање српске прозе, као и да се издвоје они елементи који су могли да послуже као основа првим нашим реалистичким приповедачима. С друге стране, поређење *Мемоара* са Вуковим историјским записима, нарочито са оним деловима који се односе на оснивање и рад Совјета и Протино путовање у Русију, о чему говори и Прота у *Мемоарима* на доста сличан начин, као и поређење *Мемоара* са

---

[4] Шумадинка, 1856, бр. 11–14; 29–35; 61; 64; 73; 76; 82; 85; 88; 94; 97; 100; 106.

[5] Милорад Радевић, *Издања „Мемоара" Проте Матије Ненадовића*, Зборник Историјског музеја Србије, Београд, 1972, 8–9, стр. 125–131.

прозом заснованом на историјским збивањима из времена Првог устанка, каква је, на пример, 1981. објављена приповетка Јована Стерије Поповића *Кнез Јанко из Коњске и дахија Аганлија*[6], па и са преписком и сведочанствима о том времену, а посебно са епским народним песмама и усменим хорницима о устанку – показало је да је са Устанком, у друштвеној и културној револуцији, заснована нова епоха књижевности и културе, којој је у самој сржи реалистички начин виђења и транспоновања појава из стварности. У жељи да у пуној мери изразе своје национално биће, људи од пера описују по сећању историјске догађаје и биографије виђенијих људи из Устанка, воде дневнике и бележе летописе, објављују историјска документа и писма, записују исказе старијих људи, воде полемике око неких неразјашњених тренутака из бурних дана Устанка (Вук и Прота споре се око Карађорђевог односа према Совјету; Прота се спори са Симом Милутиновићем, Вук са Миланом Милићевићем), описују крајеве, градове и манастире, путопис постаје сигуран облик веродостојног исказа и у њему се прича о виђеном. Поређење таквих текстова показало је да су у њима доминантне неке одлике усменог стваралаштва, оно што и чини Вука утемељивачем српског књижевног фолклорног израза (приповетке, управни говор, епско понављање, анегдотско казивање, пословице) и да се, управо у тој равни, може наћи безброј општих и утврђених места, готових прозних клишеа које налазимо као новостворене моделе, некада готово и дословце пренете из једног у друго дело. Вуков *Српски рјечник* одиграо је при томе веома значајну улогу, јер је по природи био речник-зборник и народног поетског и народног говорног језика, са обиљем примера из песничке употребе и живог говорног језика. Тако и Прота у *Мемоарима,* готово као да то Вук пише, објашњава читаоцима значења појединих појмова *(покајање – крвна освета; читлук-сахабија, челенка).* Са наговештајем

---

[6] Припремио као посебно издање Милорад Радевић: Јован Стерија Поповић, *Кнез Јанко из Коњске и дахија Аганлија,* Београд, 1981. О кнезу Јанку пише и Прота у *Мемоарима.* У својој приповеци Стерија се служи неким општим местима које срећемо и у *Мемоарима:* утврђен управни говор, поуке илустроване примерима, мотив враћања дуга спасиоцу живота, тон којим се исказује поштовање према Турцима.

уласка у епоху реализма, уместо песничког народног језика, у прози претеже говорни, комуникативни и приповедни језик, у почетку по узору на усмено приповедање и, нешто касније, по узору на свакодневни језик, односно стваралачки се реализује и активира вуковско језичко благо. Тај слој је био најздравији ток прозе у првој половини XIX века.

У мемоарским записима, Јаков Игњатовић пише о ћорсокаку у који је проза запала око 1860-е године, подразумевајући поразно ниски ниво и стилско-језички, композициони, фабуларни и сижејни неред и примитивизам, који је прозу спутавао до 1860. године. Игњатовић је уочио да је развој српске прозе текао спорије у односу на развој песништва, мада је, како он вели, и проза „имала своје народно ждрело, откуд би чистота језика избила и њојзи притекла, а то су народне приповетке, басне, пословице, народни обичаји, па уз то и сама жива реч у народу"[7]. Управо ту можемо наћи основне предуслове реалистичких заметака у делима Јована Поповића Стерије, Љубомира Ненадовића, Јакова Игњатовића, Бранка Радичевића и других. По Душану Иванићу,[8] био је то особити ток „стихијског реализма", без устаљеног метода, без теоријске подлоге или учесталијих знакова стилског правца, праћен почетком 60-их година, захваљујући покрету Уједињене омладине српске, можда и закаснелим романтичарским прозним таласом, на челу са Змајем, Јакшићем, Лазом Костићем, Миланом Кујунџићем, Чедомиљом Мијатовићем и другима.

Прота Матија своје успомене није називао мемоарима. Миодраг Поповић је јасно разлучио три дела *Мемоара*[9], прекидајући тако многобројна сувишна натезања око типа Протиног дела. По Поповићу, *Мемоари* се жанровски састоје од житија кнеза Алексе Ненадовића, једног омањег путописа и Протиних сећања из самог Устанка, уз напомену да су ове целине *Мемоара* писане у једном даху и да их нит сећања спаја у нераскидиву целину, у дело исцела.

---

[7] *Рапсодије из прошлог српског живота,* Нови Сад, 1953, стр. 424.

[8] *Српска приповијетка између романтике и реализма (1865––1875),* Београд, 1976, стр. 25.

[9] *Историја српске књижевности. Романтизам I,* Београд, 1968, стр. 152.

Мемоари као особито дело јављају се у време приповедачког класицизма, како то вели Теодор С. Виловски[10], мислећи на Јакова Игњатовића, Ђуру Јакшића, Милорада Поповића Шапчанина и Стефана Митрова Љубишу – чија су позна дела била образац потоњим приповедачима.

У поменутој студији *Српска приповијетка између романтике и реализма (1865–1875),* Душан Иванић је уочио низ промена у српској прози тог раздобља, мада, Проту Матију и његове *Мемоаре* уопште и не помиње, иако се у Протином делу могу наћи примери за све облике приповедања о којима Иванић посебно пише, од хумористичко-сатиричног, путничко-путописног и дидактичког, до низа прелазних облика ка реалистичкој приповеци (сеоска приповетка, путничка прича, јуначка приповетка).

Ако се уопште може говорити о поетици Проте Матије, о његовој замисли када је приступио писању *Мемоара,* онда пре свега треба говорити о оним Протиним тежњама које је јасно исказао у самим *Мемоарима.* У уводу, Прота вели да описује свој живот и народна збитија, држећи се истине: „Ја знам да ће исте догађаје доцније много перо описати вештије, али истинитије неће." Извињавајуће се, касније, што не помиње нека имена због заборава или из других разлога, он наглашава да су збитија, оно што је основни предмет његових *Мемоара,* истинито изнесена: „...но дело, ако не и опширно, то ћете онако наћи како је бивало". У жељи да догађаје прикаже што истинитије, он прича и о нужним лажима којима су вође устаника успевале да окураже народ и поведу га у борбу против турског цара. У више наврата он истиче да су у народу и међу Турцима по градовима ширили глас да су се Срби подигли не против цара, већ само против јаничара и зулумћара и да су и даље цару остали верни; измишљали су топове и војске, како би подигли морал устаника и препали Турке. Прота на једном месту истиче нужност таквих поступака и, том приликом, јасно наглашава глагол *лагати:* „Али тако је онда ваљало лагати."

Реалистичко преношење догађаја о којима приповеда, избор типичних личности, тренутака из устанка, ситуација

---

[10] *Један листак из српске приповедачке књижевности. У спомен Стјепана Митрова Љубише,* Беч, 1879, стр. 5–6.

које на најбољи начин илуструју прилике и поступке устаника и Турака, условили су и особит тон приповедања, веома близак тону народног приповедача. Прота често понавља уводну приповедну фразу: „Овако је било, ако ме питате", или, ако се позива на сведока: „Из уста казивао". Као и Вишњић, Вук и други хроничари Устанка, и Прота подлеже потреби да се потврди као сведок догађаја, што подразумева низ устаљених места, готово формула: „очима видети"; црквени празник на који се догађај збио истиче се на крају описа догађаја и сл. У неким деловима *Мемоара* Прота иступа као историчар и своја сведочења поткрепљује изводима из докумената и писама. У сваком случају, он се доследно стара да у делу изнесе истину и да његово казивање буде у високом степену веродостојно. Резултат те Протине жеље била је и тестаментарна порука да се *Мемоари* могу објавити тек после његове смрти.

Истакао бих још једну сложеност Протиног дела. У *Мемоарима* се укршта више типова приповедања и по томе је ово дело изванредан пример прожимања жанрова и жанровског синкретизма реалистичког правца у српској књижевности. У једном слоју, додуше незнатном по обиму, налазимо трагове казивања средњовековних писаца житија и хагиографија. Смрт Јанка Катића, кога је на превару убио неки стари и слабашни Турчин, Прота пропраћа тоном којим су се величали средњовековни јунаци: „Али, проклети, уби онако мудрога и преко мере храброга јунака." На витешки начин се и Милош Поцерац заклиње на верност Карађорђу: „Господару, сто живота да имам, свих ћу сто изгубити, а твоју вољу и заповест до смрти испуњавати." У описима особито свечаних тренутака, Прота напушта народни говор и окреће се патосу црквених проповедника. Такве су сцене целивања, каква је и она о „последњем целованију", у тренутку слома Устанка, таква су мудровања и савети настали поређењем судбине устаника и Христове жртве: „Али и Христос спаситељ себе је дао на смрт, да спасе сав род человјечески."

Управо због сложеног приповедања, у *Мемоарима* можемо наићи на, понегде и небрижљиво, смењивање типова прозе. Користећи се ретардацијама, допричавајући делове из живота свога оца Алексе, смењујући причања о ономе што је лично видео казивањима из туђих уста како би боље расветлио неки детаљ из историје Првог српског устанка, Прота често не прилагођава тип свог приповедања ономе о чему пише. Навикао да као народни приповедач наводи управни говор јунака, трудећи се чак и да репродукује аутентичан њихов говор, верно преносећи узречице и конструкције, склон чак и да понавља исказе у управном говору, као што то бива у народним приповеткама и песмама, или да их репродукује својим речима, слично како то раде народни казивачи, служећи се понекад и епском формулом – „Па му каже све како је било" – а у исти мах круто се држећи историјских чињеница, Прота западне у несклад који се негативно одражава на уметничку вредност његовог дела. Такав пример налазимо у случају када Прота у Бољевцима казује обрлајтнанту муке свога народа и уместо навођења управног говора наводи текст писма, јер му се, у том тренутку, разложни стил писмапредставке учинио јаснији за читаоца. То се Проти чешће догађа када се он сам обраћа некоме као јунак догађаја описаних у *Мемоарима*.

Највећим делом *Мемоари* Проте Матије припадају делима са снажно израженим фолклорним коренима. По томе *Мемоарима* извесно припада значајно место у основама српског реализма и део су раног реалистичког правца у српској књижевности. Протино дело је на веома сложен начин засновано на усменом стваралаштву, пре свега на предању и епским усменим хроникама. Његова проза обилује описима народних веровања и по томе је веома блиска приповеткама о сеоском животу. Погодна места за насељавање у народу се одређују према природним појавама и понашању животиња. Тако Прота наводи завет својих старих из Херцеговине, да се населе тамо где чују вола да без одмора највише пута рикне или где нађу пчеле у грму. Приликом сусрета кнеза Алексе са царем, Прота износи народно веровање да нико цара не сме очима гледати, јер ће му од страха препући доња усна. Он описује и многе легенде о местима (Рељино Поље; Дворишта Милоша Обилића). У области обичајног права *Мемоари* могу да послуже као драгоцена грађа за истраживање крвне освете. Прота се у својој прози обилато служи заклетвама („Твој ми крмак пред свом овом ордијом на образу висио"; „За тобом у гору и у воду"). Дидактички тон приповедања у великој мери заснива на црквеном проповедништву, али, још више на народним пословицама. Пословицама он поткрепљује своје савете, мада их проширује и прилагођава догађају који описује: „Ако почнеш тако млад друге да учиш памети и мудрости, онда ти нигда мудар бити нећеш"; „С мером и у своје време много се којешта чини без штете, што пред судом здравога разума не би се могло оправдати сасвим"; „Зима два зла растави".

Поред тога што се служи техником усменог приповедача, Прота је спреман да у своје дело угради и целу народну приповетку, као ону о краљу преобученом у гласника, коју као поуку приповеда капетан пре но што ће Проту ослободити у замену за четири бега.

Као и Вук, и Прота се није отео утицају епске народне песме. Преузимао је готово целине, чак и стихове („Ово дуго њима бити неће"; „Браћо моја, српски соколови"; „да се са Србима умирити не могу"; „Јали доћи, јали не доћи", служио се устаљеним описима из епских песама („коњици турски били (су) густи као шума"). Прота описује харамбашу као што народни певач описује митског јунака, дива, у песми *Женидба Поповић Стојана*[11] или Јанковић Стојана:[12] „Један седи те га момак чешља, велики перчин, све му се прси сијају." У више наврата Прота развија опште место из устаничке епике: „ту цареви нису ради кавзи", служећи се и овом приликом техником епског понављања. У *Мемоарима* се понављају, са малим разликама импровизационог типа, цео управни говор, делови захтева за помоћ устаницима у облику текста писама или препричавања управног исказа, захтеви Турцима да из градова истерају зулумћаре да им Срби не би попалили и порушили град („да вам Турци, града не кваримо"), описи унутрашњих противних осећања, као у случају када страхује за свој живот, очекујући у турском логору да га размене за бегове. Он понавља више пута једном утврђени исказ, који има у великом степену и одлику усменог казивања, а могућно је и његово даље усмено преношење. Мирећи се са судбином, он понавља следеће фразе: „а себе сам осуђујем"; „што сам тражио нашао сам"; „ја већ себе прегорео". Гладовање првог

---
[11] Вук, *Српске народне пјесме*, Београд, 1958, књ. II, песма бр. 86.
[12] У песми *Женидба Стојана Јанковића*, Вук, *Исто*, књ. III, песма бр. 21.

Совјета у манастиру Вољавчи и Прота и Вук Караџић[13] описују на исти начин, помињу *пустињу*, *Рудничке планине*.

Из народних песама Прота преузима и опште место дозивања и разговора топова (лубарди) и уграђује га у дирљиву причу о топу, која, као и прича о димовима попаљених села и градова, чини особиту окосницу *Мемоара* и представља високоартикулисани реалистички прозни ниво овог дела. У тренутку слома Устанка, њега особито погађа дозивање турских топова по Србији: „Турке видим, а топове чујем, како турски топови, једни од Смедерева и Београда до Колубаре, а други од Шапца и ушћа у Саву реке Вукодраже, глас топовски гласом гласу одговара."

Описујући битку у Топчидеру када су устаници, охрабрени топом, потерали Турке иако их је Карађорђе упозорио да то не чине, јер је Турака било више, Прота у опису посеже за предањем о пшеници – душама, већ увелико утврђеној симболичној поетској слици у нашој књижевности, у којој се страдање Срба од Турака изражава месечевом косидбом зреле пшенице. На брду на којем Турци сачекају и посеку устанике, Прота запажа детаљ *влатаве пшенице*: „а наша војска за њима (а на свом брду пшеница већ влатава)... а Турци на брду чекају, пак се повpaте и наше заокупе, те још седам осам глава одсеку".

У *Мемоарима* нема много описа, а и кад их има веома су штури и на реалистички начин њима се изражава стварност. Описа има понајвише у путописним деловима *Мемоара*, што и одговара поетици путописа и фабуларној функцији путовања. Пишући о путничко-путописној приповеци у периоду од 1865. до 1875. године, Иванић истиче као одлике оваквих приповедака описе незгода с ветром, снегом, планинама, кочијама и закључује: „Стога реалистичност постигнута на овим страницама не уступа касније зрелим остварењима реализма"[14]. Он не помиње Протине *Мемоаре* ни овом приликом, мада се сви поменути описи налазе у Протином делу, и, бар по томе, *Мемоари* и јесу основа раног стихијног реализма у српској књижевности, без обзира што жанровски не

---

[13] *Сабрана дела Вука Караџића, Историјски списи*, II, Београд, 1969, стр. 54.

[14] *Н. дело*, стр. 267–268.

припадају приповеткама или романима. Описи у *Мемоарима* реалистички су и по једноставности исказа и по тону благог хумора: „Путујемо; врло јака зима беше"; „Вас дан нас је гонио ветар и понешто падао снег"; „Изађем на поље, имам шта и видити: оба седе у снегу, нашарали сву авлију премештајући се, више него два јата препелица."; „Онде простремо једно јапунџе црвено, и бројимо новце арачке и пореске, од сваке нахије донешене."; „Манастир сиромашан, ћелије малене и ниске. Велике рудничке планине до манастира притисле, и једва човек с коњем дође а кола никако."

Описи које Прота гради метафором доказ су да је он одиста велики писац: „врлетни буквар"; Турци јуришају на Србе и скоро све побију, али их *мрак отме*[15]; Проти од страха *падне мраз на образ*.[16] У *Мемоарима* налазимо и развијенија поређења и оригиналне поетске слике, чија је највећа вредност што су и дубоко функционалне у грађењу ликова и изражавања општих прилика у Устанку и међу Србима у Аустрији. По томе се издваја сатирични опис Протиног сусрета са Савом Текелијом у Араду. Срби у Аустрији подржавали су устанике, али су и стрепели од аустријских власти и нису хтели да увек јавно испоље подршку устаницима. Када Текелија схвати да га је у повратку из Русије, као опуномоћник и гласник Устанка посетио Матија Ненадовић, он гаси свећу и једва чека да се Протина посета заврши. Прота своје разочарање сусретом са чувеним Текелијом изражава опи-

---

[15] Вук на сличан начин описује пораз устаника у том боју: „И тако послије страшнога боја ножевима и празним пушкама и послије рвања и чупања за вратове надвладају Турци и Срби изгину готово сви, само и неколико мрак сакрије међу мртвацима".

[16] Занимљиво је поређење *Мемоара* и Вукове устаничке прозе са романом Јанка Веселиновића *Хајдук Станко*, познијим делом о Устанку. О главном јунаку Веселиновићевог романа, Црнобарцу Станку, пишу и Прота и Вук, о њему пева и Филип Вишњић. За ову прилику указао бих само да су Протини *Мемоари* били у много чему узор Јанку Веселиновићу, да је он из *Мемоара* преузимао мотиве (клање бритвом), опис битке у шанцу (битка на Равњу), клиширане дијалоге (управни говор у роману *Хајдук Станко* запрема 75% текста, како је то и у *Мемоарима*), фраземе (Лазару, јунаку из романа *Хајдук Станко*, као и Проти у *Мемоарима*, падне од страха *мраз на образ*).

сом блатњавих арадских сокака који стоји у ред најбоље писаних страница српске прозе. Овај опис доживљавамо као најуспелију реалистичку слику са мотивом банатских раскаљаних сокака, остварену на сликарским платнима Ђуре Јакшића и Паје Јовановића: „Пуст сокак, блато до колена; идући у бирцуз по мраку кожу се сав до колена укаља, дигох га у руке; спаде једна чизма, узех је под пазух; спаде и друга и једна чарапа, све то покупих из блата, једва ноге ишчупавам. Чини ми се да нигде онакога смолнатога блата као у Араду нема. Дођем, једва погодим квартир, све бацим, уморан седнем знојан; а Протић: 'Ха ето твога Текелије!'"

Описујући битку у шанчевима око Шапца, Прота упорност турске силе да у више наврата и уз велике жртве стиже до самих устаничких шанчева, исказује сликом турских барјака наднесених над главе устаника: „Турци нагло ударе тако да су барјактари до прошћа барјаке доносили и над шанац надносили, но ту су сви гинули и барјаке поред шанца остављали." Овај опис треба упоредити са Вуковим описом залелујалих редова устаника пред налетима Турака. Описима димова и пожара по селима и варошима Прота изражава ширење Устанка и, када дође до слома буне и повратка Турака у Србију, повраћање села и вароши из руку устаника. Пожар Ужица 1805. године памти по огромном облаку дима „на подобије амбреле", који „озго лад начини".

На многим страницама *Мемоара* срећемо до краја уобличен наративни реалистички поступак. Сусрети кнезова са везиром, опис заузећа Београда и хватање Хаџи-Муста-паше, описи бојева у којима је Прота учествовао – остављају утисак делова неких реалистичких приповедака или романа, а реалистичким поступком приповедања посебно се издвајају делови *Мемоара* обојени благим хумором: сцене из Протиног школовања и поповања, комични испад Јанка Катића приликом преговора са Турцима у присуству аустријског генерала Ђенеја, када се Аустријанци уплаше да Катић са Турцима не заметне кавгу или некога од њих не додирне и тако осуди на карантин, већ опште хумористичко место у нашој књижевности о несналажењу патријархалца у обичајима господе – пијење чаја у Москви, Протин сан у којем види себе без главе. Можда је најупечатљивије хумористичко место, у више наврата поновљено, у којем се изражава глад устаника за гвожђем, потреба Балканаца да од готовог праве сировину, да из капија и прозора ваде све што је гвоздено, чак да и потковице скидају са турских коња. Турци су се плашили да пусте Србе у градове и када су се са њима заједно борили против јаничара и зулумћара. Иза Срба су се рушиле дрвене куће саме од себе, амбари и кошаре су се размињавали, столице без ексера пропадале под Труцима. Срби су од гвожђа лили секире, српове, ножеве, сабље, топове. Велика Протина љубав и страхопоштовање устаника према гвозденом топу били су део опште глади за гвожђем, елементом ретким и скупим у крајевима у којима су Турци владали у истој мери у којој је то била и со. И о соли Прота бележи потресне странице, јер је од соли, често, зависио и живот раје. Како се Устанак ширио и распламсавао, уместо неутољиве глади за сољу, барут постаје драгоцени прах који постаје со живота. Гвожђе и барут, два тежишна симбола Устанка, допринели су да *Мемоари* одиста буду израз епске стварности Србије, тадање и потоње, да буду у суштини епско дело.

ЕПСКИ МОДЕЛИ
У ИСТОРИЈСКОЈ ПРОЗИ
СТЕФАНА МИТРОВА ЉУБИШЕ

Тврдња Драгише Живковића да је Стефан Митров Љубиша „магистрално засновао српску историјску приповетку"[1] захтева да се нешто више каже о историјској прози која је претходила *Приповјестима црногорским и приморским* које су се појавиле 1875. у Дубровнику и, нимало случајно, под насловом *Приповјести*, нашле међу првим књигама гласовите издавачке куће Браће Јовановића у Панчеву, чак два издања 1882. године, заједно са Његошевим делима, Стеријиним *Даворјем*, изводом из Качићевог *Разговора угодног народа словинског* које Марко Цар с правом назива „пучким даворијама",[2] и многим другим књигама којима је васпостављана и обједињавана општа историја српског народа.

Прва фаза певања о историјској прошлости наших народа са циљем националног освешћивања припада XVIII веку.

---

[1] *Југословенски књижевни лексикон*, Матица српска, Нови Сад, 1971, стр. 288–289: „Као ватрени присталица идеја Вука Караџића, он је свој приповедачки рад сматрао као скупљање и обраду народних легенди и предања свога краја, Паштровића; међутим, учећи се на великом примеру Манцонија, он је магистрално засновао српску историјску приповетку, давши најбоље обрасце тога рода у српској књижевности."

[2] Марко Цар, *Стјепан Митров Љубиша (1824–1924)*, предговор у књизи: *Приповијести црногорске и приморске, скупио и сложио Стјепан Митров Љубиша*, СКЗ, коло XXVII, бр. 177, Београд, 1924, стр. XI: „Као готово сви одреда наши старији књижевници, и Љубиша је своју литерарну каријеру започео са стиховима; његове прве књижевне работе били су стиховни преводи са италијанског и једна слаба песма о *Боју код Виса*, састављена у духу и размеру познатих пучких даворија приморског барда Фра Андрије Качића Миошића."

Упоредо са историјама попут оне Јована Рајића, у којима се у целини сагледава прошлост Јужних Словена,[3] и Качићев *Разговор*, без обзира који му је био крајњи циљ, испеван у дистисима „на народну" тежио је да буде песмована историја Јужних Словена. Већ тада се може уочити феномен „приповедања", казивања историје. Празнине које су се јављале када се неки догађаји нису „давали" песми, или ако о њима није било усменог предлошка у епској традицији, Качић је испуњавао особитом историјском прозом, премошћавајући тако неопеване периоде и описујући подвиге јунака које је заобишла епска песма.

Први српски устанак био је пресудна, иницијална искра да се далеко озбиљније настави са реконструкцијом српске историје. И том приликом, чак и у политичке сврхе, коришћена је народна песма. У том се контексту могу тумачити Вукове песмарице као особите књиге за народ. Три његове антологијске збирке епских народних песама сложених по хронологији догађаја који су у њима опевани јесу целовита песмована историја српског народа.[4] Упоредо, у другој фази спевавања историје, која припада првој половини XIX века, оживљен је и процес певања „на народну" и уметничких спевова. Тако Сима Милутиновић Сарајлија спевава *Сербијанку*, у којој је један цео том посвећен Карађорђу, а поједина певања, почев од наслова, личе на устаничке песме из четврте Вукове књиге *(Бој на Мишару пољу, Узеће Ужица)*. Свестан значајне пропагандне улоге народне епске песме, у жељи да обједини Црну Гору, да привуче Брда, Његош помаже Милутиновићу као скупљачу народних песама и утиче на избор песама у његовој *Пјеванији*,[5] саставља *Огледало српско*. Готово се систематски бирају значајни и пресудни историјски догађаји, настају лазарице попут оне Јоксима Новића

---

[3] Јован Рајић, *Историја разних славенских народов, најпаче Болгар, Хорватов и Сербов*, I–IV, Будим, 1974–1975.

[4] Вук Стеф. Караџић, *Српске народне пјесме*, II–IV, Беч, 1845, 1846, 1862.

[5] Ненад Љубинковић, *Три коледке – први кључ за читање и тумачење будимске и лајпцишке* Пјеваније *Симе Милутиновића*, Сима Милутиновић Сарајлија. Књижевно дело и културноисторијска улога, зборник радова Института за књижевност и уметност, Београд, 1993, стр. 175–199.

Оточанина,[6] песници спевавају тзв. даворије, Љуба Ненадовић чак намерава да 1848. године покрене и часопис *Даворију,* искључиво намењен таквој поезији. Све је у Српству покренуто да се национално освести српски народ раздробљен између два царства.

Схватајући значај обнављања српске државе под Карађорђем (десет година његових), четрдесетих година XIX века многи интензивно бележе казивања учесника из Устанка, то постаје, поред изучавања језика, најважнији део програма Друштва српске словесности, те Српског ученог друштва. Огромни се напори чине, како вели Сима Милутиновић, да се „преживоти" усмена народна историја, да се забележи оно што је вредно памћења и што је захваљујући народној песми и предаји ушчувано у народу. Тако Милутиновић бележи житија војвода, остављајући нам низ изванредних страница историјске прозе,[7] Прота Матија Ненадовић пише своје *Мемоаре,* у алманасима и листовима објављују се документа о историјским догађајима, прикупља се грађа за планирану општу интегралну повест. Епско се, полако, сели из песме у историјску драму и историјску прозу, ту су зачеци, ту се заснива историјска приповетка. Једну такву веома успелу реалистичку историјску приповетку, много пре Стефана Митрова Љубише, написао је Стерија *(Кнез Јанко од Коњске и дахија Аганлија).*

У другој фази односа усмене и писане књижевноисторијске традиције настављени су слични напори и у Црној Гори. Најпре са спорадичним појавама епских песама Петра Првог, које су објављиване као народне, те Његошевих епских песама, а потом је уследило укључивање песмоване историје Црне Горе у општу традицију.

Владан Недић је пред смрт, на међународном научном састанку слависта у Вукове дане,[8] напоменуо да је 1843. Jo-

---

[6] Јоксим Новић Оточанин, *Лазарица или Бој на Косову између Срба и Турака на Видов дан 1389. године,* Нови Сад, 1847.

[7] Сима Милутиновић је и аутор *Историје Церне-Горе од оскона до новијега времена* (Београд, 1835) и *Историје Сербије* (Лајпциг, 1837).

[8] Владан Недић, *Народне песме* у Летопису Матице српске, Научни састанак слависта у Вукове дане, Београд, 1976, бр. 5, стр. 229–235.

ван Суботић упознао читаоце *Летописа Матице српске* са једним старим рукописом из кога је, од 1843. до 1845, у истом часопису објавио четири врло занимљиве песме у којима се пева „о Иви Црнојевићу и Мехмеду султану, о женидби Ђорђа Црнојевића, о боју под Новим 1681, онда о боју на Вртијевици", у којем се помињу, поред осталога, Бјеладиновићи и Радоњићи. Недић није стигао да истражи судбину овог рукописа: „Као да је тај рукопис настао у Боки Которској. Јован Суботић каже да је то био 'неки непознати преписатељ'. Можда се Владимир Отовић већ позабавио овим песмама, и можда ће о њима рећи нешто боље и поузданије од мене." Отовић, касније, није могао ништа помоћи.

За ову прилику бих додао само толико да је Стефан Митров Љубиша имао тај рукопис у рукама и да је на неколико места у својим историјским приповеткама по њему реконструисао историјску прошлост. У напоменама старог рукописа уз ове песме, које се штампају и у *Летопису*, налазимо готово идентична скраћена препричавања историје и реконструкције родословних стабала старих црногорских фамилија како је то чинио и Стефан Митров Љубиша. Разлика има утолико што ови историографски пастиши раздвајају песме, а код Љубише размичу казивање, предају историје у приповеткама *Скочидјевојка, Шћепан Мали, Продаја патријаре Бркића* и *Поп Андровић нови Обилић*. Суботић је из овог старог рукописа објавио следеће песме: *Ива Црнојевић и Мехмед султан (на год. 1461), На 1479. кад је женио Иво Црнојевић сина Ђорђија, На 1681. Песма од Новога града, када се узео у Турчина, Бој Турака и Црногораца на Реци Црнојевића год. 1692.*

У том периоду (1828. и 1838.) у *Летопису* су штампане, никако без разлога, и три песме из Милутиновићеве *Пјеваније*. Поводом прве *(Јакшићи)*, коју је Милутиновић забележио од Петра Мркаића у Котору 1827, Радосав Меденица примећује да су песме овог певача (укупно их је девет), сем једне, „обраде из старинске тематике и у духу старинске епике". Ово свакако мора да забрине изучаваоце Милутиновићеве *Пјеваније*. Друге две су под знаком сумње опет због певача. Прву *(О завојевању Крима)*, Милутиновић је забележио од свог деде Срдана Симовића и објавио је 1826. у књизи *Неколике пјесмице старе, нове, преведене и сочињене С. М. Сарај-*

лијом под насловом *Ево што би најрадије мој дјед Срдан пјевао (О завојевању Русима Крима)*. Другу *(Моба Којчић-бега)* забележио је од мајке Анђелије Срдевић (девојачко презиме) и објавио у истој књизи.

Колико је само у Летопису тог времена епска народна песма подређена општем националном програму, најбоље говори податак да је, поред наведених, објављено још неколико песама о Црнојевићима: *Женидба Чарнојевић Иве, О другој женидби Чарнојевић Иве, Хвала Чарнојевић Иве, Чарнојевић Ђурђе и принче Латиминче* и *Милета Огризовић*. Последња (о заузећу Цетиња), за коју се не вели где ју је и ко записао, посебно је занимљива јер се наговештава и незаобилазна прозна белешка која прати историјску песму: „Биографије Милете Огризовића следовати ће", а „приложник" песме се моли за поузданије податке о песми, посебно када је реч о непотпуним стиховима који уредника наводе на претпоставку „да је песму 'приложник' преузео из неког старог рукописа".[9]

Историјске приповетке Стефана Митрова Љубише припадају трећој фази уметничког обликовања историјске прошлости у оквиру општег националног и политичког програма. У овој фази превладава проза, историјске повести имају значајно место у васколикој српској књижевној периодици. Док Љубиша и многи други пишу историјске приповетке, траје одјек херцеговачког устанка (1852–1862) и припрема се рат против Турака (1875–1878). Додуше, и Љубиша је, пре но што је објавио прву приповетку (1868), испевао једну подужу песму „на народну" – *Бој на Вису* – која је објављена као посебно издање 1866. године. У њој налазимо све врсте епских формула, чак и словенску антитезу, али управо местимична презасићеност формулама, њихова дистрибуција, показују да је реч о наглашено вештачкој творевини. У трећој фази оно „на народну" више не подразумева десетерац, стиховно уобличавање и допуњавање историје народа, већ прозу „на народну". Управо историјске повести Стефана Митрова Љубише јесу својеврсна парадигма треће фазе.

О томе најбоље говори сам Љубиша када наглашава да се руководио мишљу да очува „неколико знаменитих догађа-

---

[9] Миодраг Матицки, *Епске народне песме* у Летопису Матице српске, Нови Сад, 1983.

ја своје отаџбине" и да узгред опише „начин живљења, разговора, па најзад и врлине и пороке својих земљака", и да то све преда потомству како је „чуо и упамтио од старијих људи". То је програм иза којега стоје Милутиновић, Прота, Вук и други аутори историјске прозе пре њега. Исти су им циљеви, начин обраћања читаоцу као слушаоцу, жанровско обликовање, употреба десетерца и народних песама (тужбалице сестре за братом у функцији крвне освете; пјесмице и подругуше као прво колективно реаговање на историјски догађај). Исти су начин преобликовања и улога мањих усмених облика (изрека, пословица), убацивање целовитих прича као илустрација пословица или одређених ситуација. Слични су дијалози, дуги монолози на међи усменог и писаног са комбиновањем народне и црквене аксиоматске мудрости (заклињања пред бој, уводне речи изговаране приликом преговора или договарања), однос према крвној освети (код Вишњића, Његоша, Милутиновића и Љубише налазимо исту фразу: „ко се не освети, тај се не посвети"; детаљно се описују обичаји везани за крвну освету и умир крви).

Љубиша се посебно стара да његов приступ историји буде у форми казивања, да језик буде аутентичан како би повест била исказана онако како народ мисли и памти оно што је вредно памћења, да његово приповедање остави утисак забележених делова народне усмене историје, народом изречене историјске прошлости његовог завичаја (и у овом случају приповести су сложене хронолошким редом). Циљ му је био да комбиновањем онога што траје у усменом облику, фиксирано анегдотама, причама из повести којима је народ вековима поткрепљивао, на пример, неку пословицу, легендама о настанку и уништењу појединих манастира и утврда, о имену стене *(Скочидјевојка),* и згуснуто интерполираних историјских пасажа до којих је долазио на основу докумената, „листина" („Како је да је, чита се у некој старој листини"), а некада и уз помоћ Валтазара Богишића (писмо Шћепана Малог), изведе народ из петрифицираних локалних митолошких микроструктура и уведе у посве другачији епски свет, у историју шире „домовине" како вели („Сва земља с мора на Дунаво"), да се осети делом ширег слободарског настојања. Посебан циљ Стефана Митрова Љубише био је да причама о историјској прошлости укаже на спас са вековима активног наковња на којем се калио свет његових историјских приповедака, пре свега Паштровића. Стиснути између Турака и Млетака, змаја и лава, тај свет је морао ради општег добра да пређе преко вековне границе коју су градили висови између Приморја и Горе, да прекине са међусобним размирицама и да се отрезни од братске крви. Таква проза била је преважна за општи српски покрет, оживљен средином друге половине XIX века, јер је њоме био покривен простор на којем су се косили интереси Истока и тадашњег Запада. Пуку је требало открити како да се чува од два вековна зла која су се разликовала само по начину деловања. Турски зулум био је бруталнији, док су Млечани искорењивали православље перфидније: прво би нашли издајицу да потрује калуђере, па би преплашили народ кугом и тек онда, из „хигијенских разлога", топовима сравнили манастир са земљом.

Стефан Митров Љубиша је у историјским приповеткама тежио да пробуди понос народа како не би остајао „рајом за довијека", херојским примерима јачих племена и појединаца надахњивао је слабије, дубоко свестан да „споменици добра као споменици зла чине да народ памти прошлост и побуђује га да се добријема диви и клања, а зле да презире и проклиње". Широко је сагледавао горку судбину српског народа, прижељкујући да „ускрсне" и онај његов део у Старој Србији. Све су то били разлози што је његовим историјским причама даван посебан значај, тако да су објављиване и у најгласовитијим алманасима и календарима (*Шћепан Мали* у алманаху *Дубровник* већ 1868, *Горде или како Црногорка љуби* у *Орлу* 1878). Приповетка *Горде* није била важна уреднику *Орла* зато што се ослањала на образац Манцонијевих „Вереника", што су у њој описиване перипетије које по том моделу прате несрећну љубав двоје младих којима „срећу кобе", већ зато што је у њој реконструисан лик и онај део заједничке, опште историје који се тицао кнеза паштровског Стевана Штиљановића, потоњег деспота српског.

У историјским приповестима Љубиша у више наврата помиње епску гусларску традицију као основни облик памћења народне историје. Када на Господиндан, народни светац на Цетињу кад се јунаци славе, устоличе Шћепана Малог за цара, Љубиша директно показује како је у пропагандне сврхе употребљавана епска песма: „Ту падну одасвакуд слијепци, који уз гусле пјевају јуначке пјесме, пропаст српскога царства и погибију српске госпоштине. Народ се свије око пјевача да чује и упамти пјесму, многи уздишу и плачу, а сви кипе." И у другим приликама помињаће гусле. У *Скочидјевојци* ће један од јунака сведочити о богатој епској традицији: „Ја сам чуо у својем дјетинству у Ђаковици гдје слијепац казује, који, да ти узгред повиједам, знаваше на изуст триста јуначкијех пјесама." Али његов однос према народној песми далеко је сложенији. Он је изванредно познавао начин како се народна усмена историја, предаја о историјској прошлости ствара, кристализује, мења и уобличава, зумира, како неки детаљи претичу и како се одбацују, а шта има услова да опстане у времену.

Укупни Љубишин поступак приповедања историјске прозе, процес, принцип памћења историје, веома је близак оном у усменој епици. Реч је, дакако, о стварању прозних модела. Када је у питању „чиста" историја, Љубиша некада има однос као према пукој историјској грађи, тек је донекле прерађује и парафразира, али кад зарони у усмену, народну историју, у предање, понаша се као стваралац који је део колектива, као неко ко утврђује и надограђује оно што је чуо тако да може да се памти и даље преноси. У том смислу највише му је помагао жив говор, казивање у историјском презенту који срећемо у приповедању прошлости. Отуда његово исказивање националних тежњи оставља утисак става колектива, модeлирано је и остварено на начин како и народ уобличава оно што ће бити „вредно памћења". У том смислу важан је Љубишин однос према народној песми, на који начин је он, релативно доста позно, ослоњен на епику као претекст или подтекст.

У питању је посве виши ниво односа усменог и писаног. Није то више препричавање епске песме, какво, на пример, налазимо у деловима Вукове историјске прозе. Епски модели које Љубиша преузима или на које се ослања преломљени су кроз призму казивања, део су предања као у обичај узети изрази. На истој вредносној лествици, као што су у епској песми *мегданције,* у овој прози налазе се *говорције.* Кањош Мацедоновић је мање убедљив као јунак који побеђује Фурлана сабљом, отима му палош и прстен, већ као говорција чије се јунаштво најбоље огледа у мегадану речима. Подвиг

Милоша Обилића као модел Љубиша везује за јунаштво попа Андровића и „сабија" га у последњем поглављу, при чему је тежишно место исказ, говор попа Андровића којим се „обнавља" Обилићев подвиг („Пак ћете виђети, јесам ли ја Обилић или Бранковић"), а не сам подвиг, у основи неуспешан, јер су му обе пушке затајиле. Али, овај епски модел није преузет из песме. Још 1845, у прилогу *Општество паштровско у Окружију Которском,* Љубиша у чисто историјски текст уноси по предању причу о подвигу који је поп Андровић начинио „с намјером Милоша Обилића". Ако је реч о Марку Краљевићу, што је случај у више приповести, превладава оно што је о Марку ушло у говор, што има функцију пословице: „Све јунаштво Краљевића Марка не може му пред свијетом опрати љагу, што је био турска придворица."

Чешћи су примери да је епска песма послужила као подтекст. Ако се асоцира на девет Југовића онда су битне промене у поенти. Стих „девет синова као девет Југовића" добија поенту „а десету кћер за милост", или се на необичан начин доводе у везу епски јунаци: „Да сам имао девет синова, свакога као Рељу Крилатога". Некада су у питању пуке асоцијације на епску песму („Сјети се косовске ђевојке"), син се шаље по рибу за славску трпезу са навлашним наговештајем подвига који припада епском моделу. Општепозната словенска антитеза прераста у развијено прозно поређење: „а растрти чадори из далека се бијељаху као да је снијег пао". У појединим описима тек ту и тамо просине епска слика: „на челенци перо лабудово"; у машти оних који шире приче о Шћепану Малом, привиђају се златна јабука велика као диња, бурма „од по литре злата", змајско коло на прсима „округло обиљеже као сунце"; после боја победа се доказује бројем мртвих; парафразира се у више наврата стих „Да ми царе поклони Крушевац"; стални слободарски поклич јесте „за крст часни и слободу", али се и на посве нов, „неепски начин", рекло би се гундулићевски, склада у десетерац („за крст часни и лијепу слободу"); издајство се паралелно везује за Вука Бранковића, али и за Јуду Искариотског.

Љубиша ретко у потпуности прихвата уводне епске формуле, као што је то случај са приповетком *Крађа и прекрађа звона.* У тренутку кад се „деле дан и ноћ", „викне момак с Пањ" и почиње класичним епским призивањем: „Хајде зло ти јутро не било". Али, то је својеврсна пародија епске песме, епски модел је ту у функцији хумора. Јунаци који крећу да прекраду звоно путују ноћу, парафразирају косовску клетву („не имао гроба ни покоја"), заклињу се пред борбу на „часни крст", призивају стих који се везује за немогући Обилићев подвиг у прегустој и преголемој турској сили: „не би перје месо изнијело".

Издвојени неки десетерци његошевски су по убрзању: „ударила кола низбрдице", а очиглена је сличност у сложеној улози инкорпорираних тужбалица сестре за братом *(Горски вијенац, Скочидјевојка)* или прозних лелека (особит ритам) као што је то случај у приповеци *Поп Андровић нови Обилић* где се само на једном месту користи десетерац („На њој ми је гробље прађедовско"). У приповеци *Горде*, испуњење злослутног сна биће наговештено тек тужбаличким припевом: „Зло ми јутро." С друге стране, паралела Његошевог обликовања епских тема и мотива са Љубишиним поступцима показала би битну разлику, чак и када је реч о пословичарском, гномском дискурсу (то је посебно очито када је реч о Шћепану Малом, или о путописном поступку у виђењу Млетака војводе Драшка и Кањоша Мацедоновића).

Могло би се рећи да, као што је то случај и са ранијим ауторима историјске прозе, упоредо са захватањем из епске песме траје и утицај прозних усмених облика, не само краћих (изрека и пословица), већ и анегдота, шаљивих прича, легенди и бајки. Сирота Ружа, потоња Скочидјевојка коју кињи зла маћеха, биће у више наврата довођена у везу с Пепељугом. Кањошу Мацедоновићу ће дужд, као цареви у бајкама, због подвига над Фурланом нудити ћерку за жену. Љубиша преузима делове легенди о епским јуанцима (на пример огромна жена са „сисетинама преко рамена" из легенде о рођењу Милоша Обилића).

Управо зато што није водио рачуна о томе да се Љубиша у историјским приповеткама ослањао на усмено приповедање, на сказ као живи говор који иде средином живота, да се често служио наративним моделима бајки, Скерлић се грубо огрешио закључком да је психологија у Љубишиним делима „сведена на најмању меру, тако да је готово и нема".[10] У бај-

---

[10] О томе: Марко Цар, *н. д.*, стр. XXVI.

кама се не траже потврде веродојстојности, у њима средине нема, сви ликови су или глупи или паметни, добри или зли. Два старија брата у бајкама се уопште не разликују, а трећи је по правилу приглупи срећник, добитник. Безлични су и ликови: „један чоек", „дјевојка", једносмерни су типови: зла жена, злогук. Само тако у историјској приповеци могу да оживе анегдотске ситуације или мотиви из бајки, тако се обезбеђује привид гласа колектива, а казивањем о прошлости осветљава савремена ситуација.

Ово све показује другу, рекао бих праву страну казивања историје, по којој је оно ближе баснословљу у којем је говор схваћен као нераскидива пређа историје, баснама, „бапским баснама", које „бабе сладе да им прости пук боље вјерује". Само, питање је шта је суштина историје, историјског памћења, „истинска истина" како Љубиша духовито вели, шта је пресудно када се књижевном реконструкцијом историје премошћују векови? Тим пре ако је и Љубиша свестан да „свако казива ствар не како је чуо, него и како му је милије, многи додају снитве, пресказања, чудеса...", да „нико не рече да га је видео, а стотина да су чули", да се само „по дивном чуду" о нечему могу сложити „писци и повједачи".

Генијални Стефан Митров Љубиша има кључ за ову загонетку из домена поетике историјске приповетке. У *Проклетом каму* вели: „Чућеш, ако ти се не досади читати!"

НАСТАНАК ЕПСКОГ ИСТОРИЈСКОГ РОМАНА

Тумачење и утврђивање поетичких и типолошких одлика историјског романа подразумева и сагледавање односа историјског романа према свим претходним формама којима се у књижевности транспоновала историја српског народа, почев од епских усмених циклуса из Вукове „песмоване историје", лазарица и других десетерачких спевова испеваних „на народну", па преко уметничког епа и историјске драме у стиху из времена када је позориште било „учитељица народа", све до историјског романа који преузима функцију прозног епа.

У документарно-мемоарској прози прве половине XIX века, захваљујући Вуку Караџићу, Проти Матији Ненадовићу, Сими Милутиновићу Сарајлији, Јовану Стерији Поповићу, Стефану Митрову Љубиши и другима, можемо говорити о историјској прози и наслутити наративна зрења и поступке историјског романа.

И поред тога што и у историјској прози и у историјском роману догађаји одређују судбине ликова, доста је јасно разграничење оних књижевних поступака у организацији књижевног текста који се тичу односа према истини. Као што Вук жели да буде „српски Плутарх", тако и Прота Матија инсистира на истини: „Ја знам да ће исте догађаје доцније много перо описати вештије, али истинитије неће". И Јован Хаџић у *Предговору* историјске прозе о прве три године Устанка жели „да се дела српска истинито повестницом осветле и потомству предаду". Сличне захтеве постављају себи и сви остали аутори прозе о српском устанку, закључно са аутором најпозније књиге, већим делом аутобиографског романа, *Животопис Максима Евгеновића*. Оно што је важније од програмског става тиче се књижевног поступка у овим делима. Приликом описивања догађаја аутори, често, посежу за документом, још више користе казивања очевидаца, а готово сви се обраћају народу као пресудном сведоку, при чему задржавају тон усменог казивања, „предавања" историје колективу.

С друге стране, у историјском роману историја се подређује прози и служи више као мотивација поступака ликова. Историјски роман вредан је у зависности и од мере у којој је аутор успео да се отргне од чињеница које му спутавају машту, а посебно ако успева да превазиђе редукујућу дидактику и прагму коју документарно-историјска проза истиче програмским фразама о потреби да служи као поука и углед младим нараштајима. Дидактички циљ историјске прозе траје у систему нововековне српске књижевности, почев од превода са грчког и латинског прича о великанима из класичне старине и доситејевских наравоучителних повести, па све до „романа" *Живойоис Максима Евіеновића*.

Оно што документарно-историјску прозу о Првом српском устанку чини прагом нашег историјског романа, јесте особена – *ейска исйина*. За разлику од народа са културним и књижевним континуитетима и постепеним жанровским зрењима, у српској књижевности је сразмерно велики број мемоара и животописа који се односе на српски устанак резултат и наглог настанка, дејства и сазревања многих жанрова у првим деценијама XIX века. Четрдесетак рукописних мемоарских и путописних списа из XVIII века нису директно дејствовали у литератури. Резултат тога јесте и очито мешање више наративних модела у мемоарима XIX века. Указано је да *Мемоаре* Проте Матије чине житије кнеза Алексе Ненадовића *(живойоис)*, путешествије по Русији *(йуйойис)* и његова сећања на устанак *(ауйобиоірафске усйомене)*. И ова карактеристика историјске прозе може се пратити све до аутобиографског романа Максима Евгеновића.

Приличан број мемоара и других књижевноисторијских дела о Устанку резултат су и оних сила које је ослободила српска буна, а које можемо условно одредити синтагмом *йробуђени ейски дух*, а тек потом буђењем националне свести. Епско певање о Марку Краљевићу после буне било је другачије, „устанички" Марко разликује се од Марка из бугарштица и песама *Ерланіенскоі рукойиса*, косовски циклус се заокружује на најбољи начин управо у то време, нимало случајно названо *злайно доба* нашег епског песништва.

Готово да нема проучаваоца Протиних *Мемоара* који није истакао да је у њему изражена тадања и потоња епска стварност Србије. Овлашним фразама он је проглашаван епичарем Устанка, али је тек Ђорђе Јовановић разрадио и уобличио идеју о *ейској исйини* Матије Ненадовића, о епској Србији, о осећању епског које од Проте гради песника.[1]

Он свежину, убедљивост и истинитост Протине *ейичносйи* тумачи непосредношћу и изворношћу, категоријама које носи у себи и којима се вреднује епска песма; у његовој прози он налази „доста епског, доста горостасног народног прегнућа које ствара еп": „Још док по сећању наводи казивање свога оца, ваљевског оборкнеза Алексе Ненадовића, Прота је већ загазио у епско. У простодушном али живом набрајању првих чаркања са Турцима, првих спаљивања и пљачкања турских вароши, у препричавању првих преговора са дахијама и првих молби Ћесару – има рапсодског, гусларског претапања стварности у поезију." Даље Јовановић указује да у XIX веку неповратно нестају услови за наставак народног епоса, да епови у модерно доба нису више могућни, да гусларски десетерац није више уметнички жив, те да епско налази нови израз баш у Протиним *Мемоарима*, који су „исто толико епски, па и епскији од *Боја на Мишару* и *Почейка буне на дахије*": „Протина епска казивања означавају значајну и неизбежну прекретницу од народног десетерачког епоса ка модерном уметничком обликовању", да додамо – ка *ейском исйоријском роману*. Најзад, с правом примећује да је *йоейско, ейско* у Протиној прози „већином испољено у оним његовим запажањима која немају неки нарочити а још мање пресудни историјски значај".

Следећи пример особите песмоване историје Јужних Словена Андрије Качића Миошића, Вук Караџић је од своје прве песмарице из 1814, хронолошки слагао епске народне песме, остајући доследан том поступку све до завршних антологијских збирки. На тај начин, он је реконструисао усмену повест српског народа од Немање до Карађорђа и Устанка. И поред тога што је знао да се „у историји гледа истина", а да

---

[1] *Ейска исйина йройе Майеје Ненадовића*, Београд, 1949.

се у песми „гледа како је измишљено и намјешћено", знао је да епске народне песме носе у себи особиту историчност, да су саставни део усмене историје народа коју, поред хроничарских песама, предања, легенди, ангедота о значајним историјским личностима и догађајима чине и својеврсне *усмене хронике*. Отуда је, за историјске списе о Устанку и биографије значајних људи, користио и народне песме као равноправни историјски извор, али још више оно што су „људи приповедали", што је припадало *народној историји,* у којој су се мешали епски прозни и песнички облици са исказима очевидаца, али и са вештим допричавањима и допуњавањима празнина на начин како се градила усмена прича.

У *мемоарима, историјској прози, успоменама, описанијама, животоописанијама, биографијама, аутобиографијама, народним песмама* и десетерачким *спевовима* о Устанку „на народну", у *историјским драмама* у стиху које се односе на Устанак, могу се препознати снажни трагови усмено утврђене народне историје. Управо то усмено предање било је основа Протиних *Мемоара,* Вукове устаничке прозе, дела Симе Милутиновића Сарајлије, Јована Хаџића, Стеријине историјске приче, успомена Панте Срећковића,[2] животописа Максима Евгеновића и низа других дела аутора који су нам подарили вредну књижевноисторијску прозу.

У плану Симе Милутиновића Сарајлије како да се начини *српска историја,* кључно место заузима анкета са старим и виђеним људима, од којих треба усмену хронику збитија „од њихова рођења до данас копирати вјерно и опширно": „У њима је своја [лична] и народна историја судбом самога Свевишњега сабрана, сложена и на аманет предана да је они чувајући памтењем приопштавају и новоме нараштају своји ближњи, који ће и с њоме опета исто тако поступити по времену и могућству". Овако *копирање народа српскога,* бележење и преобликовање усмене историје, он означава глаголом *преживотити.* Таква историја имала би трајну вредност и она „док је људства и штампе никада не гине". Отуда је Сима назива *чистом народном историјом* и сматра је не само предрагоценим *сокровиштем* из којега ће црпсти грађу историчари, језикословци и други љубопици, већ ће бити и извор

---

[2] Пантелија С. Срећковић: *Детињство,* Београд, 1900.

саме вештине (уметности) који не може усахнути докле год је народа.

Сима Милутиновић Сарајлија није остао само на свом програмском *Плану*, већ се, као и Вук, огледао у бележењу народне историје о Првом устанку. Два његова житија посебно су значајна за праћење настанка епског историјског романа. На основу казивања других Милутиновић је 1847. године начинио животопис јадранског кнеза Радосава Калабића, а 1842, анкетирајући војводу Луку Лазаревића, пратио је учешће војводе Луке у Устанку и пружио своје виђење првих година војевања на дахије. Ово прозно ремек-дело, можда и зачетак српског епског романа, издваја се највише по ономе што Сима Милутиновић Сарајлија назива *смишљавином*, по томе како је допуњавао празнине у шкртом Лукином казивању, како је пратио Луку као главни лик кроз буну, а епилошки вешто заокружио део његове биографије од тренутка слома буне до времена када је у Шапцу причао о себи, како је у наративни ток уводио и уобличавао епизоде, најзад, како је описивао бојеве, пре свега онај на пољу Мишару. Да је *Описаније Г. Луке Лазаревића* језгро епског романа најбоље говори чињеница да се овим делом понавља Вишњићев циклус песама о прве три године Устанка, да су, поводом војводе Луке, у њему описани управо исти бојеви вођени од 1804. до 1806. године, од почетка буне на дахије до славне победе на Мишару.

Поменута књижевноисторијска дела Симе Милутиновића Сарајлије припадају различитим нивоима књижевноисторијске прозе и разликују се највише по односу према усменој хроници (народној историји). Житије Радосава Калабића настало је већим делом на основу казивања из друге руке. Самим тим ближе је усменој хроници и у њему налазимо већу густину књижевних облика преузетих из предаје, па и народних песама (обиље десетераца и епских формула), као и снажније изражен ауторитет колектива. Казивање у форми приповедне прозе у овом животопису, по ејхенбаумовском поимању ближе је сказу јер, својом лексиком, синтаксом и избором интонације, открива оријентацију на приповедачев усмени говор.

У њему налазимо обиље формула преузетих из усмене хронике, што је случај и са многим другим делима о Устанку:

„како ће се унапредак владати и од зулума турскога бранити", „да ће вјерно један за другога умријети и народу вјерни бити", „све турске чардаке палити", „сву је ватром попалио", „што је мого Турака побити – побио", „и што стигне Турака то побије", „Турке бијемо и ватром палимо", „глас пред саму ноћ њима дошао", „него удари ноћу на Липницу", „нећемо се умирити", „Дрину границом учинио, друмове засјекао и Шабац затворио", „и који је тамошње Србе јако *на оружје ослободио и упутио Турке бити*", „убио бољега од себе јунака"... Све ове и овакве фразе имају вредност утврђене и усменим путем преношене говорне формуле, засноване на епском песничком језику. Њима се колективу понајбоље приближавала епска истина и само на тај начин она је могла бити прихваћена, упамћена и даље преношена. У овај наративни слој спадају и глаголи који припадају функционалном стилу епике: *покајати* (осветити), *опростити* (живот), *кидисати* („на Љешницу кидисати"), *умирити* („нећемо се умирити" – одступити од крвне освете), *дочекати* и *разбити* („али их је ту Спасоје Макарић с попа Луком добро дочекао и разбио"), *градити од једнога петерицу* („од једнога петерицу градим"), као и именице преузете из усмене епике, из епских формула, као што је, на пример, писање и слање *књиге* уместо писма. Историјско у овом житију превлада у оном делу када Сима Милутиновић доноси измишљени текст писма, мада треба приметити да су и у њему у већој мери заступљене усмене формуле народне историје.

У житију кнеза Радосава налазимо и епске ситуације („убити од себе бољега") и читаве историјске сцене утврђене у усменој епици и у другим књижевноисторијским списима, као што је сцена истовременог погубљења Хаџи-Рувима и Хаџи-Ђере у Београду и кнеза Алексе Ненадовића и Илије Бирчанина на Колубари. Ову преломну сцену у епу о устанку код Филипа Вишњића прати закаснело, пето знамење: „виш' њих јарко помрчало сунце", после којега се тек Срби одлучују на устанак.

У читавом систему функционалног епског стила јасно се и учестано издвајају десетерци: „...да ће један другоме вјеран и у помоћи бити у свакој муци и невољи". Ако се из првог дела „стајаће" фразе, који се састоји из два десетерца невешто преведена у прозу („да ће један другоме вјеран /и у помоћи бити"), издвоји значајна свеза *и*, најчешће средство за превођење десетерца у прозну стајаћу формулу, па припоји другом делу фразе, добија се *чисти* десетерац: „и у свакој муци и невољи". Фраза „и од зулума турскога бранити" инверзијом и редукцијом вокала може се лако вратити у десетерац: „и од турског' зулума бранити". Дакако да се у тексту може наћи и низ готових десетераца који јасно одређују ритам нарације: „да он ш њима по народу ходи", „по друмови свуда бију Турке", „преко Цера у село Криваjу", „за Ђурчију и војску његову", „јербо је се земља замутила", „и већиле царске не признају".

Десетерце налазимо у мањој мери у Вуковој историјској прози и у Протиним *Мемоарима*, мада су чешће „испричани". У житију кнеза Радосава Калабића они су равномерно распоређени и налазе се на местима где одређују, појачавају или наглашавају епски тон. Тамо где нема „чистих" десетераца они се лако могу назрети ако се издвоје епитети, убачена лична имена и заменице којима се допуњава казивање: „Тадај ће паша исти спремити Хаџи-Усеина, те ће на Дрину доћи, *и од паше поздравље* Ђурчији *донијети: да* он *не пали турске сиротиње*", „чувши да су Турци шабачки на село тамнавско Свилеуву *на кнежеву кућу* и другу сиротињу *ударили*", *„пак ту дружину на Градац брдо изведе"*.

Речи и синтагме којима се десетерац привидно прекида другог су тона и из другог су наративног функционалног стила. Сврха им је да у контексту казивања са превасходно историјском наменом нешто објасне и утврде. Историчару је важно да нагласи оно што, када би усмено казивао колективу, не би било потребно, а то је да је пашино поздравље упућено Ђурчији, да *он*, а не неко други, пали турске сиротиње. У истој реченици двапут се наглашава оно што је јасно, да се порука односи на Ђурчију, чиме се „квари" епски десетерац. За историчара важно је нагласити да је управо Ђурчија тај који је почетком буне највише палио турска станишта. Слична је функција и убаченог дела о „другој сиротињи" усред десетерца „на кнежеву кућу ударили". Сима Милутиновић је желео да истакне како Турци нису ударали само на куће кнежева, већ и на српску сиротињу. При томе није обратио пажњу да му је интервенција несрећно испала, јер су кнежеви „двори" изједначени са сиротињским избама. У трећем примеру десетерац „прекида" географска прецизност, намера аутора да *читаоцима* нагласи да је Градац *брдо*.

Кад код Симе Милутиновића, додуше ретко у овом тексту, превагу однесе историчар, онда он низ утврђених говорних фраза усмене народне историје о попаљеним селима и кулама замени, овом приликом само у једном случају, фразом која припада наративном нивоу историографске прозе: „те је сву ватром *спали*". Овим се ритам десетерца напушта и прелази на посве другачији говор. Слично је и „изневеравање" епског тока усмене хронике када се замени ратничка *дружина, друштво* (епски појмови) – *војинством*. То се догађа на истом месту где се уместо глагола који припада лексици епике *(попалити)*, на крају целовите епски засноване фразе, објективизује стил увођењем епски немаркираног глагола *спалити*. У овом житију често се за именовање устаника употребљавају колективи – *дружина* или *друштво*, а после фразе у којој из епског тона искаче неутрални глагол *спалити*, употребљен у форми трећег лица једнине, следи *војинство*, термин из лексике функционалног стила писане историје, из фонда званичне терминологије: „Чувши Ђорђије Ћурчија храброст буљубаше Воиновића, спреми се са својим војинством, те брже к њему да се састану да заједно на Лозницу ударе".

У појединим деловима житија кнеза Радосава Калабића превладаће Сима Милутиновић историчар у жељи да објективизује приповедање. Када, на тренутак, посегне за формом путописног казивања, довољна је једна реч па да се исказ окрене основном току књижевноисторијске прозе: „а то је село тада било на граници Београдскога пашалука, и више тога је села планина Мала Видојевица". Темпорални адверб *тада* у синтагми *тада било* јесте у овом случају у функцији пребацивача из једног у други систем наративне прозе. Нове личности Сима Милутиновић ближе одређује уметнутим реченицама, али на начин како се то чини у усменом приповедању, парафразирањем већ експониране апозиције: Вилип Новаковић, хајдук арамбаше Ћурчије, доводи се у везу са кнезом Радосавом Калабићем тако што се вели да је из Љешнице и да је „комшија кнеза истога, који га је послао у ајдуке". Одметање кнежевог брата у хајдуке, како би се Турци заварали да се уместо припреме буне само појачава хајдучија, исприповедано је устаљеном усменом техником грађења анегдота.

У житију кнеза Радосава налазимо само једносмерни дијалог којим се у анегдотама поентира. У тренутку када Ћурчија усред шабачког поља пободе барјак и разреже ђумрук „свињарским трговцима", ђумрук опрашта Мијаилу Радомиру зато што је, на вест да ће „од њи као Србин најпрви ђумрук узимати", рекао: „Фала Богу, кад ја дочека да Србину ђумрук дадем!" Други случај једносмерног „дијалога" и реализације поенте управним говором везан је за реплику Карађорђеву поводом опроштаја живота Јакову Ненадовићу пошто му је убио омиљеног харамбашу Ђорђа Ћурчију. Реплика је, дакако, анегдотски срочена: „Којекуде, по души га!... Нек' се он Богу моли што ја од једнога петерицу градим у ово време, а не би га Јаков никога више убијао". Овом репликом заокружује се житије кнеза Радосава Калабића, завршава се анегдотском поентом исказаном управним говором.

У књижевноисторијској прози о Првом српском устанку најбоље се показује зашто је Вук Караџић, бирајући раширенија, заједничка својства из новоштокавских говора (новоштокавска фолклорна *коине*), у својој реформи књижевног језика узео, уместо свакидашњег „простонародног" говора, језик народне књижевности у који су уметане појединачне особености разговорног, при чему су важну улогу одиграли епска народна песма и десетерац. У којој мери је то био нужан процес када се описују збивања у Устанку, када нарацију носе глаголи, а не мисаоне именице које у нараовоучителним и филозофским списанијама, већ својом природом, повлаче за собом словенизме, најбоље говори дело Јована Хаџића, Вуковог језичког и правописног противника, о српском устанку. Ово дело Хаџић пише књижевним народним језиком тако да се поједини одломци о догађајима које описују и Вук и Прота готово не разликују. Чак ни германизми не превладавају над турцизмима, већ је њихов однос идентичан односу у Вуковом *Рјечнику,* мада се он у каснијем издању мења на рачун германизама, и могло се очекивати да се то одрази и у делу ученог списатеља из Угарске. Хаџић овако пише историјску прозу, јер само тако она има тежину и усменог доказа и писаног документа, јер подразумева обраћање целом народу. У којој мери је у томе успео посебно се може уочити када наводи писма и нека документа славеносрпски срочена.

Поређење општих места у Хаџићевој и Вуковој историјској прози, као и у Протиним *Мемоарима,* показало је да је одиста постојала утврђена усмена хроника, усмено предање о Устанку, и да је то основни разлог што су та дела написана народним књижевним језиком.

Треба нагласити да се, посебно у црквеним круговима, наставља и негује славеносрпски књижевни језик и у историјским повестима, мада и ту, на местима на којима се описују догађаји (радња), превагу односи народни књижевни говор. Владика шабачки Герасим Георгијевић је 1838. године, годину дана пре своје смрти, објавио *Сказаније најзнатнији приključенија у провожденију живота мога.* Ово дело припада типу приključенија започетих Доситејем, а којем припадају и аутобиографске мемоарске повести и успомене Милована Видаковића,[3] Панте Срећковића и многих других, па чак и Симе Милутиновића Сарајлије. У овим делима приповеда се, почевши од детињства, у намери да се личним примером и искуствима поучи и из личног угла осветле за народ значајни историјски догађаји. Угао гледања владике Герасима јесте олтар, и њему ће, чак и приликом описивања свечаности предаје царског фермана Милошу Обреновићу, бити важније три позлаћене свеће које су примили синови кнеза Милоша, но оно што се око те церемоније битно догађало. Историјски ликови у оваквој прози остају бледи, о њима се казује само оно што се запажа у светлим тренуцима, тако да, на пример, кнез Милош у *Сказанију* оставља утисак предоброг и умилног кнеза који се светоме храму приближава „тихим и величанственим ходом" (стајаћи епитети романтичарске, реторске прозе). Због Књажевих племенитих поступака аутор бива у ситуацији да му од миља и тронутости „сузе из очију лију и низ браду летећи доле капљу, на исто подобије, као кад ујутру дан осване и сјајно сунце над босиљком сијне, па росне капље низ босиљак теку и земљу натапају".

У *Сказанију* Герасима Георгијевића налазимо обиље романтичарских епитета („слатки и умилни поглед", „умили-

---

[3] *Аутобиографија Милована Видаковића,* Гласник Српског ученог друштва, Београд, 1871, књ. XXX, стр. 92–128.

телно читати свете божествене молитве", „красна унаоколо места, рају подобна") и оних из церемонијалне реторике који готово титуларно пристају уз великаше и њихова дела („височајша наредба", „одабрана господа", „светлејши књаз", „премила царска даровања", „милостиви и општевозљубљени Господар", „светли књаз и сјајна свита његова"). Из система средњовековне књижевности, из житија, владика Герасим преузима оне наративне поступке којима није одолео ни Доситеј. Када га Књаз писмом препоручи за епископа, он ће запасти у прециозну и реторску дилему о томе да ли ће задовољити на том одговорном положају. Блиски однос са Кнезом натераће га да се „опомене... благочестивог цара Теодосија и светог Амвросија, епископа медиоланскога, како је, сирјеч, у оно време исти цар епископа у великој љубави имао, и како су се овога света дружески пазили и добродјетељни живот проводили, тако су крепостју својом присвојили себи и Царство небеско и душе њиове на оном свету с ангелима веселе се у рају божественом". Као и Доситеј, и владика Герасим покушава да причу из далеке старине актуализује: „Овом приликом, опоменем се и догађаја неког у време покојног господара Карађорђа."

У аутобиографији владике Герасима нема епске истине, епског. Ово дело припада сасвим другом наративном току и, супротстављено епском, реалистичком *Описанију Г. Луке Лазаревића*, може да послужи као модел друге, романтичарско-славеносрпске стране дипола који одређује српску прозу током XIX века. У односу на модел романтичарске, славеносрпске аутобиографске повести Герасима Георгијевића, и житије кнеза Радосава Калабића писано по казивању других у тренутку када је храбро учешће овога кнеза у Устанку (завршио је на коцу) већ прелазно у легенду – *Описаније* Симе Милутиновића писано је посве другачије, са снажно израженим личним романсијерским поступком. По томе како је преобликовао шкрто казивање војводе Луке Лазаревића, усмену хронику о првим годинама војевања у Устанку када се издвајају подвизи војводе Луке, по „смишљавини" и наративном поступку, ово дело се одиста може сматрати романескном прозом.

У кратком уводном делу писаном маниром житија казује се како су се Лазаревићи из Босне доселили у Тамнаву, кнежину Шабачке нахије, у време када је принц Евгеније завладао Србијом. Већ се ту наговештава романескно збитије – херојство и чојство Луке Лазаревића у првим годинама Устанка. Сима Милутиновић успева да одмах наговести размах епскога духа: „За тога времена Срби озбиљом се подкрваviче, и обикну се тако са оружјем и слободом и правосудијем да им се то све у природу претвори, старо српство и јунаштво у њима васкрсавши, те и подгајивши до знатнога степена и узраста, како се је до мало времена и освједочило". Издвајањем јаничара и њиховим поређењем са ратним ветеранима Римске империје – најпре „прославитељи и увећатељи", а потом „обрукатељи и умаљитељи" – Сима Милутиновић поставља основу драмског сукоба у „роману", спроводећи до краја полазни модел опозиције. Можда је то и одговор на питање због чега се и Вишњићевим спевом и Симиним *Описанијем*, као и многим другим књижевноисторијским списима о Устанку обухвата само период првих година буне.

Централни део *Описанија* Симе Милутиновића, иако се у њему хронолошки описују бојеви које је и Вишњић целовито опевао (сеча кнежева и почетак буне против дахија; Бој на Чокешини, узимање Ужица, Бој на Мишару), подређен је главноме лику, војводи Луки Лазаревићу. За разлику од топова који се у епским песмама, па и у Протиним *Мемоарима*, дозивају у боју *(крњо и зеленко),* у *Описанију* српски топ војводи Луки „свадбу и весеље умложи и прогласи". Епски утврђену сцену у којој дахије одлучују да у један дан посеку српске кнежеве („једног дана, а једнога часа"), Сима Милутиновић прецизира и мотивише тако што сасвим напушта ритам десетерца: „Оваково се к цару свом, кнез Алексе ваљевскога писмо, уфати на скели у Остружници, те дахијама у руке дође, и ови све по томе сазнаду и открију, шта им се од цара и народа припрема, пак ончас на једно, и то на крајње зло смисле, *да у један дан, и то у суботњи (кадно је зар и Христос већ мртав у гробу лежао), све кнезове по својему свему пашалуку поубијају*".

Овом приликом, и још у неколико наврата, Сима Милутиновић помиње *писмо*, а ниједном *књигу*. У *Описанију* нема ни других речи из епског функционалног стила. Уместо „стајаћих" бројева, јављају се историјске прецизности исказане неепским синтагмама: „четрнаест уморе", „четерест и три којекакије зликовчина"; уместо епских, срећемо поређења анегдотског типа („весели колик' из московског ропства"). Озбиљна реплика војводе Луке, упућена турским пашама у драмском контексту преговора о примирју, делује веома снажно можда баш зато што је преузета из шаљивих прича („Ето шта ће, твоје поље, моја шума, ти хрт, а ја лисица, пак да се сретнемо"), као што је и бекство рањеног Луке у честак од Турака исказано лексиком шаљиве приче („...а Лука овамо па пуж-пуж испод коња турски до у честак и гушту"). Уместо стајаћих епитета и речи преузетих из усмене епике, срећемо обиље новоскованих, као и сложенице. Сима ће Босну и зависност устаника од њене близине у ратном смислу означити синтагмом: *близост Босне;* изједначиће похлепност дахија са скоројевићима који брзо стичу сложеницом *брзотековићи;* стално сукобљавање и мирење Срба са Турцима одредиће синтагмом *изновке се заваде с Турцима;* тешку беспарицу устаника одредиће сложеницом *безновчаности,* а њихово хитро окупљање на Дрини биће *тркимично.* Уместо о животима честњејших и пресветлих из *Сказанија* Герасима Георгијевића, на неколико страница *Описанија* приповеда се о трагичној судбини *сваважнога* Ранка, поштеног и јуначног баш-кнеза над свом Шабачком нахијом.

Десетераца у *Описанију* нема. Епска фразеологија усмених хроника преобликована је снажним индивидуалним стилом тако да се тек наслућује у описима акција ликова и у дијалозима: „Него му више не дадне зборити Бего, но цикне и пиштољ тргне"; везирова војска *облети* устанике; ради умира братовљеве крви, Лука добија беговог ата („под свим рахтом и пусатом хата"). Асоцијација Симе Милутиновића на стих народне песме „клоне рука низ чошну доламу" постаје саставни део врхунске епске индивидуалне прозе засноване на сасвим другачији начин од епског функционалног стила: „...а Лука запане у Турке самосам и ту неколико обори, док му не обране сабљом десну руку, *и клоне му сабља и рука*". За Симу Милутиновића ће бити и те како важно што је стари дахија Фочо „још из Фоче слијеп амо, и то најприје у Лозницу, па у Шабац и Београд сведен био". Можда се у томе налази и одговор на питање због чега и слепи Вишњић издваја овог дахију. Ако је у житију кнеза Радосава Калабића утврдио и више пута поновио епски засноване синтагме: *Дрину границом учинио, друмове засјекао, Шабац затворио*, у *Описанију* ће „романсијер" превазићи епски утврђиван начин казивања и уздићи га на високи ниво модерне романсијерске нарације. Од устаника притиснут у Шапцу четрдесет дана, везир с најбољом војском коју је имао, да би се спасао најгорег, пробије се до Босне: „удари кроз Китог и *продере* к Дрини, пак у Босну, премда га Срби и стижући и сретајући поиспрате, али му опета све Турке побити и у грудву као рој око њега сабјене распрскати не могу".

Када, после пада дахија, босански везир крене за Босну, остављајући Гушанца да Београд чува од раје, једва се откупи и нешто војске изведе захваљујући помоћи Срба, док му је много војске „поскапало у граду од глади, па и од смрада и тјескобе". Реч тескоба изговорена је овом приликом први пут у вези са онима који су силом осуђени били да у окупљеном граду бораве, док је у песмама и документарно-мемоарској прози описивана стајаћим стиховима и фразама. Смрад и тескобу београдског утврђења из 1814. године изразиће, доста касније, Максим Евгеновић, описујући шпалире српских устаника набијених на коље са обе стране друма и зидине окићене српским главама. Стравичну слику закључио је аутентичним сведочењем да је Аустрија протестовала „што по граду од аустријске стране главе на коље натичу", што забрањују да се лешеви закопају, већ их пси једу и, најзад, што почетком маја 1814, „кад је дан угријао, поквари се од смрада ваздух и куга у највећем тако званом трећем степену букне".

Вештина „романсијера" огледа се у детаљима, нарочито у оним који нису битни за основни ток казивања. У многим списима, у десетерачком спеву Гаврила Ковачевића о буни против дахија, описује се како је Миленко Стојковић посекао дахије и четири главе донео у Београд, као доказ да је Порта удовољила захтевима устаника. Користећи већ првотна легендарна згушњавања овог догађаја, „романсијер" Сима Милутиновић издваја дахију Аганлију: „Тако се и учини, него само са три главе њиове, јербо се Аганлија измакне случајно Циганину из руку, кад их је прао у Дунаву, пак се и не нађе, и тако три оне собом представе и четврту насред Београда, премда је Аганлија у Адакали начувши да им главе иште Срби, тобож прорекао да им његова тамо пред њи, доиста, отићи неће". Ова прича је у директној вези са легендом, опеваном чак и у епској песми, о обретенију главе кнеза Лазара, али и са легендом опеваном у Вишњићевој песми *Смрт Марка Краљевића,* по којој се Марко огледа у води и тако сазнаје своју судбину, највероватније угледавши свој лик без главе. А у његовој песми о почетку буне против дахија, београдске дахије ће, такође захваљујући хидромантији, спознати своју судбину („ни на једном главе не бијаше"). Одговор на питање због чега је Аганлија издвојен из групе озлоглашених дахија пружа нам Јован Стерија Поповић у већ помињаној причи према казивању Пауна Јанковића Баће, сина кнеза Јанка, у којој се говори о чојству дахије Аганлије.

Легенда о Аганлији и кнезу Јанку из Коњске, у Стеријиној причи, заснована је на побратимству јунака из два супротна ратничка и верска табора и узајамном спасавању, „поклањању" живота. Кнез Јанко је тешко болесном и од Турака остављеном младом Аганлији спасао живот, а овај му је узвратио истом мером 1804, за време сече кнежева. Том приликом је Аганлија раскинуо побратимство са кнезом речима да више међу њима вере нема. Ипак, кад Турци упадну у Коњску, спасе од сабље чедо кнежево и жену свог некадашњег побратима. За сваку сигурност отпрати их и до шуме у којој је био српски збег, а све због понуда које му је слала док је, тешко болестан, био препуштен кнежевој милости. Ова легендарна прича била је, можда, разлог што је у свом *Описанију* Сима Милутиновић издвојио и „поштедео" Аганлију, помињући легендарно предање о његовој глави испуштеној у Дунав. Епизода о глави дахије Аганлије дозвољава претпоставку да је епска усмена хроника о првим годинама Устанка била потпунија но што се то може закључити на основу данас познатијих песама и документарно-мемоарске прозе, да сличне епизоде крије обимна народна историја о Устанку. Такве су, можда, и епизоде које унапред или уназад, укратко и епилошки, допричава Сима Милутиновић у свом делу, како не би нарушио основни ток приповедања о херојству и чојству Луке Лазаревића у првим годинама буне. За бега који је убио Лукиног брата и откупом се избавио из Ужица, Сима Милутиновић вели да ће га погубити Дервиш-бег и тако осветити главу свог оца, „не много послије, кадно Турци на Морију пошли". Чак и закључује епизоду преобликованом народном пословицом: „Ето како тко ради, онако и налази, и срета и стиже".Ређајући имена значајних Турака који су заостали у опкољеном Шапцу, Сима Милутиновић помиње и Синан-пашу Сирчића од Горажда. У заградама ће указати на епизоду која се раније десила: „...(који је у Шапцу и умро, али му је утајен смртни узрок, и по томе види се да је он морао још у првом ком бају, и први од господе тешко рањен бити, па су га утајили да се остали не плаше, и не устежу од боја и јуриша)".

Епилог *Описанија* Сима Милутиновић завршава епизодом о брату и сестри, деци убијеног диздара, које је војвода Лука спасао од српске сабље, покрстио, а диздаревог сина чак дао на занат. Када после слома устаничке Србије Турци младића наново потурче и поставе диздаром, он ће већ остарелог војводу и његову жену поштовати као своје родитеље. Овом се епизодом завршава „роман" о Луки Лазаревићу, али се њом и отвара нека нова и другачија прича, што је и одлика епилошке епизоде. Тиме се потврђује да је *Описаније* завршено прозно дело, а не „комад" народне историје, да Сима Милутиновић нити је намеравао, нити је имао потребе да га наставља. Мирни живот војводе Луке у Шапцу могао је бити занимљив за неко друго и другачије приповедање, а никако за епски историјски „роман".

Епизодичност, посезање у већој мери за лексиком других усмених прозних жанрова, посебно увођење веома развијених дијалога (у једном случају у питању је једносмерни управни говор, реплика у функцији истргнутог сказа наведеног као доказ, а у другом је део зазивања на мегдан) – одлике су писане прозе. О томе нам најбоље сведочи опис погибије Кулин-капетана, опеван и описан у другим делима сасвим другачије, као херојски мегдан. Погибију Кулин-капетана Сима Милутиновић описује тако што гради свој тип епског исказа заснованог на описима мегдана из народних песама. Овај се опис издваја по истинитости (Кулин-капетан бива изазван на мегдан и убијен на превару), а још више по томе што је то најепскије описани мегдан у српској прози о Устанку. Треба жалити што је објављен тек ових дана, као што је велика штета да су и Протини *Мемоари* добрим делом објављени у *Шумадинки* 1856, а у целини и посебно тек 1867. године. Да су се ова дела појавила онда када су и настала, српска проза XIX века изгледала би сасвим другачије, а мемоари Јакова Игњатовића и његови романи не би имали у толикој мери пресудну улогу у настајању аутентичне српске реалистичке прозе, посебно историјског романа. Мада би, и тада, Игњатовићев роман *Васа Решпекш* остао изузетно дело.

НАПОМЕНА УЗ КЊИГУ

Овој књизи претходила су дугогодишња изучавања епских хроника о којима је сачувано понајвише записа и сведочења (М. Матицки: *Српскохрватска граничарска епика*, 1974; *Епика устанка*, 1982), као и приређивање зборника радова *Историјски роман* (1996) и *Српски роман и рат* (1999). Више година укључен сам у рад научног пројекта „Књижевност и историја" Центра за научна истраживања САНУ и Универзитета у Нишу, чији су резултати објављени у три зборника (*Књижевност и историја*, I, 1995 и II, 1996; *Жртвовање и саможртвовање у књижевности*, III, 1998), као и у припреме научних скупова који се одржавају у Великој Плани у славу великог Вожда (зборници: *Карађорђе у епу и историји*, 1994; *Карађорђе у драми и на филму*, 1996; *Карађорђеве војводе у историји, епу и драми*, 1997; *Карађорђев устанак – настајање нове српске државе*, 1998). Суделовао сам на припреми тематски сродних публикација: *Споменица војводе Стојана Чупића* (1997), *Зборник Филолошког факултета Универзитета у Приштини* чије је осмо годиште (1998) посвећено теми „Народна епска поезија и историја".

Књига је настала као резултат рада на пројектима Института за књижевност и уметност.

Аутор

ЛИЧНА ИМЕНА

Аганлија, дахија 21, 185, 190, 207, 219, 241–242
Александар Македонски 48
Александровић, учитељ 39
Алија 42
Алил-ага 63
Амвросије свети 238
Ангелина, видети: Бранковић Ангелина.
Андријаш, брат Марка Краљевића 30, 133
Андрић Иво 195
Андровић, поп 220, 225, 226
Антим, владика 87
Апостоловић Узун-Мирко 22, 173, 189, 192
Арамбашић Станко 183
Аристотел 25
Арсенијевић Баталака Лазар 11
Асан-ага, паша 129–143
Атанацковић Богобој 199
Атанацковић Платон 110
Аџи-Константин 70
Аџи-Марић Авдија 155

Бакал Милосав 86, 190
Балачко војвода 141, 147
Бановић Секула 123, 124, 141, 163
Бановић Страхиња 50, 72, 132, 141
Бег Новљанин 21

Бирчанин Илија 84, 190, 233
Бјеладиновићи 220
Бјелић Игњатије 69
Бово од Антоне 132
Богићевић Анто 78, 79, 157–159, 161
Богишић Валтазар 54, 64, 130, 132, 141, 142, 146, 149, 222
Бојиновић Теодор 14, 15, 188
Бориловић Вук 102
Боровић из Голубића 57
Бранковић Ангелина 57–59
Бранковић Вук 72, 179, 180, 183, 225
Бранковић Гргур 59, 60
Бранковић Ђорђе 9
Бранковић Ђурђе 48, 59
Бранковић Мара 49
Бранковић Стефан 59
Бранковићи 49, 54, 59, 60, 76, 131
Бркић Светозар 25
Бушатли-везир 88, 94–96

Вазлија, спахија 154
Василијевић Василије 53
Васић Димитрије 185
Васојевић Стево 50
Венцловић Гаврило Стефановић 9, 118, 131
Веселиновић Јанко 214
Вид 147

Видајић Мехмед-ага 198, 200
Видаковић Милован 200, 237
Виловски Тодор С. 209
Винавер Станислав 82
Вишњић Филип 11, 17, 20, 22, 28, 36, 55, 65, 68–72, 75, 78, 80–86, 92, 93, 97, 100–103, 112, 115, 150, 151, 158, 159, 169, 170, 179, 182, 188, 190, 191, 193, 206, 210, 214, 233, 239–242
Владимир 25
Владиславић Сава 9
Влах-Алија 126
Воденичаревић Јевта 184
Воиновић, буљубаша 235
Војиновић Јован 46
Војиновић Милош 150
Волф Фридрих (Wolf Friedrich) 80
Враз Станко 129
Врчевић Вук 46, 110
Вујичић Крсман 71
Вуксан 104
Вулићевић Вујица 72, 74, 185
Вуловић Светислав 11, 46
Вуча Џенерал 145

Гавриловић Јован 185
Галовран Луко 63
Геземан Герхард 54, 146
Георгијевић Герасим 176, 237––238, 240
Главаш Станоје 20, 21, 96, 168
Глишић Милован 46
Гојко 86
Големовић Ђура 141, 142
Голубан 114
Грабовац Филип 70
Грим Јакоб (Grimm Jakob) 27
Грујевић Божидар 171
Грујица дете 149

Грчић Манојло 42, 141
Гужвић Драг. Ст. 141
Гушанац Алија 171, 172, 241

D' Avril Adolf 50
Давид, поп 39, 162
Давидовић Димитрије 12, 36, 188, 190
Дајбог 56
Дамјан, видети: Југовић Дамјан.
Дамњановић Панто 71, 157
Дедијер Владимир 205, 206
Дели-Радивоје 149
Дели-Татомир 149
Дервиш-бег 243
Деретић Јован 24, 206
Деспотовић Јова 58, 63
Дима, кнез 168
Добрњац Петар Теодоровић 11, 12, 22, 88, 89–92, 96
Доментијан 48
Драгија, војвода 63
Драгиловић Филип 134
Драго из Рожаја 95
Драгосављевић Адам 40
Дуклијан, цар 41, 42, 56
Дукљанин, поп, видети: Поп Дукљанин.
Душан, цар, видети: Стефан Душан, цар.

Ђемо Брђанин 145
Ђенеј, аустријски генерал 215
Ђорђе свети 30, 31
Ђорђевић Ђорђе 11
Ђорђић 197
Ђурђевић Игњат 26, 27
Ђурић Јанићије 11, 152, 156, 174, 175, 177–181, 186, 187

Евгеније принц 239
Евгеновић Максим 188, 228–229, 231, 241

Жефаровић Христифор, видети: Цефаровић Христифор.
Живана слепа 53, 57, 62–65, 80, 144, 151
Живановић Аврам 62
Живковић Драгиша 217
Живковић Телемак Стефан 11, 25, 96, 97
Жикић Вуча 87, 89

Змај Огњени Вук 32, 60, 141, 163
Змај од Ноћаја, видети: Чупић Стојан.
Змајевић Андрија 9

Ибраим Ужичанин 154, 184
Ибрахим, везир 91
Иванић Душан 208, 209, 213
Игњатовић Јаков 199, 208, 209, 244
Иков Пипер Тодор 38, 43, 44
Илија свети 163
Илић Вуле 11
Илић Ориовчанин Лука 53, 62
Исмић Омер 69, 86

Јакшићи 32, 38, 42, 76, 220
Јакшић Ђура 208, 209, 215
Јанко, кнез из Коњске 21, 207, 219, 242
Јанковић Паун Баћа 242
Јанковић Стојан 212
Јанчић Милан 40
Јевросима, мајка Марка Краљевића 144
Јелена, супруга Карађорђа 177
Јерина Ђурђева 60
Јерко Латинин 63
Јефто, обркнез 96
Јеца, видети: Јовановић Јелисавета.
Јован 43
Јован, деспот 58, 59
Јован Косовац 163
Јован Крститељ 41, 56
Јовановић Браћа 217
Јовановић Марамбо Војислав 38, 43, 103
Јовановић Ђорђе 195, 206, 230
Јовановић Јелисавета (Јеца) 53, 57, 62, 63
Јовановић Јован, владика 169
Јовановић Змај Јован 118, 208
Јовановић Константин 87, 167, 171
Јовановић Михаило (Микл) 28
Јовановић Паја 215
Јововић Милена 119
Јокић Андрија 201
Јокић Манојло 23
Јокић Петар 23, 152, 156, 174, 175, 180–184, 186, 187
Јосиф I, цар 57
Југовић 65, 72
Југовић Бошко 77, 102
Југовић Дамјан 73
Југовић Милица 169
Југовићи 72–74, 90, 102, 125––127, 169, 225
Јуда Искариотски 225
Јулинац Павле 9

К. Ђ., видети: Петровић Карађорђе.
Каваја, бег 95
Кајица, војвода 63
Калабић Радосав 173, 176, 188, 189, 192, 232–236, 238, 241
Кантакузин Јован 132, 140
Карађорђе, видети: Петровић Карађорђе.
Карађорђевић Александар, кнез 88, 173
Карађорђевић Петар I, краљ 9, 153

Караџић Вук 5–11, 14–23, 28, 31, 32, 35–46, 50, 52–59, 61––63, 65, 69, 74, 75, 77, 78, 80–85, 87, 89, 90, 92, 98–103, 109–118, 121, 129–131, 142, 143, 145, 146, 149, 151–153, 159, 161, 162, 168, 176, 187, 188, 190, 191, 202, 206, 207, 210, 212, 213, 217, 218, 222, 223, 228, 230, 231–232, 234, 236–237
Кастриот (Скендербег) Ђорђе 51, 52
Катић Јанко 20, 22, 72, 74, 171, 210, 215
Качић Миошић Андрија 24, 27, 35, 49–52, 70, 77, 98–100, 217, 218, 230
Килибарда Новак 47, 195
Кнежевић Иван, кнез 10, 12, 19, 36, 68, 69, 72, 74, 82, 85, 86, 157
Ковачевић Гаврило 48, 49, 52, 55, 65, 74, 77, 121, 170, 188, 241
Ковачевић Љубомир 5, 46, 206
Кољевић Светозар 145
Конда бимбаша 75
Константин Филозоф 30
Копитар Јернеј 12, 36, 37, 99
Копчић-бег 221
Косанчић Иван 71, 102, 157
Косара 25
Костић Драгутин 131
Костић Лаза 208
Краљевић Марко 7, 10, 27–32, 36, 44, 52, 62–65, 77, 81, 92, 99, 109, 111–113, 115, 122, 124, 131, 133, 134, 140–149, 151, 152, 154–156, 163, 169, 203, 225, 229, 242
Кујунџић Милан 208
Кулин, капетан 17, 69, 73, 74, 85, 94, 103, 158, 159, 190, 192–194, 196, 198, 243
Кутишанац Дамјан 71, 157
Кучук-Алија 20, 21

Лаза, харамбаша 168
Лазар, кнез, видети: Хребељановић Лазар.
Лазаревић Георгије 65
Лазаревић Лука 11, 69, 84–86, 158, 159, 161, 173, 189–194, 196–198, 232–233, 238–243
Лазаревић Ранко, кнез 190, 191, 240
Лазаревић Стеван 163
Лазаровић Никола 135, 136
Левајац Рака 170
Леонтије, митрополит 97
Ломовић Стојан 133
Лорд Алберт Б. (Lord Albert Bates) 52, 81, 145, 146
Лубарда Војислав 195
Лукаревић Јакоб (Јакета) 9, 26
Лукић Аврам 172

Љубинковић Ненад 6, 29, 68, 112, 163, 218
Љубичић Вучко 63
Љубиша Стефан Митров 209, 217–228
Љубовић, бег 65
Љутица Богдан 63, 141, 142, 145, 163

Маглајлић Муниб 47
Мажуранић Иван 50
Макарић Спасоје 233
Максим, владика 57–59
Малић-паша 95
Манџони Александар (Manzoni Alesandro) 223
Мара 76

Марашли Али-паша 13
Маретић Тома 50
Маринковић Ранко 119
Марица, мајка Карађорђа 177
Марковић Ђука 129
Марковић Радослав, буљубаша 169
Марковић Слободан 206
Марс 118, 119
Мартиновић Сава Матов 69, 103
Мартић Грга 99
Матијашевић Иван Марија 130
Матић Светозар 112, 131, 144
Махмут-паша 101
Маџарин Филип 134, 144, 145
Медаковић Данило 5, 32, 162
Меденица Радосав 82, 132, 133, 220
Мехмед, султан 220
Мехмед-капетан 158
Мијатовић Чедомиљ 208
Миладиновци браћа 130
Милетић Аврам 130, 133, 135, 140, 142
Милетић Џон 145
Милија Старац 80, 134
Милиновић Морињанин Томо 173, 188, 189, 200
Милинчевић Васо 205, 206
Милићевић Милан Ђ. 46, 160, 161, 180, 207
Миловановић Гаја 22
Миловановић Младен 22, 23, 96, 161
Милошевић Михаило 177
Милутиновић Сарајлија Сима 5, 11, 17, 22, 37–39, 75, 87–91, 96, 100, 101, 122, 129, 142, 146, 173, 174, 176, 188–204, 207, 218–220, 222, 228, 231–232, 234–235, 237–243
Мина од Костура 155

Михајловић Михиз Борислав 109, 195
Михајловић Јустин 39
Михајловски-Данилевски А. И. 8
Мишић Живојин 9
Молер Петар Николајевић 14, 19
Момчило, војвода 7, 10, 28, 92, 122, 129–144, 147, 148, 149, 155
Мркаић Петар 129, 220
Мркоњић Петар 32
Мрњавчевић Вукашин 30, 113, 129, 131–133, 142, 147, 155
Мрњавчевић Угљеша 30
Мрњавчевићи 94, 131
Мујо 42
Мула 171, 172
Мурат, султан 60, 65
Муса Кесеџија 142, 145
Мусић Стеван 50, 63, 64, 131, 135
Мутап Лазар 69, 84, 150, 159, 160, 191, 197
Мушицки Лукијан 35, 63, 167

Наход Момир 65
Недељковић Душан 83
Недић Владан 11, 36, 57, 58, 70, 75, 90, 91, 130, 131, 145, 219
Недић Глигорије 71, 157
Недић Димитрије 71, 157
Недић Мијајло 15
Немањићи 36, 65, 94, 99, 114, 116
Ненадовић Алекса 84, 190, 208, 230, 233, 239
Ненадовић Јаков 14, 20–22, 71, 74, 158, 161, 162, 171, 197, 198, 236
Ненадовић Љубомир 174, 205, 206, 208, 219
Ненадовић Прота Матија 17, 18, 69, 87, 88, 153, 168, 169,

171, 174, 176, 188, 190, 195, 196, 199, 200, 205–216, 219, 222, 228–231, 234, 236–237, 239, 244
Никац од Ровина 102
Никола свети 112, 162, 163
Нинковић Нићифор 17
Новак 122
Новаковић Вилип 235
Новаковић Грујица 63, 95
Новаковић Петар 172
Новаковић Стојан 5, 45–50, 67, 131
Новић Оточанин Јоксим 39––41, 55, 56, 60, 218, 219
Нума 119

Обилић Милош 14, 17, 26, 28, 29, 50, 70, 96, 102, 111, 112, 114, 116, 121, 141, 157, 163, 183, 203, 211, 225, 226
Облачић Раде 49
Обрадовић Доситеј 171, 176, 179, 200, 237–238
Обреновић Милош 12, 15, 16, 36, 69, 73, 83, 87, 158, 160, 162, 173, 177, 179, 201, 237–238
Обреновић Михаило 46
Обреновић Христифор 16
Обреновићи 173
Огњен 22
Огризовић Милета 221
Одисеј 153
Омер-ага 21
Орбин Мавро 9, 24, 26
Орфелин Захарије 9
Оругџић Мехо 17, 69, 85, 102, 157
Осијан 99
Осман 86
Остојић Тихомир 49, 50
Остроч-капетан 158

Павић Милорад 8–10
Павловић Миодраг 119
Пајсије, патријарх 48
Панић Суреп Милорад 83
Пантелић Гаја 152, 153, 174, 175, 179, 180, 183, 186, 187
Пантић Мирослав 25–27, 38, 60, 130
Пејзо 69, 85, 86
Пери Милман (Parry Milman) 52, 81, 146
Перило Франческо (Perillo Francesco) 51
Перовић Батрић 102
Перовић Радослав 87, 88, 167
Петар, кнез ресавски 17
Петар свети 163
Петрановић Богољуб 46
Петраш, генерал 10
Петровић Карађорђе 6, 7, 11, 12, 14, 16, 17, 20, 22, 23, 28, 30, 32, 36, 67–69, 73, 75, 78, 79, 83–85, 88, 89, 91, 93, 94, 96, 99, 110, 115, 150–164, 167––171, 173–175, 177–181, 183––185, 189–192, 197, 198, 201, 202, 210, 213, 218, 219, 230, 236, 238
Петровић Милоје 22, 96
Петровић Његош Петар I 100, 170, 219
Петровић Његош Петар II 38, 50, 98–105, 118, 193, 217, 219, 222
Петровић Радич 153, 169, 170
Петровић Светозар 145
Петровић Хајдук Вељко 10, 12, 18, 19, 23, 75, 78, 160–162, 183
Петронијевић Аврам 174
Пивљанин Бајо 65
Пијаница Ђура 141
Плавић Алија 197

Пљакић Антоније 22
Подруговић Тешан 80, 134, 144, 145, 147, 148
Поленаковић Харалампије 129
Полифем 153
Поп Дукљанин 24, 25, 48
Попа Васко 119
Поповић Браћа, издавачи 52
Поповић Василије 9, 129
Поповић Јован Стерија 21, 52, 54, 119, 120, 131, 207, 208, 217, 219, 228, 231, 242
Поповић Миодраг 109, 206, 208
Поповић Стојан 134, 145, 147, 212
Поцерац Милош 84, 85, 157––159, 161, 163, 192, 210
Пријезда, војвода 63
Прличев Григор 52
Протић Антоније 152, 174, 175, 180, 184, 185–187
Путник Радомир 9

Радевић Милорад 189, 200, 203, 206, 207
Раденковић Љубинко 124
Радич, челник 49
Радичевић Бранко 118, 208
Радовићи 104
Радојица, хајдук 14
Радомир Мијаило 236
Радонић Јова 149
Радоњићи 220
Рајић Јован 5, 9, 12, 24, 27, 48, 56, 57, 174, 188, 189, 218
Рајић Танаско 78
Ракић Милан 119
Ранке Леополд (Ranke Leopold) 5
Ранко, баш-кнез Шабачке нахије, видети: Лазаревић Ранко, кнез.

Ранковић Јован 198
Рашко старац 80, 83, 90–97
Реља Бошњанин 163
Реља Крилатица 225
Реџеп 22
Роман, терзија 60
Руварац Иларион 5
Рушић-паша 22

Сава свети 48, 52, 65, 109–116
Савић Милисав 8, 17–19, 206
Савковић Милош 82
Сали-ага 180
Самарџић Драгана 174, 175
Самарџић Радован 12, 32, 206
Сараманда 201
Светогорац Васо, игуман 112
Секула, нећак Сибињанин Јанка 169
Сибињанин Јанко 60, 123, 124, 169
Симовић Срдан 220
Синан-паша Сирчић од Горажда 243
Скендербег, видети: Кастриот (Скендербег) Ђорђе.
Скерлић Јован 206, 226
Скок Петар 122
Срданов Мојсије 58
Срдевић Анђелија 221
Срезњевски Измаил И. 203
Срећковић Панта 188, 231, 237
Станимир из Рабровца 155
Станић Стана 86
Станић Станојло 69, 86
Старина Новак 32, 149, 151
Стево, туфегџија 91, 96
Стејић Јован 173
Стека из Ратара 22, 155
Степановић Степа 9
Стефан Дечански 113
Стефан Драгутин 116

Стефан Душан, цар 30, 42, 43, 110, 112, 117, 147
Стефан Немања 24, 110, 111, 116, 230
Стефан Првовенчани 110
Стефан Урош, краљ 117
Стефан Урош, цар 25
Стојадиновић Благоје 46
Стојан Хајдук 129, 133
Стојановић Исидор 88, 173, 174, 179
Стојићевић (Стоићивић) Милош 17, 69, 85, 102, 157, 183
Стојковић Миленко 89, 169, 241
Стојковић Сретен Ј. 50
Стратимировић Стефан (Стеван) 75, 87
Страхињић Бан 163
Суботић Јован 219, 220

Текелија Сава 214, 215
Теодосије, цар 238
Теодосије из Орашца 154
Тодор из Каоне 192, 194, 196––198
Тодор од Сталаћа 63, 111
Толстој Лав Н. 7–8
Томић Божидар М. 75, 82
Топлица Милан 71, 102, 157
Триглав 141
Тркић 197
Трлајић Григорије 167, 170
Тројан 141
Тројан, цар 201
Троношац 48
Тунгуз-Перовић Радован 141

Ћаја-паша 88
Ћоровић Владимир 206
Ћоровићи 102
Ћосић Добрица 8–9, 195

Ћурчија Ђорђе 19–23, 71, 72, 74, 188, 200, 234–236

Урош, цар, видети: Стефан Урош, цар.

Фочић Мехмед-ага 19, 73, 182, 190, 191
Фрушић Димитрије 110

Хасан-паша 65
Хасанагиница 38
Хаџи-Ђера 190, 233
Хаџи-Мустафа паша (Аџи-Мустај-паша) 20, 215
Хаџи-Рувим 14, 84, 190, 233
Хаџи-Усејин 200, 234
Хаџић Јован 16, 27, 37, 69, 188, 190, 192, 228, 231, 236–237
Хекторовић Петар 26, 30
Хомер 36, 37, 50, 80, 81, 99
Хребељановић Лазар 29, 49, 50, 63, 65, 72, 99, 102, 111, 112, 114–116, 119, 121, 125, 135, 136, 151, 169, 242

Цар Марко 217
Цветић Емило Ј. 141
Цинцар-Јанко 84, 158
Цријевић-Туберо Лујо (Алојзије) 26
Црнобарац Станко 74, 214
Црнојевић Арсеније III 57, 63
Црнојевић Ђурђе 221
Црнојевић Иво 220, 221
Црњански Милош 195

Чавић Мустај-бег 83
Чајкановић Веселин 141
Чамџија Милисав 185
Чарапић Васа 20, 161–163, 181, 184

Чарапић Илија 11
Чардаклија 172
Чупић Стојан 28, 70, 72–75, 84, 85, 92, 102, 150, 151, 157–159, 162, 163, 185, 191
Чурла Арсеније, патријарх 90
Чурла Патријаревић Павле 90, 91
Чурчић Лазар 65
Чучук-Стана 183

Џефаровић (Жефаровић) Христифор 9

Шапчанин Милорад Поповић 209
Шарац 30, 31, 113, 134, 136–139, 143, 148, 149
Шафарик Јанко 174
Шафарик Јосиф 110
Шићаревић Симеон 56
Шишит-паша (Шашин-паша) 88, 91
Шмаус Алојз 71, 82
Штитарац Марко 22
Шћепан Мали 100, 220, 222, 223, 225, 226
Шупљикац Стеван 28

БЕЛЕШКА О АУТОРУ

Миодраг Матицки рођен је 1. 11. 1940. у Великом Средишту, код Вршца. Од 1966. године ради у Институту за књижевност и уметност у Београду. Основна подручја научних истраживања: *народна/усмена књижевност; односи народне/усмене и писане/писмене књижевности; српска књижевност осамнаестог и деветнаестог века; савремена српска књижевност; историја српске књижевне периодике*. Као научни саветник и директор Института уређује више научних едиција (*Студије и расправе; Историја српске књижевне периодике; Библиотека усмене књижевности*), а приредио је и неколико тематских зборника: *Историјски роман* (1996); *Из књижевности: поетика – критика – историја* (1997), *Српски роман и рат* (1999). Главни и одговорни уредник је *Данице Вукове задужбине* (1994–1999). Председник је Управног одбора Вукове задужбине.

Објавио је следеће научне књиге: *Српскохрватска граничарска епика* (Институт за књижевност и уметност, Београд, 1974); *Епика устанка* (Вуков сабор, Рад, Београд, 1982); *Библиографија српских алманаха и календара* (САНУ, Београд, 1986); *Поновнице. Типови односа усмене и писане књижевности* (Књижевна заједница Новог Сада, 1989); *Летопис српског народа. Три века алманаха и календара* (Институт за књижевност и уметност и Библиотека Матице српске, Београд–Нови Сад, 1997). Приредио је и више збирки народних умотворина, антологија, као и научних и књижевних дела.

Од 1964. објављује песме и приповетке у многим часописима и листовима. Збирке песама: *Кроз прстен јабуку* (Градска библиотека Вршац, 1964) и *Кирвај* (Књижевна општина

Вршац, 1979). Романи: *Трећи коњ* (Књижевна општина Вршац, 1979); *Глува лађа* („Дечје новине", Горњи Милановац, 1987; преведен на немачки: *Das stumme Schiff*, Insbruck, 1944); *Луди песак* (Српска књижевна задруга, Београд, 1992); *Иду Немци* (DBR International Publishing, Београд, 1994); *Пљускофон* (Матица српска, Нови Сад, 1995). Приповетке: *Свакодневно хватање веверице* (Нолит, Београд, 1998).

САДРЖАЈ

ИСТОРИЈА КАО ПРЕДАЊЕ 5
  Уводне напомене 5
  Предање у историјској прози Вука Караџића 9
  Епска вертикала и мит 23

I
ЕПСКА ПЕСМА

Вуково начело историчности у одбиру и систематизацији
  епских народних песама 35
Стојан Новаковић и народна песма 45
Певачи прича 51
Слепи певачи као редактори епских народних песама ... 62
Косовско и устаничко језгро епа – генератор традиције . 67
Народна песма у усменој верзији историје Првог српског
  устанка 75
Вишњићев еп 80
Српски Термопили 87
Његошево *Огледало српско* 98

II
МИТ И ИСТОРИЈА

Однос Вука Караџића према средњовековној српској прошлости 109
Словар Косовске битке: Косово поље 118
Епска народна песма о војводи Момчилу и паши Асан-аги
  из Тефтера манастира Грабовца (1735–1737) 129

Митски слојеви мохолске песме о Марку Краљевићу ... 144
Карађорђе у усменој народној историји 150
Каталог Карађорђевих војвода 157

III
КА ИСТОРИЈСКОМ РОМАНУ

Хроника устанка 167
Казивање историје 173
Житија устаника Симе Милутиновића Сарајлије према
    спеву *Сербијанка* 188
Сима Милутиновић Сарајлија: Бој на Мишару (Из *Ойиса-*
    нија г. Луке Лазаревића и његове породице) 196
Аутобиографско у прози Симе Милутиновића Сарајлије 199
Мемоари проте Матије Ненадовића 205
Епски модели у историјској прози Стефана Митрова Љу-
    бише 217
Настанак епског историјског романа 228

Напомена уз књигу 245
Лична имена 247
Белешка о аутору 257

Издавачко предузеће
РАД
Београд, Дечанска 12

КУЛТУРНО-ПРОСВЕТНА ЗАЈЕДНИЦА СРБИЈЕ
(Вуков сабор)
Београд, Нушићева 4

*

За издаваче
СИМОН СИМОНОВИЋ
ГОРАН ЂОРЂЕВИЋ

*

Коректори
НАДА ГАЈИЋ
МИРОСЛАВА СТОЈКОВИЋ

*

Технички уредник
ЂУРО ЦРНОМАРКОВИЋ

*

Дизајн корица
МИЛОШ МАЈСТОРОВИЋ

*

Реализација
АЉОША ЛАЗОВИЋ

*

Припрема текста
Графички студио РАД

*

Штампа
CODEX COMERCE
Београд

У библиотеци ВУКОВ САБОР изишло

Вук Стефановић Караџић
ПРВА ГОДИНА СРПСКОГ ВОЈЕВАЊА НА ДАИЈЕ

КОПИТАР И ВУК
(Приредио – Голуб Добрашиновић)

Миодраг Поповић
ЈОТА

Миодраг Матицки
ЕПИКА УСТАНКА

Ђорђе Костић
**РЕЧЕНИЧКА МЕЛОДИЈА
У СРПСКОХРВАТСКОМ ЈЕЗИКУ**

Љубомир Зуковић
КАРАЏИЋЕВ САРАДНИК ПОП ВУК ПОПОВИЋ

Милисав Савић
УСТАНИЧКА ПРОЗА

Голуб Добрашиновић
ВУК ПОД ПРИСМОТРОМ ПОЛИЦИЈЕ

Живомир Младеновић
ТРАГАЊА ЗА ВУКОМ

Љубомир Зуковић
ВУКОВИ ПЕВАЧИ ИЗ ЦРНЕ ГОРЕ

Владимир Цветановић
ВУКОВИМ ТРАГОМ НА КОСОВУ

Здравко Крстановић
ЗЛАТНА ПЈЕНА ОД МОРА

Голуб Добрашиновић
О ПРЕНУМЕРАЦИЈИ

Голуб Добрашиновић
МИНА КАРАЏИЋ ВУКОМАНОВИЋ

Љубисав Андрић
С ВУКОМ У ТРШИЋУ

ПИСМА МИНЕ КАРАЏИЋ ВУКОМАНОВИЋ
(Избор сачинио – Голуб Добрашиновић)

Миодраг Вукић
ВУК КАРАЏИЋ ИЗМЕЂУ ГЕТЕА И ГРИМА

Издавање ове монографије помогли су
САВЕЗНО МИНИСТАРСТВО ЗА РАЗВОЈ,
НАУКУ И ЖИВОТНУ СРЕДИНУ
и
МИНИСТАРСТВО ЗА НАУКУ И
ТЕХНОЛОГИЈУ РЕПУБЛИКЕ СРБИЈЕ

CIP – Каталогизација у публикацији
Народна библиотека Србије, Београд

886.1.01:398

МАТИЦКИ, Миодраг
 Историја као предање / Миодраг Матицки. – Београд : Рад : Културно-просветна заједница Србије, 1999 (Београд : Codex Comerce). – 260 стр. ; 20 cm. – (Библиотека Вуков сабор)

Белешка о аутору: стр. 257–258. – Регистар.

ISBN 86-09-00627-1

а) Српска народна књижевност – Митолошки мотиви б) Српска народна књижевност – Историјски мотиви
ИД=77384972

www.ingramcontent.com/pod-product-compliance
Lightning Source LLC
Chambersburg PA
CBHW062155080426
42734CB00010B/1699